PERSONAS E IDEAS

Personas e ideas

Conversaciones sobre historia y literatura

ENRIQUE KRAUZE

Edición de
ANDRÉS TAKESHI

DEBATE

Personas e ideas
Conversaciones sobre historia y literatura

Primera edición: junio, 2015
Primera reimpresión: octubre, 2015

D. R. © 2015, Enrique Krauze

D. R. © 2015, derechos de edición mundiales en lengua castellana:
Penguin Random House Grupo Editorial, S. A. de C. V.
Blvd. Miguel de Cervantes Saavedra núm. 301, 1er piso,
colonia Granada, delegación Miguel Hidalgo, C. P. 11520,
México, D. F.

www.megustaleer.com.mx

ISBN: 978-607-313-083-7

Impreso en México – *Printed in Mexico*

El papel utilizado para la impresión de este libro ha sido fabricado a partir de madera procedente
de bosques y plantaciones gestionadas con los más altos estándares ambientales, garantizando
una explotación de los recursos sostenible con el medio ambiente y beneficiosa para las personas.

| Penguin
Random House
Grupo Editorial |

Índice

IV
Profetas de Oriente

V
Orbe hispánico

VI
Pasados de México

VII
Ensayista liberal

Prólogo

La cultura es conversación, ha escrito Gabriel Zaid. En mi caso, ha correspondido a una variedad específica: la conversación de ideas. En algún lugar he referido el origen de esta pasión: las largas conversaciones con mi abuelo paterno sobre las ideas rectoras de su tiempo que, a pesar de la diferencia de edades —me llevaba 54 años—, eran también las del mío: marxismo, socialismo, fascismo, sionismo, nacionalismo, liberalismo… A esa animada conversación (ya con una grabadora de carretes) siguieron decenas de charlas con personajes de la vida mexicana que adopté como abuelos vicarios: los miembros de la Generación de 1915, sobre los que escribí mi primer libro.

Mi incorporación a la revista *Vuelta* (febrero de 1977) me colocó de pronto ante la oportunidad de ampliar esa práctica con figuras que yo admiraba, sobre temas de mi interés. Uno de éstos era la vida y el pensamiento de Baruch Spinoza, a quien mi abuelo citaba con frecuencia como emblema del judío que remontándose sobre los fanatismos religiosos fincó las bases de la libertad moderna. ¿Quién mejor que Borges para charlar sobre Spinoza? Cuando pasó por México, en noviembre de 1978, conseguí verlo. «¿Una entrevista más?», protestó. «Es sobre Spinoza». Sonrió y me dijo: «Será un "Desayuno *more geometrico*"». Aquella conversación inolvidable fue la semilla de este libro.

Por más de dos décadas, el tema de nuestro tiempo fue la vigencia del marxismo y la idea de Revolución. Ante el resurgimiento de las pasiones ideológicas de los años treinta, los pocos demócratas liberales de América Latina necesitábamos argumentos de crítica y refutación. Aunque los tenía en casa —en la obra y el magisterio de Octavio Paz— fui a buscarlos por mi cuenta, en tres pensadores emblemáticos: Isaiah Berlin, en Oxford (1981); Joseph Maier, en Rutgers (1982), y Leszek Kołakowski, también en Oxford (1983). La obra del primero —creador de una historia encarnada de las ideas— ha sido una influencia central en mi vida. El segundo fue un exponente marginal pero activo de la Escuela de Fráncfort, en cuya lectura fervorosa me eduqué. El tercero fue el gran filósofo crítico del marxismo, con quien llegué a fincar una amistad. Al caer el Muro de Berlín, supe que las conversaciones con aquellos tres personajes habían sido reveladoras y aun premonitorias, no sólo en términos políticos e históricos sino también morales. Con todo, era imposible renunciar a la idea de Utopía. Sobre ese tema específico hablé muchos años después con Mario Vargas Llosa, admirado escritor y compañero de muchas batallas.

Otro tema impostergable para el mundo intelectual —más aún para México— era el destino histórico de Estados Unidos. Toqué el tema con Irving Howe, en una remota conversación en México. Su figura me atraía particularmente: un ensayista literario y político, editor de una pequeña revista, hombre de izquierda pero demócrata y antiestalinista. Mucho tiempo después hablé con el historiador global Paul Kennedy. Sus ideas sobre la inevitable decadencia de Estados Unidos en un mundo multipolar resultaron proféticas. Y finalmente, conversé con Daniel Bell —el eminente sociólogo que reveló las contradicciones culturales del capitalismo— sobre las fuerzas que predominarían en el siglo XXI. Fue la visión de un nuevo Jeremías.

Por ser el centro neurálgico del mundo y el cruce de las tres religiones monoteístas, nunca dejé de interesarme en el Medio Oriente. ¿Cuáles son las raíces profundas de la guerra que ya entonces parecía interminable? ¿Cuál es la naturaleza de los odios teológicos que la envenenan? Dos espíritus excepcionales guiaron mis reflexiones: el gran poeta israelí Yehuda Amichai y el historiador Bernard Lewis, autoridad indiscutida en los estudios del mundo islámico. Pero más allá de ese Oriente trágico había otro Oriente, el Japón, donde la tradición y la modernidad convivían en una milagrosa armonía. Mi embajador en esa cultura fue un gran amigo de Octavio Paz: el legendario historiador Donald Keene.

Al paso de los años volaba a otros mundos pero no olvidaba mi mundo: el orbe hispano e hispanoamericano, «castellano y morisco, rayado de azteca». De ese interés histórico partieron tres conversaciones. Una con el padre (en el sentido intelectual y casi religioso del término) de la historia indígena mexicana: Miguel León-Portilla. Otra con John H. Elliott —el eminente historiador inglés, la autoridad mayor en la historia española—. Y otra más, muy temprana, con Hugh Thomas —autor de historias clásicas sobre Cuba y la Guerra Civil española, antes de escribir su magna historia de la Conquista—.

Y claro, todo comenzaba y terminaba en un mismo lugar: México. Sobre esa incógnita existencial que es México, sobre la torturada historia de México a través de los siglos, me acerqué a hablar con tres maestros y amigos. El historiador estadounidense Charles Hale, autor de obras clásicas sobre el liberalismo mexicano del xix; nuestro Premio Nobel de Literatura Octavio Paz, que tocó el fondo histórico de la mexicanidad en su *Laberinto de la soledad*; y Luis González y González, que concibió un acercamiento distinto a esa misma mexicanidad, la búsqueda de la pluralidad esencial de México a través de la microhistoria.

Si no me engaño, estas conversaciones dibujan un pequeño mapa: el de ciertos afectos, ciertas devociones, ciertas pasiones, ciertas causas que han ocupado los trabajos y los días de un escritor mexicano. Para hacerlo un poco más explícito, consentí la inclusión de una charla en la que Christopher Domínguez Michael me sometió a un detallado interrogatorio. Quizá arroje alguna luz sobre los motivos que guiaron —que guían aún— mi gusto por hablar de *personas e ideas* con personas de ideas.

Personas e ideas tuvo una primera edición homónima en 1989. Años más tarde incluí varias de esas conversaciones en *Travesía liberal* (2003). Ahora, volviendo al título original, recojo todas ellas (y algunas inéditas) en este libro que es el buque vanguardia de la Colección Ensayista Liberal.

Cuernavaca, abril de 2015

I

Devoción por Spinoza

Jorge Luis Borges

Jorge Luis Borges pasó por México a finales de 1978. Inmerso, como estaba, en mis arduas lecturas spinozianas (al extremo insensato de ensayar una biografía del filósofo), la visita de Borges parecía un llamado de la Providencia. Si lograba conversar con él, podría honrar a dos de mis antiguas devociones: Borges y Spinoza.

Después de Schopenhauer y Berkeley, Spinoza fue, seguramente, el filósofo más querido para Borges. En sus ensayos y cuentos hay varias menciones a Spinoza que omiten, como acostumbraba el propio filósofo, toda referencia a su biografía y abordan, en cambio, su vasto sistema metafísico. Borges evoca, por ejemplo, la famosa sentencia: «Todas las cosas quieren perseverar en su ser»,[1] y lo hace tanto para explicar la presunción de inmortalidad del constructor de la Muralla China, como para lamentar que, eternamente, al igual que la piedra que persevera en ser piedra y el tigre en ser tigre, él deba permanecer en «el otro Borges».[2] Junto a Parménides, Platón, Kant y Bradley, Borges distinguía siempre a Spinoza en la genealogía idealista. Algunos de los adjetivos que aplica al Dios spinoziano resumen largos teoremas y escolios, como cuando lo llama «inagotable» o «indiferente». De la *Ética* (*More geometrica demonstrata*, como reza el título original), Borges solía acudir principalmente a las dos primeras partes, las que definen a Dios y al espíritu. En cambio, apenas tocó las dos secciones

---

[1] *Ética* (1677), parte III, proposición VI.
[2] «Borges y yo», en *El hacedor*, Buenos Aires, Emecé Editores, 1960.

intermedias, en las que Spinoza desciende al plano de los hombres, explica la naturaleza de los sentimientos y previene contra la servidumbre humana. El libro quinto de la *Ética*, que gira en torno de la «potencia del entendimiento o la libertad humana», devuelve al hombre hacia la divinidad, y quizá por eso atrajo nuevamente la atención borgesiana.

Que a Borges le interesaba la invención de Dios mucho más que la vertiente moral en el sistema de Spinoza se hace evidente en los dos famosos sonetos que dedicó al filósofo de Ámsterdam. En ellos se encuentran cinco maneras distintas de nombrar el parto de Dios en la *Ética:* Spinoza sueña un claro laberinto, construye a Dios, lo engendra, lo labra, lo erige. No obstante, aparte de las evocaciones habituales a su oficio de pulidor de lentes y a su origen judío, Borges deslizaba dos líneas centrales en la biografía del filósofo: a Spinoza «no lo turba la fama» ni «el temeroso amor de las doncellas». Los dos versos finales del segundo soneto expresan, con una economía digna del amor *Dei intelectuallis,* la «beatitud» spinoziana:

> el más pródigo amor le fue otorgado,
> el amor que no espera ser amado.[3]

¿Contribuyó el laberinto racionalista de Spinoza a labrar algunos cuentos de Borges? En «Tlön, Uqbar, Orbis Tertius», Borges contrapone la filosofía de Spinoza a los filósofos tlönianos, pues si el «pobre judío portugués» exaltaba la doble atribución de extensión y pensamiento, los de Tlön la simplifican: sólo el pensamiento. Quizá la Cábala o el idealismo de Berkeley proponían una metafísica más afín a la literatura fantástica que la discusión propiamente ética, que es a un tiempo el corazón y el legado spinoziano. Para ejecutar ese milagro, Borges habría debido ser no «un argentino extraviado en la metafísica», sino en la moral.

---

[3] Jorge Luis Borges, «Baruch Spinoza», en el tomo III de sus *Obras completas*, Buenos Aires, Emecé Editores, 1989.

¿Podría someter estas conjeturas al juicio de Borges? La cafetería del hotel Camino Real no era precisamente la Spinozahuis de La Haya, pero, por intercesión de mi amigo Miguel Capistrán, Borges accedió generosamente a hablar sobre la vida del filósofo y su relación con él, sobre el Spinoza que no está en los ensayos y los sonetos. Lo acompañaba, amorosa y diligente, María Kodama. «Éste será un desayuno *more geometrico*», me dijo. La conversación tomó la forma de un divertimento literario, un ejercicio de libre asociación alrededor de un tema central y sus ecos en la inagotable biblioteca mental de aquel hombre caballeroso, irónico y sencillo, que con parsimonia spinoziana toleró mis inquisiciones mientras adivinaba —sin pedir ni aceptar ayuda— la posición exacta de cada alimento.

ENRIQUE KRAUZE: *Borges, usted había prometido a sus lectores un libro sobre Spinoza. ¿Lo escribirá?*

JORGE LUIS BORGES: No. Yo junté muchos libros, empecé a leerlos y me di cuenta de que mal podía explicar a los otros lo que no podía explicarme a mí mismo, y me he corrido a Swedenborg, que es más fácil. Creo entenderlo: fue el maestro de Blake y lo que hay de pensamiento en Blake se debe a Swedenborg. Ahora, con María Kodama, estoy escribiendo un libro sobre Snorri Sturluson, el gran historiador islandés.

¿De cuándo data su cercanía con Spinoza?

Mi padre fue profesor de psicología en Buenos Aires. Tenía una gran biblioteca inglesa, pues una de mis abuelas era inglesa. Yo me eduqué en la biblioteca de mi padre, y entre esos libros estaba la *Historia biográfica de la filosofía*, de Lewes, un judío que fue amante de George Eliot. Hay allí un capítulo, sobre todo emotivo, sobre Spinoza. De modo que diremos que data de siempre… Usted sabe que yo me enseñé alemán en 1917, llevado por Carlyle. Adquirí el *Buch der Lieder*, de Heine, la novela *Der Golem*, de Meyrink…

Heine fue un poco el san Pablo del spinozismo. En su libro sobre Alemania…

Me encontré una frase muy linda sobre Heine. Stevenson, tras citar un poema de Heine, dice que es «el más perfecto de los poemas del más perfecto de los poetas». Qué lindo que Stevenson dijera eso, ¿no? Él sabía lo que decía. Las mejores obras que Heine escribió fueron las últimas: «Wer von Euch ist Yehuda ben Halevi».[4] Aunque siempre fue un gran poeta, hasta cuando escribía poemas que un muchacho argentino, que no sabía alemán, podía entender. Decía Heine que los alemanes que lo visitaban en París se encargaban de curarlo de la nostalgia…

He encontrado que hay dos escritores que se parecen mucho. Las frases de uno pueden ser del otro; los versos no, los versos de Heine son superiores, pero, digamos, el humor, las bromas: son Oscar Wilde y Heine. Y los dos con el culto, para mí incomprensible, de Napoleón. Yo no admiro a Napoleón; yo creo que si uno admira a Napoleón, uno está obligado a admirar a Hitler. Yo me rehúso. A diferencia de Carlyle, yo detesto a los dictadores.

¿Usted piensa que hay un momento anterior en la crítica de Dios, comparable al Tractatus theologico-politicus*?*

Le voy a contestar de un modo evidente. Está en Descartes. Yo creo que Spinoza es la continuación lógica de Descartes. Descartes se dejó llevar por esa pequeña secta protestante de la cual yo abomino, esa herejía que es la Iglesia de Roma; pero si se aceptan las premisas de Descartes, salvo que uno llegue al solipsismo, se llega al spinozismo. Eso quiere decir que Spinoza fue un pensador más coherente y, desde luego, mucho más valiente que Descartes. La valentía es, para mí —sencillamente porque yo soy cobarde—, una virtud esencial. Admiro mucho el valor, quizá porque soy de familia de militares: el coraje, la *virtus*, lo propio del hombre.

---

[4] «¿Quién de vosotros es Yehuda ben Halevi?» (Heinrich Heine, «Yehuda ben Halevi», *Romanzero*, 1851).

¿Y anterior a Descartes?

Yo encontraría a uno, pero esto que digo no tiene ningún valor, porque soy un ignorante. Yo diría que Escoto Erígena. Yo no sé si usted está de acuerdo conmigo, pero Escoto es un pensador extraordinario. Creo que corresponde al siglo IX. Desarrolló un sistema que, además, es un poco *more geometrico*, como el de Spinoza. Usted recuerda que él empieza:

> Por aquello que no es creado y crea, que es Dios.
> Por aquello que es creado y crea, son los arquetipos.
> Por aquello que es creado y no crea, somos nosotros.
> Por aquello que no es creado y no crea, somos nosotros cuando volvemos a la divinidad.

Tiene ese amor de la simetría típico de Spinoza, que es lo que estorba ahora a la lectura de su obra.

Hay quien piensa que ese método geométrico proviene de la Cábala…

Bueno, es muy curioso, porque él habla mal de los cabalistas; pero desde luego está cerca de la Cábala. A mí me ha interesado mucho la Cábala. He leído versiones del Zohar, del Sefer Yetzirah, aunque quizá lo único que he entendido es el libro de Gershom Scholem. Lo conocí en Tel-Aviv. El gobierno había arreglado que yo tuviera que pasar media hora con Scholem, media hora dedicado a visitar una fábrica de jabón, otra media hora para saludar un gasómetro. Son cosas que se les ocurren únicamente a los gobiernos. Yo les dije: «Bueno, que el gasómetro se embrome, ¿no? A mí, la fábrica de jabones… Yo soy indigno de ella». Y me pasé toda la tarde, y toda la tarde siguiente, conversando con Scholem, que me enseñó muchas cosas. Scholem me mandó su libro, porque Roger Caillois le dijo que yo había escrito un poema sobre el Golem y que había usado como rima «Scholem» (que era la única posible). Lo decepcioné. Yo no era lo suficientemente exótico, yo era un señor cualquiera… Es lo que ocurre con

Argentina, el país que felizmente tiene menos color local del mundo. El país más insípido. Usted sabe que ahora, si uno quiere ver gauchos, uno tiene que ir al Brasil. En Buenos Aires ya no quedan.

Quería decirle otra cosa: la palabra «gaucho» y la palabra «pampa» jamás se usan en el campo. Si usted dice «pampa» o dice «gaucho» hace ver enseguida que es porteño, porque la gente dice «el campo» y «un paisano», pero nadie en el mundo, salvo Martín Fierro, que es un gaucho creado por la literatura, dice «soy un gaucho». Nadie jamás se jactó de ser gaucho. Recuerdo a mi madre comentar que si alguien dice «soy gaucho» es un bruto, no un gaucho.

Pero volviendo a la Cábala, es…

No, no. Yo creo que él habla en alguna parte de los delirios *cabalistarum*.

… Y sin embargo esa relación tiene algo de cabalista: el valor numérico de la palabra Dios, en hebreo, es el mismo que el de la palabra naturaleza: 86. Una confirmación del Deus sive natura,[5] la famosa fórmula de Spinoza.

Es claro que a Spinoza, que no tenía una mente literaria o retórica, tenían que desagradarle las metáforas, los símbolos, el hecho de que los libros de la Cábala fueran escritos para señalar un camino. Yo creo que todo en el Zohar está escrito para ser interpretado por el maestro, para ser explicado. No se propone enseñar las cosas; se propone indicar caminos. Aunque Spinoza tiene que haberlo leído.

Él dominaba el hebreo, sobre eso no hay ninguna duda, ¿no es cierto?

No, ninguna. ¿Usted ha notado la buena prensa que siempre ha tenido Spinoza entre los socialistas, a partir de Marx?

---

[5] «Dios o la naturaleza». En hebreo las palabras *elohim*, "Dios", y *teva*, "naturaleza", son numéricamente equivalentes. Véase el libro de Moshe Idel, *Maïmonide et la mystique juive*, París, Éditions du Cerf, 1991.

No, pero he notado que Spinoza ha tenido esa virtud de inspirar devociones. Por ejemplo, recuerdo los famosos ensayos de Renan, de Arnold. Posiblemente el Spinoza de Novalis no fuera exactamente el que fue, ni el de Coleridge tampoco, pero todos lo ven como a un santo; se siente la santidad de Spinoza.

Quizá la devoción socialista por Spinoza tenga que ver con su supuesto ateísmo...

Como se confunde ateísmo y panteísmo...

... Y eso a pesar de que Heine escribiera que nadie se ha expresado sobre la divinidad de manera más sublime que Spinoza.

«Von Gott Getrunken»,[6] sí... Le voy a contar una anécdota de Coleridge. Parece que de él y Wordsworth se sospechaba que eran partidarios de la Revolución francesa y se les veía un poco como posibles traidores. Entonces los siguió alguien y comunicó que estaban hablando todo el tiempo de un espía, y ese espía era... Spy-Nousa. Se pusieron a buscar al espía Nousa. Además, Nousa es una persona que se mete en las cosas, que está *nousing around... Who can Spy-Nousa be?* Entonces dejaron de molestar a Wordsworth y a Coleridge y se fueron a buscar al que era, evidentemente, la cabeza.

Justamente esa devoción romántica ¿en qué se originaba? ¿Por qué se identificaban con Spy-Nousa?

Lo buscaban huyendo un poco del dios personal, que yo no he entendido, por lo demás. Recuerdo esa frase de Bernard Shaw, tan linda: «God is in the making», y *the making* somos nosotros.

Un tema fascinante y misterioso es la excomunión de Spinoza. El antecedente de Uriel da Costa...

---

[6] «Ebrio de Dios».

21

Conozco el nombre, nada más.

Este hombre se suicidó en Ámsterdam en 1640 (Spinoza tenía ocho años de edad) por un conflicto de creencias, de identidad; parecido al que catorce años después separaría a Spinoza de la sinagoga. Da Costa originalmente era católico, estudió en la Universidad de Coímbra, huyó de Portugal a Holanda, se hizo judío, pero luego dudó de su duda, descreyó del judaísmo, quedó en vilo, fue excomulgado, y finalmente...

Es lindísima la Universidad de Coímbra, no sé si usted la conoce. Portugal es un país lleno de melancolía. Una cosa rara. Portugal sabe que ha perdido un imperio. Los españoles no saben que lo han perdido.

Volviendo a la excomunión, ¿significó una tragedia para Spinoza?

Yo creo que no. Y sin embargo... trataron de asesinarlo. Yo he leído que él personalmente corrió peligro...

... En efecto, alguien sacó un puñal después de una función de teatro. Él conservaba el gabán con la huella...

Sé también que fue un buen patriota holandés y que se la jugó por la patria, porque Holanda representaba entonces la República, la tolerancia. Yo soy de ascendencia española, desciendo de conquistadores españoles del Río de la Plata, pero cuando leí *The Rise of the Dutch Republic*[7] estaba de parte de Holanda...

No sé qué es una excomunión, pero creo que él tiene que haber sentido el hecho de ser rechazado por sus hermanos. Vamos a ponerlo de un modo más módico y personal: yo he firmado declaraciones opuestas a una posible guerra con Chile,[8] y desde entonces mucha gente ha dicho que no soy argentino. A mí me ha dolido eso, aun-

[7] John Lothrop Motley, *The Rise of the Dutch Republic*, Londres, 1856.
[8] En 1978, los gobiernos militares de Jorge Rafael Videla (Argentina) y Augusto Pinochet (Chile) estuvieron al borde de la guerra por una disputa de límites territoriales.

que no sé muy bien qué es ser argentino, pero el hecho de pensar que había compatriotas míos y vecinos míos que me veían como a un forastero, y como a un traidor, me dolió. De modo que a Spinoza tuvo que haberle dolido. Además, era una comunidad pequeña...

Es curioso que Spinoza llame la atención de los judíos en las márgenes del judaísmo...

Porque Spinoza está equidistante de la Iglesia y de la sinagoga.

... Y ambas lo reclaman a veces para sí, y lo rechazan también.

A mí me han pedido en la Hebraica conferencias sobre Spinoza, que yo he hecho como he podido, pero ahora los nacionalistas judíos lo usan. Es lo malo, ¿eh? Bernard Shaw dijo que «la única tragedia en la vida es ser usado para fines innobles». Ser usado es horrible. Ahora, yo no digo que los fines de quienes usan a Spinoza sean innobles, pero ser usado es horrible, aun en el amor: tiene algo de soborno.

Pero, en fin, como Spinoza vivió en los albores de la época de la Razón, debió sentirse seguro, protegido por la nueva diosa.

No, no. Usted sabe que Milton dejó un libro de doctrina cristiana que se acerca al panteísmo. Ese libro se publicó póstumamente, y él había mandado los manuscritos a Holanda. Creyó que en Holanda uno podía decir cualquier cosa; en Inglaterra no. Ese libro de Milton es muy curioso porque se acerca al panteísmo. En todo caso, en él dice que el universo es el cuerpo de Dios. Un panteísmo un poco moderado por el hecho de que Milton empezó siendo puritano, calvinista, y algo le quedó siempre. Siempre queda algo de calvinismo, o de cualquier fe.

El panteísmo fue alguna vez una tendencia importante en la religión judía.

Sí, pero no en el Antiguo Testamento. En el Antiguo Testamento, al contrario, es el Dios personal. Es, además, el Dios que ha hecho un pacto. ¿Le parece poco un pacto con la divinidad?

No, me parece lo más personal del mundo.

Dígame, ¿usted sabe hebreo? Entonces puede enseñarme algo que he estado buscando toda mi vida. En inglés, la Biblia inglesa traduce «I am that I am», no «ego sum qui sum».[9] ¿Por qué? ¿Está relacionado con el hebreo? Debería ser «yo soy aquello que soy», pero jamás «yo soy el que soy». Ahora, según Buber, eso tiene una razón mágica: se pensaba que si alguien daba su nombre se ponía en poder del otro. Por lo tanto, Dios elude toda información. Cuando Moisés le pregunta su nombre, Dios contesta: «Soy el que soy», es decir, no contesta. Hay unos versos de Amado Nervo… Yo no soy devoto de Amado Nervo, pero él escribió: «Dios sí existe. Nosotros somos los que no existimos», que vendría a ser, un poco, el comentario a «Soy el que soy», es decir, «Ustedes son adjetivos míos», que es lo que pensaría Spinoza.

No creo que yo le pueda aclarar esto, pero quizá Buber tuviera buenas razones.[10]

… Claro que sería una lástima. Sería mejor que ese Dios fuera el Dios de los teólogos, que la teología haya ido enriqueciendo a Dios.

Por cierto, Buber pertenece a una larga genealogía de pensadores —que comienza con Mendelssohn y Lessing y llega hasta nuestros días— que trata con piedad a Spinoza.

Bueno, es que… hablando de un personaje muy distinto, Edgar Allan Poe, con Octavio Paz, le dije que Poe había legado una imagen muy vívida de sí mismo. Quizá la obra de todo escritor sea eso, y Spinoza nos ha dejado una imagen vívida, él, que no se proponía en absoluto ser vívido…

---

[9] Éxodo, 3: 14, Biblia del rey Jacobo y Vulgata Latina.

[10] Eva Uchmany (hebrea) y Ernesto de la Peña (hebraísta) me descifraron tiempo después de esta entrevista, al menos gramaticalmente, tal enigma: la fórmula hebrea es *Ejeyué asher ejeyé. Ejeyé* utiliza la letra «vav conversiva» que vuelve simultáneos todos los tiempos verbales. Dios habría dicho: «Fui soy seré el que fui soy seré».

Hay una página mía en prosa y es ésta: «Un hombre se propone dibujar el universo. Tiene delante una pared, que nada nos cuesta imaginar como infinita, y en ella va dibujando anclas, torres, espadas, etcétera, y luego llega así al momento de su muerte. Entonces ve ese vasto dibujo. Le es dado ver ese dibujo infinito y ve que ha dibujado su propia cara».[11]

Ahora, creo que eso es lo importante en un escritor. Es el caso de Poe o el caso de Spinoza, que son tan disímiles; aunque Poe escribió *Eureka*, que es un sistema panteísta. Podemos imaginarlos.

Y aunque Spinoza no haya escrito casi ninguna página sobre sí mismo...

Todo eso ha ido dibujando su cara, como en la parábola mía. Bueno, siento haberlo defraudado. Usted me ha dado una mañana muy linda.

Adiós, Borges. ¿Recuerda lo que dijo sobre los románticos y Spinoza? También usted tiene la virtud de inspirar devociones.

No, no. Ustedes se equivocan conmigo. Yo soy una alucinación colectiva.

---

[11] Cita no literal del epílogo de *El hacedor*.

II

Heterodoxia

Isaiah Berlin

El poder de las ideas

Desde que, a finales de los años sesenta, leí por primera vez a Isaiah Berlin, pensé que su obra podía iluminar la vida intelectual de Latinoamérica. Cuando se publicaron sus *Pensadores rusos*, aquella idea se volvió un artículo de fe. La riqueza de la incomparable literatura rusa del siglo XIX, el compromiso moral de su *intelligentsia* y la profundidad de su pensamiento social —temas centrales de la obra de Berlin— habían sobrevivido en la disidencia de los años veinte y treinta (Pasternak, Serge, Mandelstam) y en los heroicos exponentes (Solzhenitsyn, Sajárov) que continuaban luchando en aquellos días. Pero los otros, los radicales, los «endemoniados» dostoievskianos, los émulos de Iván Karamazov o de Nikolái Stavroguin seguían presentes en América Latina, inconscientes o desdeñosos de los crímenes que, en el nombre del socialismo, se habían cometido en la Unión Soviética. Sólo una generosa y sutil mirada liberal, sensible al dolor humano y proclive a un socialismo realmente democrático, podría aportar cierta claridad a nuestra enrarecida atmósfera, plena de prejuicios, de ignorancia de la historia, de dogmatismo y de intolerancia. Necesitábamos a un clásico alternativo, un liberal de una estirpe distinta a Bentham o a Stuart Mill, un pensador ruso heredero del humanismo dieciochesco, apasionado de las utopías decimonónicas, crítico de los sistemas totalitarios en el siglo XX, formado en el rigor filosófico inglés. Necesitábamos a Isaiah Berlin.

Guardadas las diferencias, la condición histórica de la Rusia zarista (orientada hacia la modernidad, arraigada en el pasado) no parecía muy distinta de la de nuestros países en las primeras décadas de la era moderna: una población mayoritariamente campesina, ricas culturas locales, la introducción tardía de corrientes ilustradas y críticas, una profunda religiosidad popular, cierta propensión al radicalismo entre las clases intelectuales y, permeándolo todo, una vasta desigualdad social y económica. En este sentido, la obra de Berlin podía ser una fuente indispensable de imaginación histórica comparada. Muy avanzado el siglo XX, en nuestro continente hubo varias dictaduras de derecha equiparables con el régimen de Nicolás I. Y por lo menos un gobierno autoritario de izquierda, semejante al de la URSS. Razón de más —me pareció— para leer los ensayos de Berlin, cuyos solitarios personajes (liberales y libertarios) viven acosados por el autoritarismo zarista y el dogmatismo revolucionario. En los héroes que Berlin biografiaba y veneraba (Turguéniev, Belinski, Bakunin o Herzen), los espíritus democráticos de Latinoamérica podían hallar no sólo consuelo sino inspiración y hasta cierta esperanza.

En los años ochenta, buena parte de su obra permanecía inédita en castellano. Sus trabajos sobre los «dos conceptos de libertad», sobre (contra) la «inevitabilidad histórica», y su polémica con E. H. Carr eran conocidos en los ámbitos filosóficos, pero sus libros sobre la historia intelectual europea no se habían traducido aún, como, por ejemplo, *The Age of Enlightenment*, *Vico and Herder*, *Personal Impressions* y un extraordinario lienzo de tres siglos de imaginación crítica: *Against the Current*. A sus setenta y dos años de edad, honrado en el mundo de habla inglesa y, de manera creciente, en otras lenguas, Berlin cumplía una rara y ecuménica misión intelectual, complementaria a la de Karl Popper: ambos luchaban por la sociedad abierta, el uno desde la literatura y la historia de las ideas, el otro desde la ciencia y la filosofía. Su historia de temple liberal —pensé entonces— tendría lectores naturales en España, recién convertida a la democracia. Sus ensayos filosóficos sobre la historia, el individuo y la libertad podían tocar cuerdas sensibles en México, que todavía era una sociedad cerrada. Pero, por encima de todo, importaba traerlo a la discusión en América Latina, que vivía un momento extremo de polarización ideológica.

En el otoño de 1981, durante una estancia en Oxford con mi familia, me atreví a solicitarle una entrevista por mediación de Raymond Carr, el gran historiador de la España del siglo XIX, rector de Saint Antony's College. «Odio las entrevistas pero, en fin, dígale que me llame, que le dedicaré quince minutos», le contestó, en esos papelitos azules que usaban los *dons*[1] británicos para comunicarse en aquella remota época anterior al internet. (Quizá sigan utilizándolos ahora, porque el teléfono, que, por cierto, ya existía, se consideraba poco elegante o impropio.) En todo caso, lo llamé, prometí que no le robaría mucho tiempo y llegué puntual a la cita. Si hubiera podido navegar en el tiempo y tocar a la puerta del doctor Johnson, mi emoción habría sido igual. ¡Conocer a Isaiah Berlin, conversar con él!

Nuestra conversación no duró quince minutos, sino tres horas. Hablamos de las obsesiones historicistas en Rusia y de las desventuras del liberalismo en aquel país, de los bolcheviques y sus disyuntivas políticas, de Marx y Lenin, de la revolución como catalizadora del progreso, del papel del individuo y los márgenes (reducidos pero ciertos) de la libertad; abordó las contradicciones de Tolstoi y el legado de los pensadores rusos; rozó apenas su propia biografía intelectual y declaró su pasión por las personas de genio. En un paréntesis toqué con él, levemente, la fibra de su condición judía. A la distancia, recuerdo esa entrevista como un rito de iniciación en el arte de la biografía intelectual. Quise llevarme la más completa impresión personal del intelectual que más admiraba.

El estudio de Berlin en All Souls College, el venerable colegio de la Universidad de Oxford, era una sala amplia y silenciosa, provista —si no recuerdo mal— de un mobiliario clásico y austero. Un gran ventanal daba al viejo claustro. A la derecha había un alto librero de caoba. Recuerdo que me ofreció una copa de *sherry*. Conservo la grabación de esa tarde como una reliquia. Vestía traje y chaleco oscuros, llevaba los mismos lentes de grueso armazón negro con que aparece en sus fotografías y tenía una voz profunda y sonora como la de un Fiódor Chaliapin de la filosofía y la historia. Había una inconfundible

---

[1] Profesores universitarios.

reminiscencia rusa en su acento. Mantuve contacto con él por unos años y tengo el orgullo de que la modesta editorial que fundamos en *Vuelta* le haya publicado un libro cuyo título, extraído de Kant, es el epígrafe perfecto de su más profunda convicción: *Árbol que crece torcido.*[2]

ENRIQUE KRAUZE: *¿Cuáles fueron, a su juicio, las principales causas del fracaso político e intelectual del liberalismo en Rusia?*

ISAIAH BERLIN: Siempre es difícil decir qué habría pasado. No soy historiador de lo social ni de lo económico, y por ello mis palabras carecen de una autoridad especial. Se suele afirmar que los liberales fracasaron debido a la relativa ausencia de una burguesía en Rusia, una clase en la que afincasen sus raíces personales e institucionales y cuyas necesidades pudiesen expresar. Se aduce la existencia de dos polos: uno, la masa campesina, el otro, la autocracia, es decir, el ejército, los terratenientes, la Iglesia y la burocracia. En medio hay una clase media muy reducida, fluctuando entre ambos polos, pero insuficiente como base para una revolución. Éste es el método explicativo usual. Por mi parte, lo juzgo inexacto.

Es muy cierto que la clase media era poco numerosa, aunque a finales de siglo experimentó un franco crecimiento debido a la rápida industrialización. Ahora bien, para triunfar, de acuerdo con el análisis marxista, una revolución debería partir de una economía altamente industrializada que a su vez generase —quizá bajo la influencia de pensadores marxistas— un proletariado consciente de su posición en la sociedad y de su papel en la historia. Sólo cuando el proletariado constituyese, en efecto, la mayoría de la población, podría inducir una revolución democrática triunfante. Pero es el caso que, en 1917, el proletariado ruso era muy pequeño en comparación con la enorme masa de campesinos. De ahí que la revolución bolchevique ocurriera, como todos sabemos, contra la receta oficial del marxismo ortodoxo. Problema de la ortodoxia, podría usted decir. Sí, pero el hecho es que sólo los marxistas más osados se atreven a rechazar abiertamente el rígido

[2] México, Vuelta, 1992.

determinismo histórico de Marx. Tanto Trotski como Parvus[3] trataron de encuadrar la Revolución rusa en la teoría del «eslabón más débil», según la cual lo único que se requiere, a falta de un proletariado fuerte, es una burguesía débil. Convengamos en que ésta es una desviación muy seria de todo lo que Engels y Marx pensaron. De hecho, el propio Engels desaconsejó una rebelión históricamente prematura.

En fin, éstas son sólo teorías. La Revolución de Octubre ocurrió con éxito y generó la Unión Soviética. Si me pregunta por qué fracasaron los liberales, contestaría que fue, hasta cierto punto, debido simplemente a que no estaban preparados para utilizar métodos violentos como los usados por los bolcheviques. No cabían en sus principios. Frecuentemente, una minoría dura triunfa sobre una mayoría blanda. No hay duda del descrédito del régimen zarista, ni del grado en que la guerra había debilitado sus recursos. Pero, frente a este hecho, la clase media carecía de una ideología coherente. Turguéniev era un vocero típico de esta clase: un hombre que detestaba a los reaccionarios, pero temblaba frente a los jóvenes radicales. Es un viejo predicamento de los liberales en cualquier tiempo y lugar. Muchos miembros de la burguesía progresista rusa compartieron ese predicamento. No sabían qué hacer. Por un lado rechazaban al régimen zarista, detestaban la tiranía y estaban en contra de la Iglesia, ignorante y opresora. Por otro, pensaban que los radicales carecían de escrúpulos y principios, y que eran violentos, fanáticos. En tales situaciones, las minorías pueden introducir cambios fundamentales.

No sería la primera vez. No sé cuántos fascistas había en Italia en 1922; me refiero a fascistas ideológicamente convencidos, auténticos. La explicación que suele darse al fenómeno es que la burguesía temía a los comunistas y que por eso cedió ante los fascistas. Bueno, se puede pensar que algo similar ocurrió en Rusia: la burguesía temía una vuelta del régimen zarista, de ahí que no estuviese preparada para resistir demasiado a los bolcheviques, quienes, por lo demás, parecían representar el ala extrema de su propio bando.

---

[3] Parvus es el sobrenombre adoptado por el socialista germano-ruso Izraíl Lazárevich Guélfand (también llamado Alexander Helphand [1867-1924]).

Para explicar por qué los liberales fueron aplastados por los bolcheviques, aunque suene inocente, no acepto que se diga que los hechos históricos son el resultado del conflicto entre clases. En ocasiones es así, desde luego, pero no siempre. La lucha de clases no provocó inevitablemente el ascenso del nacionalsocialismo en Alemania, o del fascismo en Italia. Ambos fenómenos pudieron, a mi juicio, haberse evitado. Una ocupación británica de Renania en 1936 habría detenido al nazismo. Hay quien cree, claro está, que todo lo que ocurre es inevitable, porque la gente implicada es como es; sin embargo, esto es incurrir, a mi juicio, en un fatalismo extremo. De haber sido más sabios en 1936, los ingleses y los franceses habrían ocupado Renania. Otro ejemplo, si la Unión Soviética no lo hubiese impedido, mediante sus órdenes directas a los comunistas alemanes, creo que entre 1931 y 1933 la unidad de los socialdemócratas y los comunistas habría sido perfectamente posible.

En definitiva, creo que la revolución soviética triunfó, fundamentalmente, debido al genio de Lenin como hombre de acción. Si Lenin hubiese perdido aquel célebre tren y no se hubiera hallado allí en 1917, dudo que Trotski, Stalin, Kamenev o Zinóviev[4] hubieran logrado la victoria. No sé lo que habría ocurrido, quizá una guerra civil y, como resultado, un régimen de derecha o de izquierda. Cualquier cosa, pero seguramente no el leninismo.

Siempre se me ha acusado de exagerar el papel desempeñado por el individuo en la historia. No creo exagerar. Sin Churchill en 1940 posiblemente la invasión alemana a Gran Bretaña habría triunfado, al menos a corto plazo. Me parece evidente que si a Hitler no se le hubiese metido en la cabeza atacar a Rusia, Europa sería muy distinta. Está claro que las personas no pueden operar contra circunstancias rígidas; debe haber, por supuesto, condiciones que posibiliten ciertas operaciones particulares. Y el hombre que importa es el que aprovecha de alguna forma los factores implicados, ya sea instintivamente o

---

[4] Lev Kamenev Borisovich y Grígori Yevséievivh Zinóviev, bolcheviques, miembros prominentes del Partido Comunista, ejecutados en la Gran Purga de 1936. Ambos nacieron en 1883.

mediante razonamientos. Todo esto es verdad. Pero la explosión de lo que llamamos la «masa crítica» ocurre a menudo por la acción de un individuo o un grupo de individuos.

Engels —o alguien como él— dijo que si Napoleón no hubiese existido otras personas habrían surgido e igualado su historia. Yo no lo creo. Alguien afirmó, aludiendo al *napaléon d'or* (una moneda del siglo XIX): «Un napoleón alterado no es un napoleón». Los historiadores actuales, ya sean marxistas o antimarxistas, tienden a creer en la influencia decisiva de factores impersonales en la historia. Mi punto de vista les parecerá inocente, anacrónico, subjetivo y carente de valor científico. Con todo, insisto, creo que en la historia hay puntos nodales en que los actos de ciertos individuos, libres para escoger entre diversas opciones, pueden tener las más vastas consecuencias.

Pero ¿no existía algún elemento, alguna propensión en la historia rusa, un rasgo en esa cultura, en esa mentalidad, que la inclinara más al marxismo que al liberalismo?

Es una pregunta interesante. De hecho, alguna vez he tratado de escribir sobre esto. Verá usted: cuando un país más o menos primitivo se acerca a una civilización que considera superior —en el sentido en que Rusia consideraba superior a Europa occidental—, sus dirigentes se vuelven particularmente conscientes de su propia cultura e identidad. Esta situación los lleva a preguntarse si en verdad son tan bárbaros, inútiles e ignorantes como parecen, y si esta miserable situación de pobreza permanecerá siempre. Naturalmente, rechazan esta idea y se preguntan: «¿Qué se puede hacer para mejorar nuestra condición?»

Al principio imitan a la cultura extranjera que creen superior. Enseguida se desprecian a sí mismos por imitarla. Su orgullo les dice que son tan malos como se les ha hecho creer: algo particularmente valioso deben de poseer, algo que los demás no tienen ni entienden. Los alemanes se sintieron así frente a los franceses en el siglo XVIII. En plena gloria, los franceses despreciaban ostensiblemente a los alemanes: los veían como provincianos en las fronteras de la alta cultura. Por su parte, Alemania concedía a Francia el predominio en el

arte, la guerra, la política, el poder y en otras esferas, salvo en una —la
única que en realidad importaba—, la del «espíritu interior», la relación del hombre con Dios y consigo mismo. Y esto, supuestamente,
era patrimonio exclusivo de Alemania. Para los alemanes, los franceses eran superficiales, fríos, materialistas, desdeñosos e ignorantes del
valor supremo: la vida del espíritu. Todo esto es, en el fondo, una forma
sublime de la vieja parábola de la zorra y las uvas: lo que no podemos
tener no merece la pena. Tenemos en cambio algo superior: nuestra religión, nuestra vida interior. No estamos corrompidos por el
abyecto mundo de los placeres carnales y la civilización materialista.

Algo muy similar empezó a suceder en Rusia a finales del siglo
XVIII. Se hallaba en una posición parecida frente a Occidente. Tras las
guerras napoleónicas, cuando los altos oficiales que creaban opinión
en Rusia marcharon a París, los rusos comprendieron que su nación
era, a un tiempo, temida y despreciada en la Europa occidental. De
ahí la pregunta: ¿de qué carecemos? ¿Qué tienen ellos que no tengamos nosotros?

Todas las naciones atrasadas reflexionan tarde o temprano sobre
sí mismas. Las naciones desarrolladas no lo hacen. Toda la literatura rusa del siglo XIX se hace eco de este autocuestionamiento. ¿De
dónde venimos? ¿Adónde vamos? ¿Cuál es nuestra misión histórica? ¿Qué debemos ser? ¿Qué podemos ser? Preguntas obligadas en
Rusia. ¿Podremos llegar a ser como Occidente? ¿Debemos intentarlo?
¿Tenemos algo que a ellos les falta? ¿No somos espiritualmente superiores (argumento eslavófilo) y no deberíamos, por tanto, aislarnos y
salvaguardar nuestros valores y defenderlos de las malignas influen-
cias mundanas? ¿O, por el contrario —como argumentaban los occidentalistas—, toda la verdad está en la ciencia, el progreso material, la
organización, la libertad, las ideas democráticas, John Stuart Mill…?
¿Es esto de lo que carecemos y debemos buscar? Y si es así, ¿con qué
medios? En definitiva, ¿qué debe hacer Rusia?

En aquella época, ni Jane Austen ni Charles Dickens se pregun-
taban: «¿Adónde va Inglaterra?» Stendhal y Balzac tampoco dudaban
del destino de Francia. Ni siquiera a Goethe le preocupaba adónde
iba Alemania. Hablaban como hombres universales. En cambio, la

literatura rusa se volvía sobre sí misma en una forma casi narcisista. Así ha ocurrido, en general, con todas las naciones atrasadas; ocurre en Asia o África en la actualidad, y quizá en los países latinoamericanos que padecen esta sensación de atraso, sensación que algunos interpretan como una virtud y otros lamentan como una llaga.

Los rusos enfrentaron valerosamente el problema. Desarrollaron una fe peculiar en el progreso, una fe en los escalones supuestamente objetivos de la historia: «Según las enseñanzas de Herder, Hegel o Comte, hay para todos los hombres una escala común en la historia. ¿Cuál es nuestra posición en esta escala universal? ¿Estamos en el escalón treinta y dos o en el diecisiete? Si nos hallamos en este último, cuánto tiempo tardaremos en llegar al escalón superior? ¿Lo alcanzaremos algún día?» El historicismo se convirtió en una verdadera obsesión rusa. Los profesores de historia —en especial los occidentalistas— trataban de explicar el progreso de Occidente como una sucesión de pasos inevitables. Para ellos, a pesar de todas las apariencias, Rusia se hallaba también, necesariamente, en esa escala. Esta convicción nutría su optimismo: «No permaneceremos eternamente en este miserable estadio de opresión, pobreza y falta de derechos humanos. Algún día nos levantaremos. Algún día el sol brillará también para nosotros».

¿Cuándo comienza esta obsesión por la historia y el progreso? No fue con los bolcheviques...

No, mucho antes. Ya Herzen se había preocupado mucho por este problema de la posición histórica relativa, aunque al final terminó por rechazar el asunto con aquella frase: «La historia carece de libreto». Tampoco Bakunin creía que hubiese ningún libreto. En cambio, Granovski,[5] un famoso profesor liberal de la Universidad de Moscú, creía firmemente en su existencia, o, cuando menos, en la de un orden más o menos predeterminado. Granovski solía afirmar que, con el

[5] Timoféi Granovski (1813-1855), profesor de historia universal y europea, proponía una moderada occidentalización de Rusia.

crepúsculo de la fe ortodoxa entre la gente culta, Rusia había apresurado su salvación histórica. Como antídoto a la desesperanza que les causaba la imposibilidad de articular alguna oposición efectiva al aplastante sistema político, a la injusticia y a la miseria, los intelectuales rusos se refugiaban y consolaban en la idea del movimiento objetivo de la historia, de los estadios por los cuales toda sociedad debía pasar.

Permítame darle un ejemplo de lo que quiero decir: Chernishevski,[6] el populista, solía predicar (y Herzen y Chaadáiev[7] antes que él): «Avanzamos por un camino similar al de Occidente. Pero quizá no tengamos que pasar por el infierno de la Revolución industrial; quizá podamos beneficiarnos de los resultados de la Revolución industrial de Occidente sin necesidad de padecer las agonías de ese corredor histórico. En ese momento, al emparejarnos, estaremos dispuestos a marchar junto con ellos hacia el futuro progresista y luminoso».

Otro caso significativo es la polémica entre un neojacobino llamado Tkachev[8] y el populista Lavrov[9] que, aunque influido por Marx, propugnaba soluciones graduales. Tkachev, en efecto, sostuvo: «Debemos hacer la Revolución aquí y ahora, debemos provocar el *putsch*.[10] Los campesinos son reaccionarios y resistirán; debemos hacer las cosas en su beneficio, pero sin su apoyo. ¿Por qué? Porque, si no lo hacemos, si esperamos, ocurrirá en Rusia lo que en Occidente: el aburguesamiento. ¿Dónde están los cuadros revolucionarios hoy en día? Provienen de los profesionales frustrados: doctores, abogados, exper-

---

[6] Nikolai Chernishevski (1882-1889), jefe del movimiento democrático revolucionario de Rusia en la década de 1860, propagó la idea de la Revolución campesina y la lucha de masas para derrocar a los viejos poderes.

[7] Piotr Yakóvlevich Chaadáiev (1794-1856) fue un escritor e intelectual cuyas ideas sobre Rusia dieron pie a las disputas entre eslavófilos y occidentalistas; fue emblema para la juventud rusa que deseaba la occidentalización.

[8] Piotr Nikítich Tkachev (o Tkachov) (1844-1886), junto con Bakunin y Netcháiev, fue precursor del revolucionario profesional; sostuvo que la propaganda solamente fortalecía a la clase burguesa y que lo importante era actuar antes de poner sobreaviso al enemigo.

[9] Piotr Lavróvich Lavrov (1823-1900), miembro de una sociedad revolucionaria clandestina, apresado en 1867, se fugó a París y formó parte de la Comuna de 1871; fue amigo personal de Marx y Engels.

[10] Golpe de Estado.

tos agrícolas a quienes se les impide el desempeño pleno de acuerdo con sus capacidades. Si al régimen zarista le queda un resto de inteligencia, hará lo que en Occidente: les ofrecerá oportunidades. En el momento en que los científicos puedan trabajar en laboratorios, los doctores investiguen y curen pacientes, los alborozados ingenieros construyan puentes y los expertos agrícolas pongan en práctica lo que saben, en ese momento cesarán de ser revolucionarios, su protesta se desvanecerá, como ocurrió con la Tercera República en Francia. Dejar que esto pase es traicionar los fines verdaderos del hombre».

A esta aseveración, Lavrov replicaba: «Por el contrario, debemos evitar que esto ocurra. Un golpe que nos llevaría a una situación similar a la de la gran Revolución francesa: el terror y el despotismo de la élite jacobina. Suponiendo que nuestro *putsch* tuviera éxito, en el trance de resistir a la contrarrevolución nos militarizaríamos y, de ese modo, necesariamente nos convertiríamos en déspotas y tiranos. Una vez instaurados, los métodos dictatoriales son difíciles de erradicar: se perpetúan a sí mismos. El resultado final sería el cambio de un yugo por otro. La auténtica solución es educar a la clase obrera y a la *intelligentsia* dándoles a entender su papel histórico. Mediante esta transformación educativa, mental, habría esperanza de crear una sociedad democrática. Pero imponer por la fuerza un orden sin la comprensión de la gente es una opción que conduce a la resistencia y, finalmente, al despotismo».

Lo que he querido subrayar es la existencia de un bastidor histórico sobre el que se desarrollan las polémicas. En un caso se invoca a la Revolución francesa. En otro, a la Revolución inglesa. Un ambiente así, intoxicado de modo tan extremo con la idea de la marcha objetiva de la historia, debió ser, por fuerza, tierra particularmente fértil para el desarrollo del marxismo. Cuando finalmente llegó el marxismo, la mentalidad de una porción significativa de intelectuales estaba preparada para adoptarlo apasionadamente como una fe. ¿Dónde, si no en el marxismo, cabía buscar y encontrar la salvación de Rusia?

Lo extraordinario de los rusos es su capacidad para creer genuinamente en las ideas, creer de un modo mucho más intenso que en Occidente. En Occidente circulan todo tipo de ideas de modo simultáneo, creando un «clima de opinión». En París, en 1848, muchas ideas entraron en conflicto. Ninguna, en consecuencia, predominó; ninguna se volvió obsesiva. En Rusia, en cambio, existía un vacío, de modo que cualquier idea con cierto prestigio podía adquirir un poder decisivo. Nada transforma tanto las ideas como el hecho de tomarlas en serio.

¿Pasión por las ideas o por las ideologías?

Aquellos hombres no tenían pasión por las ideas que no fuesen, digamos, ideológicas. No les interesaban, al menos no obsesivamente, las ideas químicas o físicas. Lo que querían era descubrir cómo vivir. Pretendían organizar sus vidas de acuerdo con un orden humano; discurrir la creación de una sociedad decente. Los movía el afán de igualdad, de libertad individual y de grupo; una voluntad de progreso. Todos éstos son asuntos ideológicos.

Los asuntos ideológicos nos conducen a la analogía. Los valores —usted lo ha dicho muchas veces— son diferentes, vanos y difíciles de conciliar. Pero en nuestros países prospera una idea opuesta o, al menos, distinta. La igualdad se entiende como una suerte de valor-crisol que funde y supera a todos los demás. ¿Podría usted recordarnos algo sobre las tensiones entre los valores; en especial las tensiones entre libertad e igualdad?

Como usted sabe, yo creo —y, por lo visto, no comparto esta creencia con mucha gente— que existen ciertos valores finales o últimos que los seres humanos persiguen. No siempre son los mismos. Han cambiado en el curso de la historia, pero, en un sentido amplio, hay valores que todos los hombres persiguen. Muchos hombres admiran la inteligencia; otros, los aspectos más físicos. Todos buscan un mínimo de libertad —quizá no tanta, como dicen algunos, pero sin duda un mínimo—. Todos los hombres buscan la felicidad, lo admitan o no… Al menos hasta cierto punto. Hay quien sustenta como valor el conocimiento o el desarrollo pleno de todas sus facultades. No falta quien odie más que ninguna otra cosa el esclavizarse, espiritual o materialmente.

Algunos de estos valores son, a mi juicio, valores últimos, no medios para la consecución de otros valores. La creencia clásica insiste en que estos valores chocan entre sí debido sólo a nuestra ignorancia; no se realizan porque nuestro conocimiento de nosotros mismos y de la naturaleza es defectuoso. Según esta teoría, si alcanzáramos la omnisciencia, o si al menos supiéramos lo bastante, arribaríamos a la sociedad armoniosa en la que todos estos valores resplandecerían juntos y sin detrimento los unos de los otros.

No lo creo.

No veo cómo reconciliar una libertad personal absoluta —sin duda un ideal— con una igualdad absoluta. Es inútil insistir en esto: si el fuerte es libre, destruye al débil; si se protege al débil del poderoso, el poderoso ve mermadas sus libertades. Por otra parte, el conocimiento puede no ser compatible con la felicidad; por el contrario, puede acarrear sufrimiento. ¿Cómo acordar lo espontáneo con lo eficiente? O ciertas formas de la creatividad con una perfecta racionalidad… En otros términos, cuando se tienen valores incompatibles —como lo son éstos— es preciso derivar hacia una forma de compromiso que evite la destrucción en ambos lados. De ahí la necesidad de leyes, reglas, controles; en fin, de obstáculos a la libertad total. Esto es, claro está, un enunciado obvio. Cuando afirmo la necesidad constante de compromiso entre fines incompatibles no estoy diciendo nada nuevo. Es tedioso, sin duda, tener que restaurar una y otra vez el frágil compromiso, pero ésa es, a fin de cuentas, la misión de la vida humana. No podemos evitar nuestra condición.

El conocimiento trae dolor…

No si usted cree que el conocimiento libera. Pero yo no creo que siempre sea así…

Spinoza lo creía.

… Lo mismo que Freud y otros muchos distinguidos pensadores racionalistas. Y hay mucho de verdad en ello. Pero si alguien es un artista inspirado, su arte puede nacer acaso de una herida psicológica. Si la herida se cura, lo cual puede ocurrir, y el artista recobra la dicha, puede, en ese mismo momento, perder interés en su obra. Por supuesto, no todo artista ha sido neurótico en ese sentido. Los ha habido felices. Goethe no tenía un pelo de neurótico. Shakespeare, me atrevo a pensar, tampoco. Muchos otros artistas han sido, digamos, gente normal. Pero no hay duda de que el arte brota a veces de una herida. Es el caso de Dostoievski, Kafka, Pascal, Rousseau...

... Y el de Tolstoi...

Sí, y el de Tolstoi, desde luego. Si un buen psicoanalista se hubiese acercado a estos escritores, no sé cuáles habrían sido las consecuencias literarias. O las musicales, en el caso de Beethoven o Mozart. De cualquier forma, volviendo al conflicto, si el enfermo de cáncer conoce su enfermedad, este hecho no lo libera. Al contrario, quizá la ignorancia sería preferible. La ignorancia puede ser una bendición. No predico contra el conocimiento o la felicidad, sólo quiero subrayar que los valores no son necesariamente compatibles.

De todo esto no se sigue que todos los valores finales o últimos choquen de modo absoluto. Pero este conflicto se da con la suficiente frecuencia como para crear un problema. De ahí la pregunta: ¿qué hacer? Sucede a diario. Los recursos limitados suponen siempre un problema: ¿hay que construir una iglesia o una sala de cine? ¿Satisfacer a la gente piadosa o a la que disfruta de esa clase de arte?

En un mundo perfecto nada de eso ocurriría. Pero este mundo no lo es. En la medida en que los fines sean humanos, y se desplieguen en un escenario humano, chocarán siempre. Es inimaginable un mundo humano en el que libertad e igualdad sean totales y coexistan. Lo mismo ocurre con la espontaneidad y la capacidad. ¿Qué hacer? Bueno, en inglés tenemos la fórmula de los *trade-offs*. Uno debe intercambiar sus valores: tanta libertad a cambio de tanta igualdad, tanta ciencia a cambio de un arte de tal magnitud. Este procedimiento no es muy aceptable para la gente porque...

No es suficientemente glorioso…

Ni glorioso ni excitante. A los jóvenes no les inspira mucho el ideal de un equilibrio perpetuamente inestable, equilibrio que es, por lo demás, la única manera de que las cosas funcionen sin incurrir en demasiada injusticia. Es el viejo problema de la justicia y la misericordia. ¿Cuánta piedad a cambio de cuánta justicia? ¿Quién debe decidir? Hay quien cree que en un mundo perfecto la justicia sería innecesaria, lo mismo que la piedad. Pero no podemos concebir siquiera los perfiles de ese mundo.

Sería aterrador, quizá… Pero usted ha estado hablando de valores en ámbitos sociales. Hay individuos en la historia que encarnan biográficamente estas tensiones múltiples. Acabamos de mencionar a Tolstoi. ¿Se llegó a identificar en realidad y sin contradicción con los principios absolutos que predicaba?

Le contaré una anécdota curiosa acerca de Tolstoi. Ocurrió a finales de 1904, en plena guerra ruso-japonesa. Tolstoi la detestaba. Puso todos sus esfuerzos al servicio del pacifismo. Escribía libelos que denunciaban los horrores de la guerra. Un día, mientras Tolstoi descansaba en su estudio, alguien prorrumpió:

—¡Lev Nikoláievich! ¡Se ha rendido Puerto Arturo!

De inmediato Tolstoi saltó de su asiento y exclamó:

—¡En mis tiempos esto jamás habría ocurrido…!

—¿Qué habría ocurrido en sus tiempos, Lev Nikoláievich?

—Habríamos luchado y luchado… pero ¡claudicado, jamás!

Ésta fue su reacción instintiva. Le encantaba ver a la oficialidad bien vestida y formal. Escribió maravillosamente sobre guerras y batallas. Sus creencias contradecían sus hábitos y sus gustos. Trató de modificarlos, pero nunca pudo lograrlo completamente.

Esto me recuerda otra anécdota significativa. Me la contó un académico soviético cuyo tío, un seguidor de Tolstoi, llegó a alojarse varias veces en la casa de campo del escritor.[11] Uno de los hábitos de

---

[11] Yasnaia Poliana, Tula, Tula Oblast, Rusia. La finca hoy está abierta al público.

Tolstoi era, al caer la tarde, leer las cartas que recibía y dictar las respuestas en el dictáfono que Edison le había regalado. Un sirviente, debidamente enguantado, le entregaba las cartas en una charola de plata. Un día, el sirviente olvidó la charola y llevó las cartas sólo en sus manos enguantadas. Tolstoi tronó: «¿Dónde está la charola de plata? ¡La hicieron para esto!» Y despachó al hombre a buscarla. Era, y siguió siendo, un conde. Un aristócrata contrito, es verdad; un hombre que procuró asimilarse a la vida de sus peones, pero que nunca pudo lograrlo del todo.

Quien captó ejemplarmente este conflicto fue Turguéniev. Lo hizo en su última novela, *Tierra virgen* (de 1877). El héroe es un intelectual de la aristocracia que se mueve entre jóvenes revolucionarios y simpatiza con sus ideales y su forma de vida. Hace lo posible por integrarse en ese mundo, pero no puede. Al final confiesa su incapacidad para integrarse, y se suicida.

Tampoco Tolstoi pudo integrarse, y lo intentó con vehemencia. Sus hijos y sus nietos han proclamado que lo logró. Es falso. Lo caracterizó siempre un doloroso conflicto entre su personalidad y sus convicciones.

¡Qué tragedia para un populista! Pienso que, en otro sentido, podría o debería existir alguna forma de traducción entre los dos mundos. Chernishevski creyó en la posibilidad de emplear la ciencia y la tecnología de Occidente a una escala y con una lógica parroquial, local. Es algo que deberíamos buscar en América Latina.

Sin duda, sin duda. Estoy plenamente de acuerdo con esa idea. Alguna vez hablé con un grupo de liberales italianos que intentaban eso mismo para su país. Es una gran idea, tal vez tenga éxito. Sería, por decirlo así, el matrimonio de la tecnología con una existencia más sencilla y humana. Sí, sin duda. Si fuese posible, sería maravilloso.

¿Qué personas recuerda ahora que hayan dejado en usted una impresión profunda?

Es difícil contestar a esa pregunta. Si se trata de personas cuyo trato, de alguna forma, llegó a cambiar mi vida o mis ideas, sería difícil contestarle. Si usted se refiere tan sólo a gente que me ha impresionado, bueno, entonces sí, claro, me arroba cualquier persona de genio. Abrigo el mayor respeto por este tipo insólito de gente. Soy, por naturaleza, un venerador de héroes. Una persona genial me entusiasma y atemoriza siempre. Me impresionó Bertrand Russell. Me impresionó Freud, a quien conocí en Londres el último año de su vida; lo llamé sencillamente porque conocía a algunos de sus familiares. Tomamos una taza de té. Eso es todo. Fue un privilegio también conocer a Virginia Woolf. En Rusia conocí a Boris Pasternak y a Anna Ajmátova;[12] ambos me conmovieron profundamente. De un modo distinto me conmovió también el crítico estadounidense Edmund Wilson. Y traté a Auden, a Weizmann, a Churchill, a Einstein. Todos ellos, grandes hombres de genio. Me he limitado a hablar de los muertos. De los vivos prefiero no hablar. Ante todos siento reverencia.

¿Dónde se encuentran hoy, a su juicio, los centros principales de creatividad intelectual en el mundo?

¡Santo cielo…! Creo que en las ciencias de la naturaleza, principalmente. No soy científico y entiendo poco de esas cosas, pero me parece que la ciencia atrae ahora a las personas más dotadas. Creo que hay más talento e imaginación ahora en las ciencias que en el arte o la literatura.

No deja de entristecerme el panorama. ¿Dónde están ahora los novelistas geniales? ¿O los pintores? Desde la muerte de Picasso… Claro, está Miró, pero Miró no se iguala con los grandes gigantes. Es ya viejo, además…

¿Y los poetas?

---

[12] Berlin no lo dice aquí, pero él es el «emisario del futuro» que figura en el poemario *Réquiem* de Anna Ajmátova. Estuvo, además, enamorado de ella. Véase la biografía de Michael Ignatieff, *Isaiah Berlin. A Life*, Nueva York, Henri Holt and Company, 1998 (existe una versión en español de Taurus).

Bueno… Ahora ha muerto Montale. Pero prefiero no hablar de los vivos. Es un poco vulgar y falso calificar de este modo a los artistas. Lo que sí creo es que las artes florecen —cosa curiosa— cuando los artistas compiten entre sí. Es decir, cuando un creador recela de lo que hace otro. Verdi, me temo, recelaba de Gounod; tenía miedo de que Gounod compusiese algo mejor que lo suyo. De Wagner supo poco, pero, de haberlo conocido más, sus aprensiones habrían crecido. Me atrevo a afirmar que Beethoven llegó a preocuparse por la obra de Weber o Cherubini. Ahora parece absurdo, pero así fue. Stravinski y Schönberg, no hay duda, fueron rivales. Pero no creo que en nuestros días algún compositor se aflija demasiado por los éxitos de otro. No creo que a Britten le preocupara Shostakovich, o que Boulez se inquiete porque Elliott Carter o Stockhausen puedan componer algo más extraordinario. Simplemente no lo creo.

Hay únicamente dos artes en cuyo seno se da una auténtica competencia: el cine y la arquitectura, una competencia seria, por así decirlo, entre hombres de genio. Y son artes que florecen mucho más, a mi juicio, que otras.

En su ensayo «Benjamin Disraeli, Karl Marx y la búsqueda de la identidad»[13] *estudia usted las tensiones ideológicas peculiares que atormentaron a estos dos vástagos del judaísmo recién emancipado. Sus vidas e ideas son, en cierta forma, «un intento, por parte de quienes han sido desarraigados de su ámbito histórico y social, de echar raíces en tierra nueva». Ludwig Börne y Heinrich Heine, cada uno a su manera, padecieron esta hambre de identidad y, con ella, la tendencia a subrayar o idealizar elementos de la cultura que incómodamente los acogía; cultura en la cual, fatalmente, no podían integrarse del todo.*

Mi pregunta es: ¿cómo opera este rasgo en usted? ¿Podríamos decir —por ejemplo— que usted ha vindicado la libertad en un grado mayor que cualquier inglés, y que lo ha hecho debido a esta condición peculiar, no del todo distinta a la que describe en su ensayo?

[13] En *Against the Current. Essays on the History of Ideas*, edición de Henry Hardy, Londres, 1979 (existe una versión en español del Fondo de Cultura Económica).

No lo creo, pero, claro, uno se conoce tan poco a sí mismo… No pretendo poseer mayor conocimiento de mi propia vida, de modo que puedo estar equivocado. Mi respuesta podría sonar complaciente. Se suele creer que hay un conflicto permanente entre particularismo y universalismo judíos. No sé qué debe entenderse por universalismo. Creo que las personas buscan los valores que buscan, y que estos valores son siempre particulares. Algunos son heredados o están condicionados por el ambiente y otros factores. La tradición judía, en particular, tiene raíces religiosas y se encarna en ciertos valores. Pero los judíos nunca han dicho que sus valores sean exclusivos. Cualquiera puede hacerse judío si lo desea. El judaísmo no es racista. Un judío lo es por el simple hecho de tener madre judía o de convertirse a esa religión.

En el caso de Marx y Disraeli, lo decisivo fue el rechazo de la sociedad europea a los judíos recién emancipados. A pesar de que las puertas del gueto se habían abierto, los judíos no gozaron de una condición igualitaria. Como reacción, Marx suprimió su judaísmo. Y Disraeli exageró su identificación con el judaísmo; siempre habló de sus raíces de manera dramática, como tratando de construir un sueño romántico que satisficiera su orgullo y le confiriese un estatus.

Ahora bien, hasta donde alcanzo a ver, me parece que he sido ajeno a esas dos tentaciones. Nunca en mi vida he deseado ser —o no ser— judío. Nunca he estado orgulloso ni avergonzado de serlo, como no lo estoy de tener dos pies, dos manos, dos ojos…

En torno al lugar que ocupa la historia de las ideas dentro de las humanidades actualmente los historiadores se inclinan hacia la historia social y económica. ¿Cuál es, a su juicio, la importancia de la historia intelectual? Se ha dicho que es anacrónica…

Le diré dos cosas que me interesan sobre el asunto. La primera es obvia: el hecho de que las ideas son importantes. Mucho más de lo que algunas teorías, marxistas o no, han mantenido. La idea marxista de que las ideas son sólo un subproducto, una suerte de reflejo espiritual de las estructuras materiales, es una doctrina que se refuta a sí misma. Tengo la certeza de que si Marx hubiese muerto a los doce años la historia del mundo y de Europa habría sido muy distinta. El cristianismo es una idea, el marxismo es una idea, el freudismo es una idea. ¿Quién puede negar su poder, su gran influencia más allá de las situaciones de las que partieron?

Segundo punto: hoy en día hay quien piensa —la gente a la que usted se ha referido— que es inútil abordar las ideas fuera de su contexto histórico. Para escribir sobre ideas —se argumenta— parece necesario conocer a las personas que las formularon: sus motivos y propósitos, la sociedad que los rodeaba, sus problemas, el lenguaje que empleaban. Porque el hombre piensa con palabras; es el uso real del lenguaje el que cincela las ideas y los conceptos. En consecuencia, para estas personas el método intelectual que se practicaba en el siglo XIX era histórico. Estudiar a Platón sin saber nada de Atenas, o a Spinoza ignorando la realidad de los Países Bajos en el siglo XVII supone —para ellos— una distorsión. En suma, es necesario estudiar las ideas a través de la historia y no la historia a través de las ideas.

Todo esto es verdad… hasta cierto punto. Es obvio que avanzamos más en la comprensión de las ideas si entendemos lo que sus autores hacían o pretendían. Las ideas, es evidente, no son entidades impersonales. No existe la partenogénesis de las ideas. Las ideas no generan ideas; sólo las generan los seres humanos que trabajan en determinadas circunstancias. Es necesario estudiar tanto al pensador como el pensamiento. Del mismo modo, creo que es preciso estudiar al artista tanto como su obra. T. S. Eliot no pensaba así; para él, una obra de arte brilla con luz propia y la biografía del artista es un dato irrelevante. No sé. Si el arte es comunicación, T. S. Eliot se equivocaba.

Por otra parte, reducir las ideas a sus condicionantes materiales, o a la respuesta de ciertos individuos a las preguntas de su tiempo, también es una operación inadmisible. No sabemos —o no estamos seguros de saber en realidad— el significado preciso de ciertas palabras griegas; desconocemos cómo era Atenas; ignoramos si sus casas se asemejaban a las de los zulúes o a las del Beirut actual. Realizamos —creemos realizar— un vuelo imaginario a un pueblo de la Europa medieval o a la Florencia del Renacimiento. Pero ¿hemos estado en Atenas? ¿Sabemos dónde estaba el ágora y algunos templos, podemos contemplar basamentos, pilares, estatuas? Es casi imposible recobrar la vida cotidiana, mental y material, de Atenas. Lo intentamos, pero con medios inciertos y limitados. Con todo, creemos entender a Platón, y sus ideas nos inspiran. Es posible, desde luego, que lo hayamos distorsionado sistemáticamente. Pero, aun en ese caso, ¿sólo es accidental nuestra admiración por él? No lo creo. Las ideas poseen fuerza y profundidad suficientes como para sobrevivir a la distorsión. Al menos así ocurre con las ideas que conciernen al ser humano como tal. (Porque existe el ser humano como tal; el hombre del siglo xx no puede ser completamente distinto del hombre del siglo v antes de Cristo; si lo fuese, sería imposible toda comprensión del pasado.) Las ideas sobreviven a su distorsión, del mismo modo que obras de trascendencia universal —la de Shakespeare, por ejemplo— se abren paso a través de las malas traducciones. Así ha ocurrido con los Salmos. Las malas traducciones traicionan a menudo el sentido original de las palabras en hebreo, pero los Salmos siguen diciéndonos cosas importantes, muy importantes.

Los críticos historicistas están parcialmente en lo cierto. Con todo, las ideas no habrían sobrevivido si este tipo de análisis fuese indispensable para aprehender directamente algo de su esencia.

¿Cuándo, por qué y cómo ocurrió en su vida el tránsito de la filosofía a la historia de las ideas?

Siempre me interesó la historia de las ideas, incluso en los tiempos en que fui un filósofo típico de Oxford. Quizá, hasta cierto punto, debido al hecho de que provengo de Rusia y desde niño experimenté —no siempre de modo consciente— el contraste entre dos culturas, una condición que propicia la habilidad para distinguir entre conceptos, ideas, formas de vida. Pero la causa central fue otra.

Hacia 1933 o 1934 se me comisionó para escribir un libro sobre Karl Marx.[14] Yo no sabía gran cosa sobre Marx, pero pensaba que la

---

[14] Isaiah Berlin, *Karl Marx. His Life and Environment*, Londres, 1939 (existe una versión en español de Alianza Editorial).

influencia del marxismo, lejos de atenuarse, aumentaría. Sabía que, de no embarcarme en este libro, jamás descubriría lo que el marxismo es en realidad. Marx no es precisamente el más claro de los escritores, y sus discípulos dificultaron aún más su lectura mediante la evasión y la oscuridad. Leer a Marx, a Engels y a los marxistas por el solo gusto de hacerlo no me parecía el mayor estímulo intelectual. La salida era clara: la única forma de forzarme a leer casi todo Marx era escribiendo un libro sobre él. Esta lectura de Marx me llevó a sus predecesores. Las obras de Engels y Plejánov me pusieron en la ruta de los enciclopedistas franceses. De ahí seguí con sus rivales históricos en Alemania: Kant, Fichte, Hegel, es decir, la tradición opuesta. Descubrí a Saint-Simon, Fourier, Owen. Estudié las disputas entre marxistas y antimarxistas en los últimos años del siglo XIX. Todas estas lecturas eran radicalmente distintas de los problemas filosóficos de los que solía ocuparme: lógica, epistemología, etcétera. Esta aventura fue en verdad lo que me inició en el camino de la historia. Luego de esta experiencia nunca miré hacia atrás.

Finalmente, pienso que me incliné por la historia de las ideas y abandoné la práctica profesional de la filosofía porque me di cuenta —lo he dicho ya en algún sitio—[15] de que mi deseo de conocimiento era, hacia el final de mi vida, mayor que al principio. La filosofía no conduce a un mayor conocimiento sobre el mundo; a una mayor penetración sí, y a una comprensión más amplia. Pero no es una disciplina acumulativa. Un historiador de las ideas no diría nunca que es inútil leer a Platón o a Aristóteles porque han quedado obsoletos, porque están superados. Para un científico, en cambio, es inútil leer ciencia antigua. Puede iniciarse ahora mismo, a partir del estado actual del conocimiento. Tampoco un escritor tiene, por fuerza, que conocer viejas literaturas. En fin, la lectura de Heródoto, Tucídides y Tácito, extraordinarios historiadores como sin duda lo son, no es una condición *sine qua non* para un historiador especializado en los siglos XIX o XX.

---

[15] Véase el prólogo de Isaiah Berlin a su libro *Concepts and Categories. Philosophical Essays*, edición de Henry Hardy, Londres, 1978 (existe una versión en español del Fondo de Cultura Económica).

Ahora bien, las preguntas que Platón se formulaba siguen vigentes. Las respuestas pueden variar, lo mismo que los métodos o las discusiones, pero en el fondo las cuestiones son idénticas. No podemos decir: sabemos más filosofía que Platón y es inútil leer a Hume, Kant, Spinoza... filósofos superados. No importa cuán moderna sea nuestra circunstancia, seguimos viviendo en el orden intelectual que ellos crearon. Guiado por estas convicciones, sentí el deseo profundo —más intenso conforme ha pasado el tiempo— de saber, y de saber de modo acumulativo. La historia de las ideas lo colmó.

¿En qué está trabajando usted ahora? ¿No escribirá sus memorias?

No, no habrá memorias. Me concederé el lujo de no escribir memorias. Para escribir memorias es necesario estar mucho más interesado en uno mismo de lo que yo estoy. No soy, nunca he sido, objeto de mi propia curiosidad. En cuanto al libro pendiente, hace más de diez años impartí en Washington una serie de conferencias sobre «El origen del romanticismo».[16] Para mí, el romanticismo es el mayor sesgo —mutación, se dice ahora— en el pensamiento europeo desde el Renacimiento. El romanticismo hizo temblar a la tradición clásica, la creencia en el conocimiento objetivo del bien y el mal, la belleza y la fealdad, lo noble y lo innoble, incluso de la verdad lógica y fáctica. El romanticismo es responsable de la idea —poderosa, fascinante, plena de riesgo— de que los hombres no descubren los valores: los hacen, los crean. La idea de que uno —o el grupo, nación, clase, partido o Iglesia a los que uno pertenece— crea su propia vida, ajena o independiente de los modelos ideales. Estas conferencias fueron las *«Mellon Lectures»* y podrían integrar un libro sobre ese asalto a la objetividad y al impulso científico que en esencia fue el romanticismo, originalmente el romanticismo alemán.

---

[16] Este libro se publicaría como *The Roots of Romanticism*, Londres, 1999 (existe una edición en español de Taurus).

Por último, ¿cuál es su opinión acerca del avance de la mentalidad totalitaria en el Tercer Mundo? ¿Cuál es, a su juicio, el papel del intelectual de convicciones liberales enfrentado a un mundo de aguda polarización ideológica?

Pienso que cualquier persona que crea en la existencia de una verdad, una sola, y en la existencia de un solo camino hacia ella, en una solución a los problemas que fuera exclusiva, solución que debe forzarse a cualquier costo porque sólo en ella estaría la salvación de su clase, país, Iglesia, sociedad o partido; cualquier persona, repito, que piense de este modo, contribuirá finalmente a crear una situación en la que correrá sangre, la sangre de quienes se le oponen. Los hombres así suelen argumentar que quienes descreen de su verdad son torpes o viles y deben ser combatidos por la fuerza. Ésta es, me parece, una de las creencias más fatales que puede abrigar un ser humano: la incapacidad de admitir que hay valores en conflicto, valores igualmente dignos de realización, pero que por desgracia no pueden coexistir de modo simultáneo. Mi cita favorita (de hecho la he incorporado a *The Oxford Dictionary of Quotations*) proviene de Kant: «Del torcido tronco de la humanidad ninguna cosa derecha podrá brotar nunca». Quienes creen en esto, y lo practican, rara vez son populares en uno u otro bando de cualquier conflicto humano.

Joseph Maier

CRÍTICA DEL REDENCIONISMO HISTÓRICO

Joseph Maier me liberó del mito de la liberación. Era uno de los últimos sobrevivientes del Institut für Sozialforschung[1] cuyos principales representantes —Max Horkheimer, Herbert Marcuse, Theodor W. Adorno, Karl Wittfogel— ejercieron una influencia profunda en la izquierda occidental a partir de los años sesenta. Aunque en muchas universidades del Tercer Mundo ya no se les leía con la misma avidez, la historia intelectual y moral del grupo de Fráncfort era, en muchos sentidos, una lección: pocos intelectuales en Occidente habían tenido una formación humanística más rica y completa. Hijos pródigos de la Ilustración y el romanticismo alemanes, lectores y herederos de la doctrinas de Marx y Freud, quisieron fundir todos esos ideales —sin advertirlo del todo— en el crisol antiguo del mesianismo. En un principio concentraron su esfuerzo en una espléndida labor de resistencia intelectual frente al nazismo. Fue su mayor contribución a la libertad. Años más tarde, los sueños de su Razón —como en la frase de Goya— engendraron monstruos. En México al menos, toda una generación vivió —y en 1982 seguía viviendo— inmersa en los esquemas y las obsesiones totalizadores de los años sesenta, nacidos en buena medida en la Escuela de Fráncfort.

Mi primer contacto con esa corriente de pensamiento lo debo a un discípulo de Adorno: mi amigo José María Pérez Gay. A él le debo

---

[1] Instituto de Investigaciones Sociales de la Universidad de Fráncfort. En adelante solamente «Instituto».

también el primer acercamiento a autores fundamentales que, sin estar ligados orgánicamente a la Escuela de Fráncfort, fueron amigos de ellos (en algunos casos muy cercanos) y desde luego pertenecieron a la misma generación: Gershom Scholem, Walter Benjamin y Hannah Arendt. En las investigaciones históricas de Scholem sobre el misticismo judío, en las iluminaciones de Benjamin sobre arte, literatura y sociedad, en los libros de Arendt sobre la revolución o el totalitarismo, encontré caminos intelectuales infinitamente más ricos y abiertos que las cerradas utopías que intoxicaron a mi generación. Y ya para entonces —tras leer *La miseria del historicismo* y *La sociedad abierta y sus enemigos*, obras capitales de Karl Popper— me sentía incómodo con las grandes teorías de Marcuse que habían sido la biblia del 68: *El hombre unidimensional* y *Eros y civilización*.

Maier me ayudó a entender esa incomodidad. Criticar a Occidente desde Occidente (desde La Joya, California, en el caso de Marcuse) era, en sí mismo, un homenaje a la tradición crítica de Occidente. Pero la crítica de Marcuse a la civilización «enemiga del deseo y la felicidad» era llevar la crítica demasiado lejos, a un lugar metafísico, fuera de la historia. Maier me explicó las raíces de ese pensamiento. En un plano modestísimo y marginal, me di cuenta de que mi desencanto era el suyo.

Maier —profesor emérito de la Universidad de Rutgers— aportó en el transcurso de la charla datos sorprendentes. Según Arendt, Benjamin murió porque sus amigos del Instituto fundado por Horkheimer lo abandonaron a su suerte y provocaron, indirectamente, su muerte. Pero Maier me confió una valiosa anécdota que refuta esa versión. El tono general de la charla fue melancólico. Maier creía firmemente que el papel social de la Escuela de Fráncfort, a la que dedicó su vida, había terminado. Tenía razón, pero debí haberlo animado un poco: las ideas de aquellos hombres, superadas como ideario práctico, siguen vivas como tema de discusión crítica y como acicate moral.

Criticar a aquellos profetas que creyeron en el redencionismo histórico era —paradójicamente— un principio de salvación. Salvación por la vía del sentido común y el sentido práctico. Meses después, mientras editaba esta entrevista, recordé una frase que —como diría Borges— sí está en Scholem y que resume la lección que recibí de Maier aquella tarde en su modesta casa de Nueva Jersey: «Que el Mesías venga, pero no en mis días» (Sanedrín, siglo III).[2]

ENRIQUE KRAUZE: *Varios miembros de la generación de 1968 leímos con devoción a Herbert Marcuse, el efímero profeta de aquella rebelión festiva y trágica. Muchos leímos también —o creímos leer, en difíciles traducciones— a Horkheimer y Adorno, miembros de la Escuela de Fráncfort. Usted vivió largos años asociado con este grupo. ¿Cómo los conoció?*

JOSEPH MAIER: Llegué a Estados Unidos en septiembre de 1933, unos seis meses después de que Hitler ascendiera al poder. Mi padre me matriculó en la Universidad de Columbia y al poco tiempo entré en una pequeña organización de jóvenes inmigrantes, el Club Judío-Alemán de Nueva York, que no sólo atraía a gente de negocios y jóvenes, sino a destacados intelectuales que llegaban de Europa central. Se trataba sobre todo de un club recreativo, pero tenía además el propósito de conservar nuestra herencia cultural y contribuir a su naturalización en tierras americanas.

A finales de 1934 una muchacha que también era miembro del club me ofreció un empleo en nombre del profesor Max Horkheimer, director del Instituto. Ella trabajaba con Horkheimer, y un día ambos descubrieron que la conferencia de un joven judío alemán, pronunciada en memoria de Heine frente a su monumento recién inaugurado en el Palacio de Justicia del Bronx, coincidía en muchos pasajes de manera sorprendente con un texto que poco antes había escrito el propio Horkheimer. Yo era ese joven. Ella no sabía entonces mi nombre, pero, a instancias de Horkheimer, finalmente me localizó. Poco tiempo después nos casamos.

Una historia de amor con Heine —gran enamorado— como casamentero. ¿Qué fue lo que dijo usted en su discurso?

---

[2] Isidore Epstein (ed.), *Babylonian Talmud. Tractate Sanhedrin Translated into English with Notes, Glossary and Indices*, 3 vols., Londres, Soncino, 1935, cap. XI.

Lo recuerdo bien. Dije que nosotros, los refugiados, éramos —como Heine— los herederos auténticos de la filosofía y la literatura alemanas. Nuestra labor consistía en salvaguardarlas tanto en la letra como en el espíritu en que habían sido concebidas. Heine decía que los alemanes anticipaban en teoría, en espíritu, lo que los franceses hicieron realidad durante la Revolución: un mundo más libre. Los lemas de la Revolución francesa —*Liberté, Égalité, Fraternité*— se introducen en el mundo real o tratan de trasladarse a éste. La Revolución no logró crear un mundo de fraternidad, pero la idea de la libertad del hombre sí es algo. Heine pensaba que eso era lo que la filosofía y la literatura alemanas trataban de lograr. Ahora bien, con Alemania bajo el yugo nazi todo esto estaba amenazado. El mundo quedaría totalmente destruido si no lográbamos detenerlos. Fueron estas ideas y preocupaciones lo que a Horkheimer y a mí nos acercó.

Aparte de Horkheimer; ¿a quién más trató?, ¿con quién más trabajó?

Horkheimer me ofreció un trabajo de asistente de investigación en el Instituto. Fue el primer trabajo que tuve. Tenía que ayudar a los preceptores y eso me permitió conocerlos. Durante varios años colaboré muy de cerca en la edición de la revista del Instituto, la *Zeitschrift für Sozialforschung*.[3] Hice algunos trabajos para Erich Fromm (sobre la clase obrera alemana), Herbert Marcuse y Theodor Adorno (sobre musicología). Conocí a Maxwell Komen, verdadero motor del Instituto y de lo que luego se llamó Escuela de Fráncfort. Komen acuñó el término «teoría crítica», una especie de filosofía amplia al estilo de la filosofía hegeliana. La totalidad cumple una función clave en esta concepción del papel de la filosofía y la teoría.

Después de la guerra, Horkheimer regresó a Alemania. Fue un hombre muy importante, por su empeño en reeducar al pueblo alemán en el espíritu de la democracia y por garantizar que la vida académica siguiera la dirección correcta. El nombre de Escuela de Fráncfort

---

[3] *Revista de Investigaciones Sociales.*

se adoptó tras el regreso de Horkheimer; no obstante, su fama proviene del trabajo que efectuó en los años treinta.

Walter Benjamin iba a incorporárseles, según creo…

Walter Benjamin dependía de la ayuda económica que recibía del Instituto, y Fred Pollack, el director administrativo, era el encargado de hacerle llegar esa ayuda. Voy a contarle algo. Un día, Hannah Arendt se presentó en el Instituto con unos escritos de Benjamin que debía entregar personalmente a Theodor Adorno, de acuerdo con los deseos de Benjamin. Ésa fue casi toda la relación que ella tuvo con el Instituto. Con todo, mantuvimos una buena amistad hasta el final. Gershom Scholem y Arendt, que primero fueron muy amigos, pusieron a circular la historia de que el Instituto, es decir, el grupo de Horkheimer, había dejado de apoyar a Benjamin y que éste, en su desesperación, se había suicidado. La realidad es que mi esposa mecanografió el *affidavit* (documento que garantiza la solvencia económica de alguien dentro de Estados Unidos) redactado por Horkheimer para Benjamin, y el documento llegó veinticuatro o cuarenta y ocho horas después de su muerte. Demasiado tarde.

Esto es lo que sucedió. Conozco las discusiones previas. El Instituto nunca tuvo intención de romper sus lazos con Benjamin. Claro que en el seno de la redacción se discutía sobre sus artículos, pero no se ejercía ningún tipo de presión. Todos los artículos se sometían a la discusión de los demás miembros del Instituto; también los de Horkheimer. Naturalmente, los dos miembros de mayor influencia para sugerir cambios editoriales eran Löwenthal y Adorno, que tenían un conocimiento previo de los escritos propuestos para la revista. Pero no encontrará usted ninguna carta de Horkheimer en la que intente alguna presión, dicte algún tipo de posturas o ejerza algún tipo de censura. Löwenthal o Adorno tampoco ejercieron ninguna clase de tiranía. Por supuesto, Benjamin no era suficientemente dialéctico ni suficientemente… demasiado marxista. Es muy probable —aunque no lo sé con certeza— que Benjamin aceptara algunas sugerencias porque, en caso de desoírlas, le preocupara molestar a

Horkheimer. Pero nunca exigió promesa alguna Horkheimer, ni tampoco dijo que uno debía seguir sus huellas o adoptar sus posturas teóricas para recibir dinero de su grupo.

¿Qué influencia tuvo el grupo de Fráncfort sobre la Nueva Izquierda en los sesenta?

La *Zeitschrift* fue leída por muchos buenos estudiantes alemanes. Primero fue pirateada y más tarde volvió a publicarse pero se tergiversó por completo. En Alemania, durante los años sesenta, muchos estudiantes pensaron que la actual República Federal de Alemania era como la Alemania nazi. En opinión de Horkheimer, y en la mía también, la República es el Estado político más libre que los alemanes hayan conocido en toda su historia. Sin embargo, los estudiantes no comprendieron esto ni las críticas de Horkheimer a los nazis. Con el tiempo, la Nueva Izquierda arrojó a todo el grupo al «basurero de la historia».[4]

En la Alemania de los años treinta se hablaba de los socialistas como «social-fascistas». En los sesenta, el grupo formado alrededor de Dissent también fue satanizado por el grupo The Angry Young Men.[5] Todo lo cual ayudó al fortalecimiento de la verdadera derecha. Pero siempre creí que la teoría crítica había sido un arma de la Nueva Izquierda. Por lo visto, la relación entre ellas fue, digamos, más dialéctica.

La Nueva Izquierda no tuvo en realidad un texto básico. Sólo conocía el compromiso, muy vago, de despedazar lo que en ese momento existía. ¿Para qué?, nadie lo sabe. Aparentemente creyó en el desarrollo de un programa y de una teoría política que sirviera de guía para una sociedad mejor o más justa. A mi juicio, no existe, ni ha existido, una verdadera teoría que pueda ser una guía fidedigna. La Nueva

---

[4] Expresión común en el pensamiento marxista que designa el lugar al que habrían de arrojarse las instituciones políticas y económicas (como el liberalismo o la economía de mercado) que quedarían en el olvido tras el establecimiento del comunismo.

[5] Grupo de escritores ingleses de los años cincuenta.

Izquierda cometió el error de confundir la teoría crítica con lo que acabo de llamar una «guía» para un mundo justo. Desde un punto de vista intelectual, por lo que he leído de la Nueva Izquierda, se trata, o se trató, de la mayor impostura que he conocido en mi vida. Es un revoltijo absoluto en el que todo tipo de teorías se tergiversa y deforma. He aprendido a pasarla por alto.

Supongo que las raíces profundas de estos hombres hay que buscarlas en el romanticismo y en Hegel. El marxismo fue también un corpus *fundamental en la doctrina de Fráncfort.*

Lo que la Escuela de Fráncfort recogió en la teoría crítica es lo que Marx llamaba la crítica de todo lo existente. Y la crítica del mundo «existente» no fue inicialmente lo que Marx llamaba la crítica de la economía política. La teoría crítica consistía, principalmente, en una crítica de la superestructura de la totalidad, que incluía el capitalismo de Estado. En lo que respecta a las identidades políticas, llegó el momento, durante los años treinta, en que la apariencia optimista de nuestra lucha contra el nazismo cedió su lugar a una preocupación más pesimista y surgió, en todos nosotros, el miedo, o la sensación, de que pasábamos a un universo administrado, en el que las causas de la libertad, y sobre todo la libertad del individuo, llegarían a perderse.

Por otra parte, si tuviese que resumir en una fórmula la huella mística de Marx en el grupo, diría que en un principio le imprimió una «teoría redencionista de la historia». Ésa es la clave. A mi juicio, es más redencionista que Hegel: verdaderamente creía en la posibilidad de un mundo enteramente nuevo, un nuevo periodo de la historia. Como Hegel, Marx creyó que el movimiento hacia la libertad era irreversible, pero Hegel no preveía grandes cismas en la historia. Los miembros del grupo creían —creíamos— en el curso previsible y fiel de la historia. El «espíritu del mundo»[6] residía precisamente en el Instituto.

---

[6] *Die Weltgeist*, término de la filosofía de Hegel que se encuentra en la introducción a las *Lecciones sobre la filosofía de la historia universal* (impartidas en la década de 1830). Existen versiones en español de Alianza Editorial y de otras editoriales.

Tiempo después, Horkheimer y Adorno se volvieron contra Marx y Hegel: ni la razón ni la historia seguían la dirección del progreso, sino de la regresión: no la bienaventuranza, sino el infierno.

Y usted ¿se ha redimido del redencionismo?

Ahora estoy más cerca de Max Weber. El *Wertfreiheit* de Weber —la libertad valorativa en las ciencias sociales— deja la puerta abierta tanto al progreso como al retroceso. La elección entre ambos es, fatalmente, asunto nuestro. Por otra parte, el conocimiento no es condición suficiente para el progreso. El conocimiento, el adelanto teórico o los adelantos en general, son una condición necesaria, pero no suficiente. La ciencia (incluidas las ciencias sociales y la filosofía) no puede prometer el triunfo definitivo de la historia ni vaticinar siquiera el curso de ésta, o si mañana habrá un mundo mejor o peor.

No presenciaremos el advenimiento histórico de la utopía, lugar donde todos serán felices y no habrá pugnas. A mi juicio, ésa no sería siquiera una sociedad justa. La administración de la justicia es siempre el esfuerzo por restaurar el equilibrio entre una parte ofendida y un ofensor. Es un proceso de reparación de daños. En una sociedad utópica desaparecerían todas estas diferencias. Sería, además, una sociedad aburridísima. En pocas palabras, algo imposible. Por eso llamo redencionista a esta teoría. Significa separarse de la historia. Marx se traslada a un reino posterior a este mundo, pero yo deseo permanecer aquí. No, no creo en una teoría redencionista de la historia. No creo que sea ni buena ni deseable, ni, en modo alguno, defendible moral o intelectualmente.

Su concepción actual del papel de la filosofía y de las ciencias sociales es, por lo visto, diferente a la de sus maestros.

Estoy comprometido en la búsqueda de la verdad, sin que importe quién la profese. No me interesa Aristóteles como representante de una sociedad esclavista. No lo critico en lo que atañe a sus compromisos, sus tendencias ideológicas o por ser un ciudadano representativo. Investigo las proposiciones que expresa sobre la teoría política en cuanto a su verdad o falsedad, pero no considero que pueda argumentarse que Aristóteles tiene que estar equivocado *a priori*. En un ensayo sobre «Vico y la teoría crítica»,[7] traté de demostrar en qué sentido la Escuela de Fráncfort también era víctima de la ideología. En mi ensayo digo que Vico fue seguramente más objetivo de lo que parece, a partir de la alabanza que hizo de él Horkheimer por su capacidad de desmitificar mitos e ideologías. Vico tomó en serio el mandato de Spinoza, el de que no hay que ridiculizar las acciones humanas ni lamentarse de ellas; no odiarlas, sino entenderlas. Su humanismo científico lo protegió contra los excesos de optimismo y pesimismo de la teoría crítica en sus fases temprana y posterior. La historia no se aproxima inevitablemente —como Horkheimer y Adorno creyeron— hacia la gloria y la salvación, ni en dirección opuesta, hacia el infierno y la destrucción. El hombre ha sido en todas las épocas una criatura que piensa, desea y siente, y su historia ha oscilado siempre entre la razón y la sinrazón, o la razón disminuida. Es precisamente el carácter irracional del mito lo que le permite desempeñar una función esencial en cualquier sociedad y personalidad. El mito no será nunca enteramente superado ni tampoco servirá como una guía exclusiva.

En ese estudio traté de demostrar que en los ejemplos extraídos de Hobbes y Maquiavelo que utilizaron Horkheimer y Adorno existe un compromiso con la teoría redencionista de la historia. Pero lo interesante es que, como no se hicieron realidad ni sus sueños ni sus esperanzas, mis maestros se adhirieron a la filosofía de la desesperación. Su creencia en el progreso eterno se transformó en la creencia en el retroceso constante.

De Vico podemos aprender que existe un límite, en la medida en que una sociedad puede ser guiada por la pura racionalidad. Al comentar la afirmación de Vico acerca de los hombres que hacen su historia, Horkheimer dijo que la predicción en las ciencias sociales era difícil, si no imposible, porque vivimos en una sociedad que no es libre. Eso será diferente en una sociedad racional, donde los hombres harán verdaderamente su propia historia y se guiarán por la

---

[7] En *Social Research* 43, 4, invierno de 1976.

razón. Pero en la sociedad ideal, donde la administración de la sociedad llegará a simplificarse tanto que cualquier cocinero estará calificado para manejar su maquinaria (según la famosa frase de Lenin, que recuerda con mucha precisión a Marx, al igual que a Horkheimer, Adorno y Marcuse), el quehacer completo de la política y de la predicción podría ser de interés sólo para ese cocinero, o cuando mucho para aquellas «mentes mediocres» que Nietzsche consideraba las más calificadas para cuidar de los asuntos públicos.

Si adoptamos el punto de vista de Vico, el problema de la teoría crítica —ya sea en relación con el optimismo inicial de una sociedad racional o con el pesimismo del mundo completamente administrado— es que incurre en una visión escatológica de la historia. Horkheimer, Adorno y Marcuse creen distinguir un ritmo y una trama que las investigaciones empíricas no detectan. Vico, por su parte, insiste en que la Providencia fue el primer principio para el entendimiento de la historia; pero nunca distorsionó la historia sociopolítica con una mirada escatológica. Su desarrollo fue incompleto. El *corso* es seguido por un *ricorso*.[8] No hay desenlace ni continuación. Hay límites para la secularización. Si una población llega a ser tan superflua e individualista en sus valores, si ya nada es sagrado para ella, es menos probable que permanezca unida. El desorden social resultante podría dar origen a nuevas sectas religiosas que predicaran el regreso a valores prístinos y a la salvación prometida.

Para Vico, se dan en el curso del desarrollo humano el progreso y la degeneración, y ninguno de los dos tiene una extensión infinita. Esto puede hacer más realista su visión de la historia que la concepción de la teoría crítica de una sociedad racional, un sistema social y una nueva era donde el mito y la ideología hayan dejado de ser relevantes. Esto nos remite a una condición en la cual la historia en sí parece estar abolida.

---

[8] *Corsi e ricorsi*, "flujos y reflujos": expresión que se refiere al italiano Giambattista Vico (1668-1744) para describir su teoría de la historia como una serie de ciclos y, en consecuencia, opuesta a una concepción lineal o progresiva de la historia. Véase al respecto su gran obra *Principios de ciencia nueva* (1725). Existe una edición en español del Fondo de Cultura Económica.

A propósito del corso y el ricorso, volvamos al grupo y, en particular, a una figura de la que me habló al principio: Erich Fromm. ¿Compartía la actitud y las ideas de los demás?

De todos los preceptores del Instituto, Fromm era el único que tenía lazos estrechos con la Segunda Internacional, el Partido Socialdemócrata. En esa medida era reformista, en tanto que los demás se consideraban políticamente independientes de los comunistas y de los socialdemócratas y, en cierto sentido, más radicales, especialmente Marcuse.

Lo que separó a Fromm de los demás fue la interpretación de Freud. En opinión de Fromm, había que hacerle a Freud ciertas enmiendas, en términos de la psicología social de Karen Horney, por ejemplo, o de Stack Sullivan. Sin embargo, Fromm tomó una orientación un poco más socialista; siguió siendo algo más marxista que Horney o Sullivan. Horkheimer, Adorno y Marcuse eran freudianos, principalmente por razones teóricas. No deseaban enmendar a Freud. No necesitaban hacerlo. Sentían que el Freud original era más aliado suyo, y su interpretación de él, no como terapeuta sino como pensador filosófico, es evidente en sus propios compromisos. Horkheimer intervino con mucha eficacia para que la Universidad de Fráncfort acogiera al Instituto de Psicoanálisis, que interpretaba a Freud partiendo de la crítica cultural de las sociedades actuales. Por otra parte, Fromm estaba muy interesado en su trabajo de terapeuta y en la aplicación terapéutica de las ideas de Freud. Deseaba curar al individuo. Se parece más a un trabajador social, y quién sabe si eso durará más tiempo. Lo cierto es que Fromm no deseaba cambiar a la sociedad, sino al individuo, para ayudarlo a encontrar su camino en el mundo.

Un gran escritor español, Antonio Machado, dijo que «Marx judaizó a Hegel». ¿Podríamos decir lo mismo del Instituto…?

No por accidente Horkheimer, Marcuse y Adorno son judíos. La mayoría de los miembros del Instituto, con una sola excepción, la de August Wittfogel, el conocido sinólogo, eran judíos. Desde luego, lo que para nosotros ha estado vivo ha sido una vieja tradición judía, no sólo rabínica. Como dice el Talmud: debemos hacer realidad el día en que se establezca el reino de Dios en la Tierra. Pero yo no me hago ilusiones. Lo considero una tarea eterna, como judío y también como heredero de la filosofía alemana. Así lo consideró Kant: debemos tratar de mejorar la situación del hombre en la Tierra. Y sólo podemos hacerlo tomando en cuenta de dónde venimos. No mediante la violencia ni en nombre de una ideología que está dispuesta a sacrificar a media humanidad o a tres cuartos de ella para lograrlo.

¿Cuál es el futuro de la Escuela de Fráncfort?

Creo que el papel social de la Escuela de Fráncfort, en cualquier nivel y en cualquier sector de la sociedad, ha terminado. No creo que tenga otra contribución que hacer. No creo que vaya a engendrar ni a los padres ni a los abuelos de ningún movimiento. En buena medida, los escritos de Horkheimer, de Marcuse o de Adorno interesan sólo a un reducido grupo de intelectuales. Y ahora ese interés se dirige a sus escritos sobre arte. Es un giro hacia el campo de la estética: la interpretación de la música, del arte y de la historia. Ése era el punto fuerte de Walter Benjamin.

Quizá la clave del fracaso esté en el concepto de libertad que postularon. Recuerdo que Bertrand Russell se burlaba del concepto hegeliano: «El Estado es la encarnación de la libertad racional». Quizá los maestros de Fráncfort fueron siempre, como Marx, unos jóvenes hegelianos.

Estoy de acuerdo. «El ciudadano —pensaría Hegel— procede mejor, es más libre, cuando obedece las leyes del Estado, no cuando las viola.» Pero seamos justos; me parece que la Escuela de Fráncfort tenía la misma idea que tuvo Marx muy al principio. La libertad de cualquier tipo de opresión directa o indirecta, ya fuera la opresión de las anónimas fuerzas de la economía o la de un dictador benévolo. El punto era poner la economía y la producción bajo el control de hombres con perspectiva, hombres racionales. La Escuela de Fráncfort se oponía a la esclavitud, sobre todo a la esclavitud engendrada por las fuerzas anónimas de las sociedades, especialmente las económicas.

Fue así como se volvieron mesiánicos. Su sueño era...

... Abolir los principios básicos que organizan la sociedad.

Pero llegar a este extremo es lo que llamamos redencionismo.

Ir más allá significa abolir la muerte. El hombre se transforma en el dueño omnipotente de su propio sino. Elimina de la historia el aguijonazo y el dolor de la tragedia. Así es como se llega al nuevo periodo en el que todo se repara. Surge el nuevo mundo del socialismo. Y dar a luz este nuevo mundo bien merecía el esfuerzo, en el que no habría ni tragedia ni tristeza, sino solamente felicidad. Pero en última instancia, como dice Freud, es una fantasía utópica, casi infantil.

Finalmente, creo que la suya es, como en Vico, la historia de un corso y un ricorso personal. Por las mejores razones, creyó en el redencionismo y por las mejores razones lo abandonó. ¿Con qué fe lo ha sustituido?

Yo era tan entusiasta como mi esposa. En el Instituto todos estábamos dispuestos a trabajar desde el amanecer hasta el anochecer para acabar, mediante nuestro trabajo, con el nazismo. Todos estábamos empeñados en una conspiración sagrada para derrocarlo. Estábamos convencidos de que participábamos en una tarea sagrada. Quizá crecí y maduré. Uno cree que puede cambiar el mundo de golpe. Yo no deseaba estar limitado por ninguna tradición. Estaba decidido a hacer cualquier sacrificio para que adviniera la redención del hombre; un mundo feliz, nuevo, en el que sólo hubiera justicia. Así anticipaba Marx el nuevo mundo: habría felicidad y los sacrificios no habrían sido en vano. Seis millones de judíos y Auschwitz me pesaban mucho. La única esperanza que hacía soportable la vida era la idea de un mundo feliz, nuevo, la esperanza de cambiar todo esto y derribar a los nazis.

Cuando finalmente fueron derribados, nos dimos cuenta de que no vivíamos en un mundo infinitamente maleable. Sabíamos contra qué luchábamos y qué era posible en el mundo real. Lo que no vi entonces, pero sí veo ahora, fue la tarea de remendar, para producir mejoras con el mínimo sacrificio humano posible. Lo que me entristece es que el Tercer Mundo también cree en buena medida que es posible cambiar de golpe las cosas. No existe una clave secreta para la salvación. Uno puede ayudar a que la humanidad mejore aportando su parte: un trabajo lento, paciente. Yo era impaciente y aprendí a ser paciente. Estudié un poco más de historia. Y, como dice la Biblia, el día de la redención llegará… al final de los tiempos. Será entonces cuando la historia realmente llegue a su fin. Entonces conoceremos el mundo nuevo: cuando éste llegue a su fin. Pero, en tanto continúe la historia, tenemos que poner todo de nuestra parte para mejorar este mundo y enfrentar sus altibajos.

Leszek Kołakowski

LA NOCHE DEL MARXISMO

A finales de 1983, días después de entrevistar a Leszek Kołakowski en su pequeño despacho de All Souls College, en Oxford, escuché a Isaiah Berlin referir sobre él esta anécdota significativa. Berlin le había preguntado recientemente sobre su situación personal, a lo que Kołakowski le había contestado: «Mire usted: Inglaterra es una isla en Europa, Oxford es una isla en Inglaterra, All Souls es una isla en Oxford y yo soy una isla en All Souls».

Aquel invierno de 1983 debía de sentirse aún más aislado. Apenas hacía un año, el gobierno polaco había decidido reprimir al sindicato Solidaridad. Lech Wałesa estaba confinado y la mayoría de los intelectuales amigos suyos (Michnik, Kuron) vivían ocultos o permanecían presos. Aunque él mismo había sufrido persecución y exilio, lo que entonces parecía el fin de la primavera polaca debió ser para él particularmente doloroso: ninguno de los levantamientos libertarios en Polonia después de la guerra había despertado una esperanza similar.

Kołakowski era ya entonces, y sigue siendo, uno de los grandes pensadores —en el sentido clásico— de Occidente. Y tal vez uno de los últimos. Filósofo e historiador de la filosofía, autor de cuentos (algunos incluso para niños), pensador político y teórico de la religión, Kołakowski se había formado en un marxismo heterodoxo, pero se sentía igualmente a sus anchas con el empirismo lógico y la filosofía analítica. En su juventud, tras una visita a la URSS, el célebre discurso autocrítico de Kruschev y la rebelión de 1956 en Budapest, le decepcionó el sistema comunista y llegó a convertirse en un enemigo público del gobierno polaco. «Invitado a salir» a finales de los sesenta, vivió errante en las universidades de McGill, Yale, Berkeley, hasta establecerse finalmente en dos instituciones: la Universidad de Chicago y la Universidad de Oxford. Para entonces contaba ya con una bibliografía impresionante: un libro sobre Spinoza, otro sobre Husserl, uno más sobre Hume y el Círculo de Viena, el muy influyente *La responsabilidad de la inteligencia*, *Cristianos sin Iglesia* y una obra monumental en tres tomos: *Las principales corrientes del marxismo*.[1] En *Vuelta* habíamos dado a conocer varios textos de Kołakowski. Yo mismo traduje algunos hilarantes e inteligentísimos ensayos breves. Con el tiempo publicaríamos su libro *La modernidad siempre a prueba*. Aquella fría tarde oxoniense en que lo entrevisté, compré su último libro: *Religión*.[2]

Según supe, se había acercado al catolicismo (de joven había coqueteado con el ateísmo) y era amigo del nuevo papa, Juan Pablo II. Como era de prever, la conversación tuvo un sustrato religioso pero no teológico. Kołakowski no habló, como en sus irónicos cuentos, de las claves del cielo ni de su trato con el diablo. El tema del que me interesaba debatir con él era el mismo que desvelaba sus noches y (un poco también) las nuestras: el pasado, presente y futuro de la ideología marxista. Ninguna voz más legítima que la de Kołakowski para tratar el asunto, por conocerlo en todos sus niveles (como teoría de la historia y como historia vivida); sabía que la perpetuación de los regímenes comunistas era imposible y aportaba datos y conjeturas impecables para sustentar su argumento. Pero no se atrevía a profetizar el momento exacto ni la forma del derrumbe, en particular el del eje del Imperio: la URSS. El tiempo, en breve, le daría la razón, pero la certeza de ese desenlace no lo consolaba.

Aunque Kołakowski no era un filósofo analítico, con la exigencia de precisión en las palabras y de consistencia lógica en los argumen-

---

[1] *Main Currents of Marxism: Its Origins, Growth, and Dissolution*, 3 vols., Oxford, Universidad de Oxford, 1978. Publicada en polaco en 1976 (existe una versión en español de Alianza Editorial).

[2] *La modernidad siempre a prueba*, México, Vuelta, 1990; *Religion. If There Is No God*, Nueva York, Universidad de Oxford, 1982 (existe una versión en español de Tecnos).

tos mostraba su familiaridad con esa corriente, que tenía a Oxford como una de sus capitales. Su diagnóstico histórico era a fin de cuentas optimista, pero su ánimo permanecía sombrío. Tenía cincuenta y seis años y caminaba con acusada dificultad, visiblemente encorvado, usaba bastón y aparentaba más años de los que tenía. No reía, sonreía de lado, como con pena, como a pesar de sí mismo, con una mueca que resaltaba aún más la oscura concavidad que enmarcaba sus ojos fijos, azorados, reconcentrados.

En 1985 coincidiría con él en un Congreso sobre «intelectuales» convocado por Robert y Peggy Boyers, directores de la excelente revista *Salmagundi*, en Skidmore College. En una de las sesiones, un profesor latinoamericano sostuvo que la «democracia formal» no era «real» o «legítima», porque no resolvía la injusticia social. Sentado en primera fila, Kołakowski, para mi sorpresa, lo refutó con una anécdota: «Un amigo mío, que estudiaba en la República Federal de Alemania, advirtió que en los estantes de las tiendas había dos tipos de mantequilla: una sin nombre y otra con la marca "mantequilla genuina". Todo el mundo sabía que ésta era artificial. Esto me recuerda la distinción entre "democracia real" y democracia sin más… A estas alturas todos sabemos que la democracia es una institución que no resuelve por sí misma todos los problemas sociales. Pero oponer la "democracia" a una "genuina democracia" es incurrir en un lenguaje engañoso. Y yo sospecho que la "democracia verdadera" significa simplemente… "ausencia de democracia"». Creo que por un momento vislumbró la incómoda condición del intelectual liberal en aquel medio, y después me deslizó esta frase solidaria: «No permitan que a su país le ocurra lo que al nuestro». En abril de 1985 no era un consejo baladí. Años más tarde, cuando visité Polonia (su tierra natal y la de mis abuelos), me di cuenta cabal de su hazaña. Sus tres tomos sobre el marxismo eran uno de los sustentos fundamentales de la reforma intelectual en Polonia. Antes de que los obreros de Solidaridad declararan la huelga en Gdansk, aquel solitario filósofo había concebido las ideas que sustentaban y justificaban su lucha.

En 1990 lo invitamos al encuentro «La experiencia de la libertad» organizado por *Vuelta*. Recuerdo la humildad de sus intervenciones.

No se presentó como el gran vidente (que había sido), ni se congratuló demasiado por la caída del régimen comunista. Ejerciendo su responsabilidad como intelectual, señaló los peligros que inevitablemente acarrearía el desmoronamiento del Imperio soviético, sobre todo el choque feroz de las identidades nacionales y religiosas. Y ante la insistencia de Adolfo Sánchez Vázquez —viejo profesor marxista, respetado en la Universidad Nacional Autónoma de México— en la vigencia del socialismo, apuntó: «Tenemos que precisar si entendemos por socialismo lo que ha significado hasta hoy (la nacionalización en masa de todo, incluyendo a la gente, la abolición del mercado, etcétera) o si significa otra cosa. Y en este último caso, necesitamos una nueva definición».

Aunque participaba con frecuencia en programas de la BBC, su aparición en la televisión mexicana extrañó a algunos: «Parecía literalmente un vampiro —comentó el joven filósofo Julio Hubard—. Cuando prendieron la luz, él casi se escurrió debajo de la mesa. Y, con el tono transparente de su piel y esa rara oscuridad que lo acompaña, parecía un personaje de *Los miserables*. Daba miedo y, sin embargo, cuando hablaba era muy amable, caballeroso, delicado, cuidadoso, siempre brillante. Un hermoso espíritu habitaba un cuerpo prestado y un tanto echado a perder».

Un día, Octavio Paz me llamó emocionado para pedirme que leyera y publicara un texto inteligentísimo e hilarante de Kołakowski titulado «La leyenda del emperador Kennedy».[3] Pertenecía al género de la «filosofía fantástica», como *1984* o *Rebelión en la granja* de Orwell. Transcurre en un congreso que se lleva a cabo en un futuro remoto para desentrañar (con los poquísimos vestigios que quedaron luego del «Gran Desastre») la verdadera historia del «emperador Kennedy» que gobernó simultáneamente «dos países»: Estados Unidos y América. Se ponen en discusión las teorías del doctor Lévi-Strauss (la dualidad humana encarnada en unos pantalones), el doctor Sigmund «Fraud» y el profesor «Calamarx»; y a la verdad se llega, «como siempre», por votación: triunfa «Fraud». Pero la emoción de Paz no se debía a nada

---

[3] *Vuelta* 136, marzo de 1988.

de esto, sino a la sorpresiva serie de vestigios: un libro de ingeniería química, una página «prácticamente ininteligible» de crucigramas, unas páginas del *Trybuna Ludu*,[4] algún otro recorte... y un ejemplar bien conservado de la revista *Vuelta*.

ENRIQUE KRAUZE: *Se ha dicho que el marxismo guarda paralelismos inquietantes con el cristianismo medieval. Es una fe celosa e intolerante, que impera sobre una constelación de Estados: una nueva Iglesia. ¿Hasta qué punto cree usted en esta similitud?*

LESZEK KOŁAKOWSKI: Creo que el paralelismo es válido sólo hasta cierto punto. Las diferencias son quizá más importantes que las semejanzas. En primer lugar, pienso que al marxismo, en su vertiente leninista, lo ha movido siempre una ambición mayor que la de la Iglesia. Por más intolerante que haya sido, la Iglesia admitió siempre el principio de deslinde entre los ámbitos seculares y los eclesiásticos. Aunque la línea de demarcación entre ellos fuese materia de disputa, el principio en sí —fundado, claro está, en las palabras de Cristo: «Dad al César...»— fue reconocido invariablemente. El poder comunista, en cambio, busca monopolizar todas las facetas de la vida humana. Es una concentración de poder secular y espiritual sin precedente histórico, que abarca todas las áreas vitales: economía, medios de comunicación, relaciones políticas, ideología. En este sentido, la analogía no funciona bien.

Por lo demás, a pesar de la intolerancia que desplegó en diversos periodos históricos, la Iglesia fundaba su existencia en una verdadera fe en la doctrina. También la fe en el comunismo se mantuvo viva alguna vez. Pero ahora puede afirmarse, con seguridad, que, como tal, se ha evaporado en los países comunistas. Lo que subsiste en ellos es un sistema de poder sin el sustento de una fe viva. Esta ideología es necesaria porque confiere legitimidad al sistema político, pero hoy ya nadie en los países comunistas la toma en serio. Nadie: ni dominados ni dominadores. Éste es un segundo punto en el que falla la analogía.

---

[4] Periódico de gran circulación en la Polonia socialista.

El tercero puede formularse así: a pesar de que el comunismo, en los momentos en que encarnó una fe viva y real, semejaba un credo religioso y su partido una Iglesia, fue más la caricatura de una religión que una religión propiamente dicha. Con todo, en algunas mentes funcionaba de un modo similar a la fe religiosa: proveía un sistema mental invulnerable. Era completamente inmune a la refutación de los hechos, de la historia, de la realidad, pero al mismo tiempo reclamaba para sí el título de «conocimiento científico». Sólo en este sentido funcional se sostiene la analogía entre marxismo y religión.

Usted ha sostenido concepciones distintas del lugar que ocupa la utopía en la sociedad. ¿Qué piensa ahora? ¿La fe en la utopía es necesaria? ¿Es sana? ¿Cuál sería su propio balance histórico de esta antigua propensión humana?

Mientras la utopía sea tan sólo la visión de un mundo sin sufrimiento, sin tensión y sin conflictos, la utopía es un ejercicio literario e inofensivo. La utopía se vuelve siniestra cuando creemos poseer una especie de técnica del Apocalipsis, un instrumento para dotar de vida real a nuestras fantasías. Entonces, con tal de alcanzar aquel noble fin, ningún sacrificio nos parecerá pequeño. La utopía implica un fin último —por más vagamente que se le defina— y todos los medios que conducen a él pueden parecer válidos. A los jerarcas de los países comunistas, por ejemplo, la fantasía utópica les da un marco conceptual muy conveniente: sobrevendrá un mundo perfecto de unidad y felicidad; podrá suceder en cien años o quizá en mil años, pero su certeza justifica el sacrificio de las generaciones actuales. Sólo en este sentido, creo, el pensamiento utópico se vuelve realmente maligno: la utopía como instrumento al servicio de la tiranía.

En otro sentido, sin embargo, nadie puede prohibirnos —ni sería, a mi juicio, deseable— pensar en términos de valores difíciles de realizarse. Hay algo natural en nuestra búsqueda de un mundo mejor, algo natural e indispensable. Después de todo, muy poco se habría progresado si el hombre no hubiese concebido cosas mejores, cosas literalmente impensables que guiaran, por decirlo así, su esfuerzo. En este sentido, la utopía es quizá una constante de la vida humana. Se vuelve muy peligrosa cuando empezamos a querer institucionalizar la fraternidad humana o cuando —como les ocurre a todos los marxistas— confiamos en arribar a la unidad perfecta y la felicidad a través de la violencia y los decretos burocráticos. Dicho todo esto, es importante recordar y mantener la idea de fraternidad humana, por impracticable que parezca.

En otras palabras, mantener la utopía de la utopía. Por cierto, ¿el elemento utópico en el pensamiento marxista a su juicio es esencial?

Absolutamente esencial.

¿En qué consistió esa tensión utópica? ¿Hubo alguna raíz mesiánica, la huella, quizá, de Moses Hess, de quien Marx se burló tan cruelmente en La ideología alemana*?*

Se ha especulado mucho sobre el elemento judío en la utopía de Marx. En lo personal, como usted sabe, Marx careció de una educación judía: desdeñaba su origen judío y reaccionaba duramente contra quienes solían recordárselo. Había en él incluso cierta vena antisemita.[5] Pero más allá de estos hechos, el vínculo entre mesianismo judío y utopía marxista habría que buscarlo no en el origen judío de Marx, sino, como acaba usted de decir, en la inspiración de Hess, en quien la tradición de mesianismo judaico se entreveraba con ciertas fantasías rousseauneanas.

En su ensayo titulado «Tomando a las ideas en serio», sostiene usted la futilidad de buscar culpables en la historia del marxismo y propone, en cambio, averiguar los elementos internos del marxismo —sus conflictos, las ambigüedades— que pudiesen haber condicionado su desarrollo histórico tal como se dio. Entiendo que la pregunta es oceánica: ¿cuál es el vínculo de fondo entre marxismo, leninismo y estalinismo?

[5] Véase la biografía de Jonathan Sperber, *Karl Marx. A Nineteenth-Century Life*, Liveright, 2013 (existe una versión en español de Galaxia Gutenberg).

Marx nunca imaginó el socialismo o el comunismo como una especie de campo de concentración. Eso es completamente cierto. De hecho, imaginó lo contrario. Sin embargo, hay una especie de lógica independiente de las intenciones conscientes del escritor, filósofo o profeta que propone una ideología. Podemos rastrear su desarrollo histórico. Y, en efecto, yo creo que la versión leninista del socialismo —versión despótica y totalitaria— no implicó esencialmente una distorsión del marxismo. Pienso que fue una variante fundada sustancialmente en el marxismo, aunque reconozco que hubo también otras variantes. La continuidad es visible si se recuerda que Marx creía en una comunidad perfecta del futuro, cuando el reino de la producción y de la distribución fuera manejado por el Estado. Se trata, en otras palabras, de un socialismo de Estado. Después de todo, fue Marx y no Stalin quien dijo en cierta ocasión que toda la idea comunista cabía en una fórmula: abolición de la propiedad privada. Así, no hay razones para creer que el comunismo despótico y totalitario del tipo soviético no es el comunismo en el que pensaba Marx. Marx tomó de los sansimonianos el lema de la futura desaparición del gobierno sobre las personas a cambio de la administración de las cosas. Pero, en cierta manera, falló al no preguntarse cómo era posible evitar el uso de las personas en la administración de las cosas. A la postre, todo su proyecto de una sociedad perfecta apuntaba a la centralización de todos los medios productivos y distributivos en manos del Estado: la nacionalización universal. Nacionalizarlo todo implica nacionalizar a las personas. Y nacionalizar a las personas puede conducir a la esclavitud.

No tuvimos que esperar a la revolución bolchevique para descubrir esta lógica: en tiempos de Marx, muchos —en especial los anarquistas— señalaron que el socialismo marxista, el socialismo de Estado, presagiaba una tiranía mayor que las existentes hasta entonces. En su crítica a Marx, Proudhon apuntó que el comunismo significaba, de hecho, el Estado propietario de las vidas humanas. Fue Bakunin quien predijo que el socialismo a la Marx conduciría al reino despótico de los falsos representantes de la clase obrera, quienes sólo reemplazarían a la anterior clase dominante para imponer una tiranía nueva y más rígida. Fue el anarquista estadounidense Benjamin Tucker quien dijo que el marxismo recomienda una sola medicina contra todos los monopolios: un monopolio único. Y fue Edward Abramowski, un anarquista polaco, quien predijo la sociedad que resultaría del triunfo comunista por la vía revolucionaria, una sociedad profundamente dividida entre clases hostiles: opresores privilegiados y masas explotadas.

Todo eso se dijo en el siglo XIX, lo cual desmiente la posible desconexión entre sovietismo y marxismo. Pero conexión no es causa. Como es obvio, la Revolución rusa resultó de una impredecible coincidencia de accidentes históricos. El punto clave es otro: no se necesitó distorsionar fundamentalmente el marxismo para que sirviese a las clases privilegiadas, en las sociedades del tipo soviético, como instrumento de autoglorificación.

Sin embargo, sorprende leer en El 18 Brumario de Luis Bonaparte *aquellos famosos párrafos de Marx contra el Estado, al que llama «espantoso organismo parásito». Es natural que Marx se contradijera alguna vez, pero la intensidad de su vena libertaria en ciertos escritos conmueve y desconcierta.*

Claro. Después de todo, Marx no fundó el marxismo-leninismo. Fue un escritor que escribió a lo largo de varias décadas. Obviamente en sus escritos hay dudas, ambigüedades, cabos sueltos y contradicciones. Y, después de todo, el marxismo-leninismo no es más que la doctrina de Stalin. Con todo, hay en Marx una idea utópica fundamental, una idea que permea toda su trayectoria y que —sin distorsión fundamental— admitía su utilización para los propósitos a los que ahora sirve. Si reparamos en cualquiera de los problemas que le preocuparon —el problema nacional, el papel del Estado, el concepto de revolución— encontraremos dudas y contradicciones. No obstante, la idea utópica fundamental, que culminaría en el concepto del comunismo como una economía organizada desde el Estado, siempre estuvo presente. Por supuesto, no olvido que Engels y Marx «predijeron» la desaparición del Estado (la futura inutilidad del Estado es un lugar común del marxismo oficial). Sin embargo, hemos sido testigos de lo contrario: nunca antes en la historia el Estado adquirió un poder similar al de las sociedades de corte soviético. De modo que la promesa de un paulatino desvanecimiento del Estado en cien, mil o diez mil años no nos consuela demasiado.

Si, como usted explica, el marxismo en el Este no es más que el vestigio de una ideología, en algunas partes de Occidente conserva, en cambio, un fuerte atractivo. ¿Cuáles son, a su juicio, las razones psicológicas de esta permanencia?

En la forma simple en que se utiliza para fines ideológicos, el marxismo es extremadamente fácil. Se puede aprender en un instante y ofrece todas las respuestas a todas las preguntas. Usted puede saberlo todo sobre historia sin molestarse en estudiar historia. Tiene una llave maestra que abre todas las puertas y un método sencillo con el cual enfrentarse y solucionar todos los problemas del mundo. Jean-Paul Sartre afirmó alguna vez que los marxistas eran perezosos; es cierto, no quieren que se les moleste con problemas de historia, demografía o biología. Prefieren tener una solución única para todo y la satisfacción de sentirse poseedores de una verdad última. No hay que sorprenderse de que tanta gente opte por esa solución.

Pero si uno contrasta estos fervores con todos los crímenes perpetrados en el siglo xx en nombre del socialismo…

En el pensamiento ideológico no hay hechos que vulneren la fe. Es como los movimientos milenaristas. Ciertas sectas, que aún subsisten, se empeñan en pronosticar el día exacto en que tendrá lugar el Juicio Final o el Segundo Advenimiento. Si el día llega y la profecía no se materializa, admiten con amargura haber incurrido en algún error de cálculo, pero su fe no se fractura. Pronto hacen una nueva predicción a prueba de errores. Lo mismo ocurre con el marxismo. Una vez que se adopta la certidumbre ideológica, nada la afecta: sí, claro, todo mundo reconoce haber cometido algunos errores —la matanza de cincuenta millones de personas, por ejemplo—, pero el principio queda intacto. Nada conmueve al verdadero creyente.

En algunas regiones de Centroamérica se perfila una nueva ideología que mezcla un agudo y resentido nacionalismo, un «marxismo criollo» —como algunos lo llaman en Nicaragua— y la Teología de la Liberación. Mezcla explosiva, porque suele afirmarse a través de la violencia. ¿Recuerda usted algún antecedente histórico de este proceso?

La llamada Teología de la Liberación tiene viejos antecedentes en la historia. Numerosas herejías en la Edad Media y en el siglo XVI intentaron utilizar los Evangelios y las enseñanzas de Jesucristo como un método de apostolado social para alcanzar la perfecta igualdad en la Tierra. No obstante, muchas de estas sectas rechazaban el uso de la violencia para sus fines. Los revolucionarios anabaptistas de principios del siglo XVI fueron una excepción paradigmática y, en este sentido, un antecedente más claro de la Teología de la Liberación: predicaban la violencia como un medio legítimo para instaurar las enseñanzas de Jesucristo. El resultado fue la efímera y grotesca tiranía pseudocristiana de Müntzer.[6] Estoy convencido de que la Teología de la Liberación distorsiona en lo fundamental las enseñanzas de Jesucristo. En varios pasajes, es cierto, Cristo condena a los tiranos o a los ricos. Pero nunca predicó una forma peculiar de orden social. Condenó a algunas personas por razones morales como individuos, condenó a los indiferentes ante la miseria del prójimo y a los malvados, pero jamás insinuó que postulara la estructura de una sociedad perfecta. Al contrario. Toda la enseñanza de Jesucristo se entiende sólo a partir de su fe en la inminente parusía. Su prédica se desarrolló a la sombra del Apocalipsis. Todos los valores terrenales pierden sentido frente al terrible acontecimiento venidero. De hecho, el cristianismo pierde sentido y se vuelve irreconocible si se olvida esta cara de Jesucristo: su desdén por los valores terrenales, valores que no pueden ser absolutos. Por más intensa que pueda ser nuestra condena de la avaricia, la explotación y la crueldad —y esta condena, por supuesto, es perfectamente compatible con las enseñanzas cristianas—, el rechazo no apuntaba a la idea de una sociedad perfecta o una fraternidad que pudiese establecerse mediante la violencia.

[6] Thomas Müntzer (1490-1525), teólogo alemán que llevó su radicalismo fuera del ámbito religioso. Murió decapitado después de ser torturado y haberse enfrentado a Martín Lutero.

Imaginemos un lugar y un tiempo en los que la gente acuerde, democrática-
mente, asumir como forma de vida y régimen político aquella curiosa mez-
cla de ideologías; en los que renuncie a la libertad individual a cambio de la
afirmación nacional, la obediencia, la fe en una futura igualdad. ¿Qué queda
por decir?

Es perfectamente posible que una revolución, cuyo destino apuntase
hacia un sistema totalitario, pudiera disfrutar del apoyo de las mayorías
o de una minoría sustancial. ¿Qué queda por decir? Bueno, deberíamos decir que los valores entrañables y fundamentales para la civilización occidental incluyen no sólo el principio del gobierno de
mayorías, sino también del respeto a los derechos humanos. Hay derechos —y esto es un elemento importante en nuestra tradición— que
se encarnan sólo en los individuos como tales, derechos que ninguna
mayoría puede conculcar. Si no fuera así, de acuerdo con el principio
de la democracia, cincuenta y uno por ciento de una población tendría derecho a masacrar, por cualquier motivo, al restante cuarenta y
nueve por ciento. Si el veredicto de la mayoría es lo único que cuenta,
habría que apoyar cualquier decisión de la mayoría, ya sea en el Irán
de hoy o en la Alemania de Hitler. Pero los valores políticos y sociales de la tradición europea se vaciarían de contenido si el principio
de la mayoría no tuviese por límites los derechos humanos individuales, imposibles de abolir.

Hablemos un poco de países y política. Por una parte, sostiene usted la novedad
histórica del régimen soviético: un sistema todopoderoso que anula a la socie-
dad civil y lo encarna todo: legisla, juzga, ejecuta, informa. Por otra parte, ha
dicho usted también que se trata de un sistema en desintegración por la falta
de mecanismos de autocorrección. ¿Cómo concilia estas ideas?

No veo la contradicción. Si dije que el sistema es nuevo desde el
punto de vista histórico —y creo que lo es—, eso no implica que lo
sea en todos sus aspectos. Mucha gente ha señalado algunos antecedentes del régimen soviético en la historia rusa. No insistiré en esto.
Ciertamente, el sistema tiene raíces históricas; ciertamente, el sistema

implica una vuelta a la barbarie, una reversión de los procesos de occidentalización que Rusia vivió entre la década de 1860 y la Primera Guerra Mundial. Después de todo, ya en el siglo XVIII Rusia había abolido la esclavitud y en 1861 la servidumbre. El bolchevismo reinstauró ambas con nombres distintos. La victoria del bolchevismo puede considerarse como una reacción antioccidental. Dije también que en la sociedad soviética alternan tendencias de unidad y desintegración. En efecto, la sociedad se unifica porque existe un solo centro de poder en todas las áreas de la vida, un centro que se arroga el derecho de monopolio sobre todos los juicios y todas las decisiones; pero, al mismo tiempo, la soviética es una sociedad en estado de desintegración porque la sociedad civil ha sido destruida casi por completo. A menos que el Estado lo ordene, en la URSS no prospera ninguna forma de organización social, ninguna cristalización de la sociedad. Cada individuo enfrenta, desde su soledad e impotencia, al omnipotente Estado que prohíja esa desintegración. Las personas deben vivir, supuestamente, en el vínculo de una unidad perfecta tal como lo expresan los líderes, pero al mismo tiempo, en la vida real, deben odiarse: se promueve el espionaje y la denuncia. Esa clase de unidad puede alcanzarse sólo en las formas impuestas por el aparato del Estado. Toda otra forma está condenada a la destrucción. Es cierto que, en la práctica, esta destrucción no ha sido absoluta. Quizá la China maoísta avanzó más que la URSS en este aspecto: se esforzó por destruir a la familia, célula resistente a la apropiación estatal. Aunque también se intentó acabar con la familia, pero con menor firmeza, diría yo. El soviético es un sistema menos seguro de sí mismo. Su principio totalitario no funciona ya con la eficiencia de los tiempos de Stalin. Pero la tendencia es la misma: destruir todas las formas de vida social independientes del Estado.

Sin embargo, han existido formas de resistencia: Samizdat,[7] *religión, familia, identidades nacionales o locales, cultura… el humor, quizá también.*

---

[7] "Autoedición" o "autopublicación": forma subrepticia de imprimir y distribuir escritos bajo el régimen soviético.

Es verdad. Estas formas de resistencia varían de un país a otro. En Polonia, como usted sabe, la identidad religiosa y nacional trabaja tenazmente contra el poder totalitario. En la URSS hay varios factores que contribuyen a la descomposición del poder totalitario, un poder intacto sólo en apariencia. Varios conflictos y contradicciones erosionan el sistema: conflictos económicos, culturales, sociales. El Estado no puede controlarlos. Puede evitar su expresión abierta, pero es incapaz de eliminar las causas profundas que muy probablemente se abordarán en el futuro. Por razones que conocemos, el sistema es extremadamente ineficaz en lo económico, vive una situación de crisis permanente y carece de mecanismos de autocorrección. Mejora sólo con el impacto de catástrofes. Las tensiones de carácter nacional aumentarán también, al grado de convertirse en el principal factor de desintegración. No me alegro de ello ni creo que un estallido semejante sea bueno; al contrario. Pero el hecho es que las tensiones, los odios y sentimientos de índole nacionalista son los elementos más corrosivos en la URSS. De modo que estoy lejos de creer en la invulnerabilidad o perennidad del sistema. Pienso que su descomposición se ha iniciado y proseguirá.

¿Hay en Occidente una comprensión cabal de este fenómeno?

No lo creo. Los políticos occidentales suelen pensar a corto plazo. Desde luego, nadie quiere la guerra, ni los soviéticos. Todos sabemos que una confrontación global sería un horror indecible, un desastre universal. Sin embargo, dado que en la actualidad el imperialismo ruso representa el mayor potencial de peligro global, la civilización occidental y de los países europeos han de pensar en estrategias de largo alcance: ¿cómo, por ejemplo, podría contribuir Occidente a la desintegración gradual y no explosiva de las instituciones totalitarias de la URSS para que disminuya así la amenaza de la guerra global? Esta forma de pensamiento estratégico no está ocurriendo en Occidente.

En su opinión, ¿la política militar disuasiva de Occidente también padece de miopía estratégica?

No, en absoluto. Occidente no tiene más opción que construir estos elementos disuasivos. Carezco de conocimiento militar, pero en términos políticos es obvio que no hay alternativa.

Ha vivido usted en Gran Bretaña durante trece años. Ha visitado Estados Unidos en varias ocasiones. ¿Cree usted todavía, como creía en 1968, que Occidente padece una recesión espiritual, una especie de parálisis?

No. No lo creo. Si nos atenemos a la historia de las últimas dos décadas, hay altibajos, momentos de desorden espiritual y momentos de conciencia y sobriedad; quizá esto sea inevitable. Sin embargo, creo que la civilización occidental posee un elemento esencial que le da fuerza: su capacidad de autocrítica. Sin este rasgo no podría mantenerse viva. Es inevitable que la autocrítica cobre a veces visos masoquistas o suicidas. Pero estoy lejos de creer que Occidente esté condenado, o que haya llegado el fin de la civilización occidental. En mi opinión, las reservas morales, económicas y espirituales de Occidente son lo suficientemente vigorosas como para resistir el acoso de la barbarie.

A diferencia de Solzhenitsyn…

Admiro a Solzhenitsyn como escritor y testigo de nuestro siglo, pero no parece entender que la libertad conlleva siempre un costo social. La libertad acarrea un costo en términos sociales y morales. No existe una tercera opción entre la sociedad occidental, tal como la conocemos hoy, y una sociedad libre pero sin pornografía o sin la posibilidad de que en ella se difundan ideas absurdas, dañinas, peligrosas. Es el precio necesario que se paga por la libertad. Por otra parte, Solzhenitsyn acierta al señalar la falta de preparación moral de Occidente. Pero, como dije, no creo que haya que desesperar: la civilización occidental ha demostrado su capacidad de recuperación en muchas ocasiones, cuando su fin parecía cercano. Si hubiéramos vivido en el siglo XVI, habríamos creído en la inminente y fatal dominación otomana sobre toda Europa. No ocurrió así.

Un fantasma recorre las noches del Kremlin… y esta entrevista también: Polonia. Hay quien cree que el actual gobernante de su país, el general Jaruzelski, «domará» la disidencia polaca. ¿Cómo entrevé usted el futuro cercano? ¿Existe todavía la posibilidad de una transformación desde abajo?

El país vive un compás de espera. El gobierno es impotente tanto para destruir la resistencia subterránea como para distribuir los bienes que aliviarían el descontento social. Tampoco el sindicato Solidaridad tiene medios para cambiar radicalmente la situación. Se trata, pues, de un paréntesis, pero un paréntesis inestable. La situación no podrá prolongarse indefinidamente, debido a la intensidad de las tensiones y al odio cívico acumulado contra la dictadura militar. Este odio no desaparece y es improbable que desaparezca. Ni el gobierno ni Solidaridad han discurrido soluciones radicales. El gobierno ha intentado algunas medidas parciales para apaciguar al pueblo, pero no puede apaciguar simultáneamente al pueblo y al Kremlin. De ahí que alterne la suavidad y la fuerza. Ninguna de estas acciones encontradas ha tenido la consistencia suficiente como para lograr su cometido: intimidar o apaciguar a la sociedad. Por todo ello, es muy posible que seamos testigos de nuevas luchas en los próximos años. Su desenlace, no obstante, sólo puede ser materia de especulación.

Hay en nuestro tiempo un recelo hacia el pensamiento empírico, un horror a la textura paradójica y diversa de la realidad. ¿A qué lo atribuye?

Pienso que ninguno de nosotros puede estar satisfecho con las restricciones impuestas por el empirismo. Todos creemos en valores que trascienden la investigación empírica. Todos abrigamos ideales y esperanzas imposibles de fundamentar en un marco empírico. Sin estos valores, ideales y esperanzas la vida sería, probablemente, insoportable. Creer y comprometerse es algo bueno y natural. Lo malo es que los compromisos desemboquen en falsas ilusiones, y las verdades empíricas, en imágenes ideológicas. Debemos distinguir entre lo que podemos comprobar empíricamente y lo que no, y nunca renunciar al uso de pruebas empíricas y argumentos racionales en las áreas en que éstos sean aplicables.

Dar a la razón lo que le pertenece, y a la fe… Me recuerda a…

Claro: a Pascal.[8]

---

[8] Blaise Pascal, *Pensées* (1670), 277: «El corazón tiene sus razones que la razón no entiende…»

Mario Vargas Llosa

Utopías

He tenido el privilegio de conversar públicamente con Mario Vargas Llosa en muchas ocasiones. La primera fue en 1994 (tras la publicación de *El pez en el agua*, su apasionante autobiografía),[1] y de entonces acá, en escenarios de España, Estados Unidos o México, hemos seguido el pulso de los tiempos hablando de dictadores y democracia, de opresión y libertad: yo a la escucha del inmenso escritor, él tolerando a un lector fiel y un compañero de ruta, de ruta liberal.

De todas esas conversaciones, muchas de ellas publicadas, he elegido una sobre el tema de las utopías. Ocurrió en la Feria Internacional del Libro de Guadalajara en 2003, en la que Vargas Llosa ha sido muchas veces invitado de honor. La circunstancia fue la presentación de *El paraíso en la otra esquina*,[2] sobre la vida (extraña, azarosa, altamente original y valerosa) de una peruana legendaria: Flora Tristán.

¿Quién fue Flora Tristán? ¿Reformadora social como Proudhon? ¿Socialista utópica como Fourier? ¿Cuál fue su relación con Engels y Marx? ¿Por qué, si tuvo ideas seminales sobre el internacionalismo revolucionario, no ha sido reconocida? ¿Cuál fue su lugar en la historia de la emancipación femenina? La historia de aquella peruana rebelde que se abre al mundo ¿no era, en cierta forma, una prefiguración del propio Vargas Llosa, que nació también en Arequipa...?

---

[1] Barcelona, Seix Barral, 1993.
[2] México, Alfaguara, 2003.

ENRIQUE KRAUZE: *Perú fue, en la imaginación de Europa, el lugar emblemático del edén, el lugar legendario. Así lo pensaron desde tiempos de la Conquista. Pero vayamos a las utopías ya encarnadas —te pido— en el personaje fascinante de Flora Tristán.*

Creo que al recobrar esa vida has hecho un acto de justicia histórica, has reivindicado la gesta de esa paisana tuya —paisana hasta por la ciudad de Arequipa, de donde tú y el padre de Flora provienen—, colocándola en el árbol universal de las utopías. Luego de leer —de un tirón y apasionadamente— tu novela, fui a hojear el índice onomástico de un libro que sé que te ha gustado siempre y te ha importado: Hacia la estación de Finlandia, *de Edmund Wilson —porque este libro recoge la historia del socialismo del siglo* XIX *y* XX—, *y busqué (con mucha esperanza de encontrarla, sea en una cita, en una lista, de pasada), porque no me cabe duda, tras leer tu libro, de que Flora Tristán merecía estar allí. Pero no di con ella...*

Tú colocas a Flora Tristán en el árbol universal de las utopías, y me pregunto si no pertenece también a otro —olvidado, relegado, incomprendido—: el árbol del reformismo social, vinculado a la vertiente pacífica y constructiva del anarquismo. Enmarcas su vida en las fantasías comunitarias de la época, en particular las de los sansimonianos, que se sentían ingenieros sociales, y las de los fourieristas, que diseñaban los falansterios, donde imperaba una supuesta equidad creativa en el trabajo, y una extraña arquitectura del gozo y la libertad sexuales. Flora Tristán, mujer terrenal al fin, desconfiaba de esas unidades separadas de la sociedad, típicas de aquellos soñadores; sabía de los exitosos y productivos experimentos de Robert Owen en Escocia, pero sus proyectos de vinculación social y de protección mutua entre los dos universos oprimidos de la época —las mujeres y los obreros— me parecen distintos, más modestos, más prácticos. Y tú mismo, en un pasaje de la novela, afirmas lo siguiente: «Estas ideas de Fourier —la de los falansterios— la escandalizaron tanto que, secretamente, le dio la razón al reformador Proudhon, un puritano que no hacía mucho, en 1842 —o sea dos años antes del momento en que tú rehaces el peregrinaje de Flora Tristán en París—, en su Advertencia a los propietarios, *acusó a los falansterios de inmoralidad y pederastia». Me pregunto entonces si, en esta convergencia con Proudhon, está quizá una clave de la ubicación de Flora Tristán en la historia de las ideas sociales. Flora Tristán era utópica, pienso, por su condición íntima y existencial de desarraigo; era utopista por el alcance de su sueño, por la dimensión de su epopeya; pero tal vez sus ideas y su obra no pertenezcan tanto a la utopía —te pregunto casi provocadoramente— como a la reforma social.*

MARIO VARGAS LLOSA: Es una pregunta magnífica. Voy a tratar de sintetizar lo más que mi tropicalismo natural me permita. A la primera parte de tu pregunta: sí, hay una gran injusticia con Flora Tristán. Nadie le ha reconocido su labor extraordinariamente pionera en el campo de las ideas sociales. Es increíble, por ejemplo, que en las historias del socialismo nadie diga que ella, varios años antes que Marx, antes de que apareciera el *Manifiesto comunista* el año 1848, tuviera la primera idea de una Internacional como herramienta de profunda transformación social. Esa idea no nace con Marx y Engels en el *Manifiesto*, no: eso nace con Flora Tristán. Ella, en los meses que pasó en Londres documentándose para el libro que publicó sobre la Inglaterra victoriana, vio a los «cartistas»[3] ingleses, los obreros que se organizaron y hacían marchas pacíficas firmando manifiestos en favor de aquella carta que reconocería los derechos obreros. Y ese espectáculo le dio la idea de la Internacional, es decir, de una organización por encima de las fronteras, que abrazaría a trabajadores y mujeres de distintas culturas, de distintas lenguas, de distintas creencias, y que abarcaría toda Europa y todo el mundo, a fin de constituir un verdadero ejército civil que transformaría profundamente la sociedad. Ella consideraba que, al igual que los obreros, las mujeres eran una fuerza explotada, discriminada, y entonces las mujeres debían ser, junto con los obreros, los soldados de esa Internacional que cambiaría el mundo, no mediante la violencia sino pacíficamente. Que yo haya visto, nadie le reconoce a Flora Tristán esta iniciativa pionera. Marx no cita nunca a Flora Tristán, y Engels —que aprovechó de una manera muy evidente el libro de Flora Tristán sobre Londres en su estudio sobre las clases trabajadoras en Inglaterra (con datos estadísticos, descripciones de la vida en los talleres, del barrio de

---

[3] *Chartism*, movimiento obrero en Inglaterra durante los años 1838-1858; su nombre proviene del documento *People's Charter* (1838). No logró concretarse en la legislación laboral, pero marcó un antecedente muy importante en la historia de los derechos de los trabajadores y del sufragio universal.

los irlandeses en Londres, por ejemplo, sin citarla nunca jamás)— también conoció la obra de Flora Tristán.

¿A qué se debe?, me he preguntado muchas veces: yo creo que pura y simplemente al machismo, que imperaba tanto en la izquierda como en la burguesía y en los partidos religiosos. El machismo era una cultura tan profundamente extendida que la sola idea de que una mujer hubiera podido contribuir de una manera creativa en la filosofía social, en la doctrina de la Revolución, simplemente no pasaba por la mente de los grandes pensadores revolucionarios, y de ahí la exclusión. Evidentemente no se trataba de una discriminación personalizada contra un personaje que figuraba tan poco en la historia. Todavía nadie reconoce la importancia que llegó a tener Flora Tristán: fue la primera persona en el mundo que hizo de la discriminación de la mujer el punto básico de una reforma social. Antes que ella se había escrito sobre las injusticias, los abusos que se cometían sobre las mujeres, sí, pero nadie había encauzado una acción política para corregir esa lacra de la sociedad.

Ahora tu segunda pregunta: ¿no era ella más una reformista que una utópica? Una mujer que fue al encuentro con los obreros y que quiso reclutar directamente de los talleres, aldeas y centros de trabajo a los militantes de esta unión obrera internacional que quiso fundar, ¿por qué asociarla a un Fourier, por ejemplo, que tal vez no vio a un solo obrero en su vida, que estuvo siempre aislado, fantaseando ese mundo perfecto que resultaría de la proliferación de los falansterios? La respuesta es que Flora Tristán fue las dos cosas. Flora Tristán fue una reformista, porque buena parte de su obra partía de una actitud profundamente pragmática; ella quería que las mujeres tuvieran los mismos derechos que los hombres: si la ley consideraba un crimen el hecho de que la esposa abandonara al marido, pues que también lo fuera para el marido el abandonar a la esposa, lo que no ocurría en esa época. Era una mujer realista y reformista. Lo era también cuando combatía el trabajo infantil: le parecía horroroso que niños de ocho años, de nueve años, trabajaran quince horas al día, y por unos salarios absolutamente miserables, en talleres de los que ni siquiera salían (tenían que dormir ahí, al lado de las máquinas). En eso era pragmática. Pedía que se pusieran límites, que hubiera cierta protección, que un obrero que sufría un accidente de trabajo no fuera abandonado a su suerte, es decir, a la muerte, y que la sociedad, de alguna manera, diera algún tipo de seguro, aunque ella no usaba esta expresión. Todo eso nos muestra a una mujer muy realista, muy sensata, y que cree en una transformación gradual de la sociedad.

Ahora que, junto con esto, hay en Flora Tristán, al mismo tiempo, la utopista. Y es utopista al igual que Fourier, que Saint-Simon, que Cabet, al igual que el propio Owen… Un caso muy interesante, porque Owen era muy pragmático, extraordinario organizador de empresas pero a la vez un soñador: pasaba de ese mundo que él organizó de una manera tan eficaz, con un criterio empresarial muy eficiente, a la construcción de un paradigma que escapaba totalmente de la realidad, del pragmatismo. Pues es lo que le ocurre a Flora Tristán, y eso está muy claro en el último libro que publicó, donde describe su paraíso particular. Su paraíso tiene aspectos muy pragmáticos, pero también aspectos absolutamente delirantes: la idea de organizar la vida de una persona desde la cuna hasta la tumba, prácticamente sin dejarle la menor autonomía para una iniciativa que le permita organizar su vida de acuerdo con sus propios deseos, es una idea utópica, totalmente impracticable, es la idea que, cada vez que se ha tratado de materializar en alguna utopía encarnada, ha producido el Apocalipsis.

No hay una receta para la felicidad universal, eso no existe, y Flora incurrió en una creencia, muy extendida en su tiempo, de que sí podía haber recetas para la felicidad universal. Creo que ése es el aspecto utópico de Flora Tristán, que es como la presencia de la época, la presencia de la cultura de su tiempo, en este sueño en el que hay mucho realismo, mucho pragmatismo, y también el delirio visionario de los grandes utopistas del siglo XIX.

Pero déjame insistir, Mario, en esta idea del predominio de la reformadora sobre la utopista, porque creo precisamente que es en la identidad de la reformista social donde podemos encontrar quizá la respuesta de por qué, además del machismo al que tú te has referido, ha sido relegada Flora Tristán. Desde luego el recuento de las reformas que proponía es impresionante, es conmovedor, pensando que estamos en los años cuarenta del siglo XIX, unos años antes apenas del Manifiesto comunista, del 48. La creación de un estatuto de derechos obreros, la protección a los menores de edad, y las mujeres, y los ancianos, los enfermos y los inválidos, la abolición de la pena de muerte, y haber incursionado en los bajos fondos de París y de Londres, y el haber escrito —prefigurando a George Orwell— una obra que quizá literariamente no se le compare, pero que tenía el mismo espíritu, pienso yo, de descubrimiento… Haber sido escritora sin haber tenido educación; y las denuncias, sus manifiestos… Esto es muy impresionante y da la idea, sobre todo, de una mujer que quería hacer cosas en la práctica. Bueno, si esto es así, pienso que, justamente, la diferencia entre los reformadores y lo que fue después el gran movimiento del marxismo explica muchas cosas Explica precisamente el modo en que el marxismo expropió todo el pensamiento anterior sin reconocerlo. Y aquí viene este pequeño intercambio entre Marx y Proudhon. Proudhon es reformista —creo que Flora se le parecía mucho—, y Marx escribió sobre él: «Es un pequeñoburgués, un socialista conservador parecido a todos los economistas, filántropos, humanistas, mejoradores de la condición de la clase obrera, organizadores de la caridad, fanáticos de la temperancia, miembros de la sociedad para la prevención de la crueldad contra los animales, los reformadores de toda laya».[4] Esto lo escribió Marx con completo desprecio por Proudhon. En cambio Proudhon le había escrito: «Colaboremos en descubrir las leyes de la sociedad, pero, por amor de Dios, luego de haber demolido todos los dogmatismos, no vayamos a imponer una nueva doctrina sobre el pueblo, no nos erijamos en líderes de una nueva intolerancia».[5] Ese contrapunto es muy importante, y creo que algo de eso sugieres también en el precioso episodio entre Flora y Marx que cuentas en la novela, donde Flora se le acerca, están en una imprenta, y Marx está enojadísimo porque el editor le da prioridad a la publicación de La Unión Obrera de Flora Tristán sobre la revista de Marx, y entonces él grita que «¡cómo es posible que le den prioridad a los alardes literarios de esta dama!», y ella lo llama gallo capón, y también puercoespín… ¿Ese encuentro lo inventaste, Mario?

Bueno, yo me inventé el encuentro. Pero hay unos datos que indican que, si no ocurrió, hubiera podido ocurrir… La realidad es que Marx

---

[4] En el *Manifiesto del Partido Comunista* (1848), III, 2. Existen ediciones en español de Alianza Editorial y de otras editoriales.

[5] Carta de respuesta enviada por Proudhon a Marx el 17 de mayo de 1846. Se puede leer en *Miseria de la filosofía. Respuesta a la* Filosofía de la miseria *de P.-J. Proudhon* [1847], México, Siglo XXI Editores, 1970.

vivía en París en esa época, como exiliado, y sacaba una revista que se llamaba *Los Cuadernos Francoalemanes*, editada en esa pequeña imprenta del barrio latino donde también se editó *La Unión Obrera* de Flora Tristán. De manera que no es imposible que hayan coincidido corrigiendo pruebas. Y si coincidieron, no es nada imposible, dado el mal carácter, el carácter feroz que tenían Marx y Flora Tristán, que el encuentro echara chispas. De modo que alguna base de realidad tiene esa ficción...

La experiencia de la libertad de la mujer en el Perú parece haber sido —según tú lo sugieres y lo recreas— lo que la convenció, lo que convirtió a Flora Tristán en una precursora del feminismo por derecho propio. ¿Es así?

Creo que es así. Puede haber un margen de subjetividad en esta idea. Pero ella va al Perú a los treinta años como una joven que quiere conseguir una legitimidad y obtener una herencia. Si así hubiera ocurrido, si la familia Tristán en Arequipa la hubiera reconocido como hija legítima de su padre y ella hubiera tenido acceso a la herencia, Flora Tristán hubiera sido una burguesita, hubiera regresado a París con dinero... Era una rebelde, por supuesto, pero no una revolucionaria; sin embargo, cuando ella sale del Perú sí es una revolucionaria: sale decidida a trabajar por la redención de la humanidad, que era una frase que ella misma utilizaba. ¿Por qué? ¿Qué ocurre en el Perú que la transforma de esta manera? Claro, la decepción, porque la familia no le reconoce la legitimidad, no le da la herencia a la que ella aspiraba. Pero otra razón es la impresión que le causan las mujeres peruanas. Curiosamente, una francesa —que venía del país que se suponía estaba en la vanguardia de la civilización, el más avanzado institucionalmente— encontró en el Perú a mujeres que tenían autonomía, gozaban de una capacidad de iniciativa y funcionaban en sociedad de una manera más libre, audaz y —diríamos— más eficaz que en la propia Francia, por lo menos en la Francia en que ella se movía.

En *Peregrinaciones de una paria*,[6] las páginas más conmovedoras son las que dedica a las soldaderas o «rabonas», a las que ella vio operando

[6] Esta obra se publicó en francés en 1838, y en español en 1946. La Universi-

en una guerra civil que le tocó presenciar prácticamente desde la azotea de la casa de los Tristán. Allí describe a estas mujeres humildes, indias que acompañan a los ejércitos, y que además son las que proporcionan la logística, porque son ellas las que cocinan, las que curan a los soldados heridos, las que dan placer a los soldados cuando lo requieren, y que en última instancia los reemplazan en las trincheras muchas veces, cogiendo sus fusiles cuando son eliminados; son ellas, además, las que los oficiales envían por delante a los pueblos, para que saqueen las casas y consigan las provisiones con que alimentar al ejército… Bueno, a Flora Tristán estas mujeres la impresionan extraordinariamente, y ella dice allí: «¡Pero si son ellas las que hacen funcionar a los ejércitos, si son estas mujeres las que hacen posible que estos ejércitos sobrevivan y ganen las batallas!» Después ella ve en Lima a las señoras de sociedad, con las que se vincula, y las mira actuando con una libertad que en Francia ella no había visto jamás. Es verdad: andan medio cubiertas, por eso se les llama «las tapadas»; pero esas mujeres montan a caballo, juegan a las cartas, tienen autonomía respecto de sus hogares, de sus propios maridos, que ella no había visto nunca antes. Y además conoce al personaje de la Mariscala, la mujer del mariscal Agustín Gamarra, una mujer extraordinaria, que combatía con su marido las batallas a caballo, vestida de soldado; que además, en los cargos políticos que tuvo el mariscal Gamarra —primero como prefecto del Cuzco y luego como presidente de la República—, fue la verdadera cabeza, porque ella era inteligente y el mariscal Gamarra no lo era; porque ella tenía un instinto político extraordinario y además un coraje de los que el mariscal Gamarra carecía. Ella la llegó a conocer personalmente, y además conoció la leyenda de la Mariscala. Y este hecho, que además está registrado en *Peregrinaciones de una paria*, a ella le dio ideas: por lo pronto, la idea de que algo así era posible, que una mujer podía hacer todas esas cosas, que una mujer podía ser un personaje autónomo y creativo en el campo de batalla, en la vida política y en la vida a secas.

---

dad Nacional Mayor de San Marcos editó una nueva versión en 2003, con prólogo de Mario Vargas Llosa y un estudio introductorio de Francesca Denegri.

Creo que esa experiencia es decisiva, transforma a Flora Tristán y hace nacer en ella la idea de convertirse en una activista, en una agitadora, es decir, en una revolucionaria. En las memorias dice que tuvo la tentación de convertirse en una Mariscala, de seducir a un hombre tal como la Mariscala había seducido al mariscal Gamarra, y ser, detrás de ese hombre, quien tendría el poder, y lograr, desde ahí, hacer las transformaciones sociales. Pero luego elimina la idea del hombre, y se pone ella sola como protagonista de esta aventura, que es la que va a vivir a partir de su regreso del Perú. Así que creo, sin exageración —y desde luego sin patriotismo—, que se puede decir que la experiencia peruana fue enormemente positiva para la Flora Tristán que ahora recordamos y admiramos.

Mario: tú eres un liberal, tú crees en el papel central, fundamental, del individuo en la historia, en la libertad, en la voluntad individual, en la iniciativa individual, y has dejado de creer —hasta qué grado, me pregunto— en los colectivismos. Te has vuelto un crítico, desde hace ya mucho tiempo, de las utopías colectivas; pero no sé si sólo de las utopías colectivas o también incluso de ciertos esfuerzos colectivistas, que no son revolucionarios, que pudieran ser reformistas. Me gustaría saber en qué sentido eso atraviesa, de alguna forma, tu novela. El que Flora Tristán haya sido una utopista, y una reformadora social, ambas cosas; el que haya creído en los colectivismos, en la posibilidad de que la clase obrera unida, y la clase femenina unida —ahí tenía razón—, mejoraran su condición, ¿en qué sentido eso te interesó, te estorbó, cambió tus opiniones…?

Bueno, yo creo que la civilización es la marcha lenta a lo largo de la historia para que el individuo se emancipe de esa placenta materna que es la comunidad, la sociedad, el colectivo. Inevitablemente, en los comienzos de la historia, en una sociedad primitiva, el individuo prácticamente no existe, el individuo es nada más y nada menos que un epifenómeno de la tribu: no podría existir sin esa tribu; esa tribu es la que lo protege, es la que le da una mínima seguridad, y la que le permite defenderse contra todas las inclemencias y las adversidades que lo rodean por todas partes. A medida que la historia va avanzando y la civilización va surgiendo, va creándose en torno del individuo un espacio en el que puede tomar cada vez más iniciativas, y empezar a ser él mismo, diferenciándose de los otros: escogiendo, optando por ciertas conductas que responden íntimamente a su ser y que no son siempre idénticas ni compartidas con el resto de la comunidad. Esto es para mí la civilización. La civilización que va reconociendo dentro de la sociedad al individuo: esa autonomía, los derechos humanos, todos los grandes avances que ha traído la civilización, son paralelos al desarrollo de esa libertad individual. Y al mismo tiempo, la civilización, a medida que avanza, nunca ha podido abandonar lo que Popper llama el «espíritu de la tribu»,[7] la nostalgia de la tribu. Esa nostalgia de la tribu, ¿en que está? Está en todas las doctrinas: religiosas y políticas, que consideran que la pertenencia a una comunidad es el supremo valor y que, por lo tanto, un individuo se define fundamentalmente por su pertenencia a esa comunidad. Esa comunidad puede ser la nación, y ésos son los colectivismos nacionalistas —fuente, cada vez más, en nuestra época, de violencia, de intolerancia y de fanatismo—. El ser vasco, el ser alemán, no es una casualidad, no: es un valor: si yo soy alemán, yo pertenezco a un pueblo superior; si yo soy vasco, yo pertenezco a un pueblo superior. Y eso determina ciertas obligaciones a las que yo no puedo escapar sin ser un traidor, es decir, sin renunciar a mi existencia, sin renunciar a mi propio ser. Ésa es una esclavitud que nos acompaña y nos persigue a lo largo de la historia y una y otra vez caemos en esa tribu, a veces en nombre de razones religiosas. Decir que yo pertenezco a la verdadera fe, a la única fe, a la única verdad, eso hace de mí un ser superior a quienes viven en el error, a quienes adoran a dioses falsos, a quienes practican ritos bárbaros, seres que carecen de esa misma valencia que tiene mi propio ser, porque yo soy católico, porque yo soy musulmán, porque yo soy budista, etcétera.

Los colectivismos representan la tribu, la barbarie, aquello de lo que la civilización nos ha ido sacando poco a poco. Los colectivismos se manifiestan de las maneras más diversas. En las utopías siempre están presentes: la clase obrera, en boca de Marx, y en boca de los marxistas,

---

[7] Véase el libro de Karl R. Popper, *The Open Society and Its Enemies* (1945), vol. I, cap. 10. Karl Popper describe como tribales a las «sociedades cerradas» (existe una versión en español de Paidós).

es un valor supremo. Ser obrero define a un individuo, como si entre un obrero y otro obrero no hubiera diferencias absolutamente fundamentales, aparte del denominador común de ser obrero y ganarse la vida con una actividad similar. Entonces creo que ser liberal es fundamentalmente reconocer que el individuo no es —no debe ser— una mera pieza, un mero epifenómeno de la colectividad. En el pasado, los individuos en muchos casos no tenían alternativa: tenían que ser, para poder sobrevivir, esos apéndices de un ser colectivo. Una de las grandes cosas de nuestra época —en la que hay muchas cosas malas, pero una extraordinaria, hay una que la humanidad en el pasado nunca tuvo— es la posibilidad de elegir lo que uno quiere ser, en todos los campos, sin esos condicionamientos fatídicos del pasado, los de la religión, los de la raza, los de la nación… Hoy día el mundo se ha ido abriendo, las fronteras se han ido eclipsando, y eso ha creado oportunidades para que cada uno elija su propia identidad, la única identidad respetable: aquella que resulta de elecciones a partir de una soberanía individual. Desde luego que tampoco se puede llegar a lo absoluto en este campo: esto también es una utopía. Pero mientras más se avance, mientras un hombre y una mujer puedan elegir con mayor libertad aquello que quieren ser, en el campo político, en el campo religioso, en el campo de la nacionalidad, en el campo del sexo —elegir su propia vida—, la sociedad será más civilizada, más humana. Eso es lo que está para mí detrás del combate contra los colectivismos. Creo que los colectivismos son una impostura, que reducen la libertad individual injusta e inhumanamente, y nos ponen en una identidad colectiva como si fuera un campo de concentración. Eso en el pasado pudo ser fatídico; en esta época no lo es. En esta época es fundamentalmente una elección, y desde mi punto de vista, una elección totalmente equivocada, porque nos catapulta otra vez hacia la tribu.

Sólo quiero agregar que, si la palabra utopía *quiere decir «no hay tal lugar», gracias a la espléndida novela* El paraíso en la otra esquina *—una más de esa procesión, de esa generosa literatura que es Vargas Llosa—* Flora Tristán, *que en su vida no tuvo un lugar —en la sociedad, en el orden de la Iglesia, en el de su país, en su país adoptivo—, ha encontrado por fin un lugar en el mundo.*

III

Ocaso del Imperio

Irving Howe

La izquierda liberal en Estados Unidos

«Cuando los intelectuales no pueden hacer otra cosa, fundan revistas.» Esta famosa frase de Irving Howe fue el «gancho» para conversar con él durante su fugaz visita a México a principios de los ochenta. ¿Era cierto? Howe había sido uno de los escritores jóvenes más activos en *Partisan Review*, la influyente revista intelectual —liberal y socialista— en la que, durante la Segunda Guerra Mundial, Orwell publicó su «Carta desde Londres». Octavio Paz había conocido a Howe poco después, en Nueva York, y estoy cierto de que tomó algunas pautas editoriales de aquella revista para imaginar lo que, al cabo de muchos años, fue la revista *Vuelta:* no sólo un vehículo para la creación literaria pura (poemas, cuentos, ensayos) sino también para la reflexión intelectual y la crítica cultural y política. Ése era también el perfil de *Dissent*, la sobria y combativa revista independiente fundada por Howe en los años cincuenta. La frase, sin duda, era irónica: nada más natural para un intelectual que fundar revistas. Ése sería uno de nuestros temas de conversación.

En *Vuelta* recibíamos *Dissent* cada tres meses y la devorábamos en tres horas. Si un número criticaba la idolatría del mercado o lamentaba el ataque al Estado benefactor, si exploraba las tensiones raciales en los campus universitarios o analizaba la cultura de la pobreza en las ciudades norteamericanas, el siguiente denunciaba —y algo mejor, esclarecía— la mentira y la opresión del totalitarismo comunista en China, la URSS o Cuba. Es natural que al caer el Muro de Berlín y desaparecer la Unión Soviética, Howe no se diera por aludido. Sabía que gran parte de la crítica al estalinismo había provenido de la izquierda democrática en la que militaba desde su juventud: por eso su utopía personal seguía intacta.

A pesar de la diferencia de edades (Paz era seis años mayor), las trayectorias de Paz y Howe guardaban interesantes paralelos. Ambos encarnaban el compromiso político y la vanguardia artística. En sus textos de crítica literaria tendían puentes entre el autor, el texto y la circunstancia sin reducir unos a otros. Howe escribió libros sobre autores norteamericanos (Faulkner, Hardy) y ensayos sobre autores de otras tradiciones: Stendhal, Dostoievski, Conrad, Turgéniev, Malraux, Orwell, Silone, Koestler.[1] (Curiosamente, ningún autor del orbe hispánico.) Los textos de Paz sobre escritores mexicanos y extranjeros (*Hombres en su siglo*, por ejemplo)[2] tenían un tratamiento similar. Howe y Paz tenían el temple de los viejos intelectuales rusos; ambos habían sido marxistas heterodoxos en su juventud y guardaron una cierta lealtad a León Trotski: Paz, que lo citaba a menudo, publicó el testamento de su viuda en *Vuelta*, y Howe escribió todo un libro sobre él.[3] Pero el paralelo más significativo era la relativa soledad de su posición política: ejercían una severa crítica a la izquierda... desde la izquierda. *Dissent* nació como una revista opuesta al espíritu inquisitorial de los años cincuenta en Estados Unidos, encarnado en el senador McCarthy. En la década siguiente, y sin quitar el dedo del renglón en su condena a la derecha, Howe continuó la línea crítica de *Partisan Review* con respecto al legado estalinista. Como Paz, consideraba el régimen de Moscú una desviación trágica y sanguinaria del ideal socialista. Esta postura lo enfrentó con la radical Nueva Izquierda en los años sesenta. Los jóvenes llegaron a considerarlo un traidor por oponerse a sus utopías absolutas. Para ellos la democracia era una patraña burguesa, una antigualla fascista, mientras que para Howe era el valor primordial de cualquier sociedad civilizada. Con el tiempo muchos de esos radicales se volvieron agentes de bolsa en Wall Street, mientras «el traidor»

---

[1] Una compilación de sus escritos: *Selected Writings, 1950-1990*, San Diego, Harcourt Brace Janovich, 1990. La obra de Howe comprende más de treinta títulos.

[2] *Hombres en su siglo y otros ensayos*, Barcelona, Seix Barral, 1984.

[3] *Leon Trotsky*, Nueva York, Viking Press, 1978.

siguió defendiendo al socialismo hasta el último momento. Pero el choque generacional dejó una huella profunda en Howe: se sintió incomprendido. En México, Paz sufrió un desencuentro no menos dramático con la generación de 1968.

No sé si aquélla era la primera vez que Howe visitaba México. (Lo acompañaba su nueva esposa, Ylana, y se veía absolutamente enamorado.) Al día siguiente de nuestra conversación lo llevé al antiguo convento de Tepotzotlán y no toleró mirar siquiera los maravillosos retablos barrocos. ¡Todo aquel oro desperdiciado en un país tan pobre! Salió corriendo del recinto. Ya en el atrio, entendí que —como buen intelectual norteamericano— no conocía ni entendía la cultura mexicana, latinoamericana o española, pero por razones políticas (era, como es lógico, enemigo jurado de Reagan) tenía información de primera mano sobre el conflicto en Centroamérica. Esa visita a México, estoy seguro, le abrió los ojos a América Latina, polo excéntrico de Occidente relegado por los norteamericanos. Entonces concibió la idea de editar junto con *Vuelta* un número especial de *Dissent* dedicado expresamente a «Las dictaduras y la democracia en América Latina». Había que sondear la pregunta clave: ¿por qué había sido a tal grado desventurada la historia de la democracia en América Latina? Octavio Paz dedicó varios meses a reflexionar sobre el tema. Yo comencé a hacer lo propio buscando las causas históricas —internas y externas— de esa desventura. Por lo que hace a las causas externas, Estados Unidos tenía sin duda una fuerte responsabilidad. Valía mucho la pena precisarla.

El proyecto se llevó a cabo en ambas revistas (y en la revista francesa *Esprit*) en 1984. A la postre se editó un libro en el que contribuyeron, entre muchos otros, Guillermo Cabrera Infante, Mario Vargas Llosa, Ernesto Sábato, Jorge Edwards, Carlos Rangel y el propio Octavio Paz. Un ensayo de Gabriel Zaid incluido en el libro había aparecido antes, abriendo un número de *Dissent*: «Colegas enemigos: una lectura de la tragedia salvadoreña».[4] Causó un inmenso revuelo. ¿Cómo era posible que *Dissent* publicase un ensayo que ponía en

[4] *Vuelta* 56, julio de 1981.

entredicho los nobles fines de los guerrilleros? Pero Howe estaba convencido de la durísima realidad que demostraba Zaid con evidencias suficientes: la guerrilla salvadoreña era un pleito entre colegas universitarios, no entre campesinos y potentados.

Howe no admitía la posibilidad de un socialismo no democrático. La democracia era la forma imprescindible de la civilidad, pero el socialismo era el fondo deseable de convivencia. El socialismo, para Howe, era una preocupación intelectual, un imperativo moral, no una rígida ideología: «La causa del socialismo debe dirimirse cada vez más en términos morales —escribió en *Vuelta*—; la extrema desigualdad social y económica impide la verdadera libertad; la formación de la personalidad humana requiere un marco de cooperación y fraternidad». En Howe resonaba la voz noble, genuina, antigua del socialismo, una voz que provenía de Europa. No era un socialismo de textos abstractos, sagrados: era un socialismo de la piedad concreta frente al dolor, la injusticia y la pobreza. En sus años finales me confesó que sentía que su viejo amigo mexicano se había apartado demasiado del socialismo. Es posible, pero Paz siguió hablando de «usurpación» en el caso del «socialismo real», abjuró siempre del hedonismo capitalista, y creyó en la libertad y la democracia con la misma convicción que su amigo, el socialista neoyorkino de la calle 83.

En 1982 Howe publicó su autobiografía: *A Margin of Hope*.[5] En las páginas finales imagina una reunión en su casa con cuatro escritores contemporáneos: Octavio Paz, György Konrád, V. S. Naipaul y Milan Kundera. El tema de conversación es el destino de las generaciones literarias. «Por qué —pregunta Howe— es tan difícil para un escritor de una generación conectarse con los de la siguiente? Para ilustrar su pregunta, Howe relee en voz alta dos pasajes literarios, uno de *Fontamara* de Ignazio Silone y otro de *La condición humana* de Malraux. En ambos casos los personajes hacen una defensa apasionada de la rebelión individual. Howe reconocía que el estalinismo había lastimado y desvirtuado profundamente el idealismo revolucionario

---

[5] *A Margin of Hope. An Intellectual Autobiography*, Nueva York, Harcourt Brace Jovanovich, 1982.

del siglo xx, pero le costaba creer que esa flama había desaparecido, que ya no había lectores capaces de conmoverse con esos pasajes. Cedió la palabra a cada uno. Paz, el de mayor edad, adoptó una actitud escéptica. En España, en 1937, había «visto la esperanza» —como escribió en *El laberinto de la soledad*— y «quien ha visto la Esperanza, no la olvida. La busca bajo todos los cielos y entre todos los hombres. Y sueña que un día va a encontrarla de nuevo, no sabe dónde, acaso entre los suyos. En cada hombre late la posibilidad de ser o, más exactamente, de *volver a ser*, otro hombre». Pero ahora estaba convencido de que los libros inolvidables pertenecían fatalmente a su momento histórico y que con el tiempo sólo cabe verlos con una suerte de fraternal distancia. Konrád, el húngaro que —en la fórmula de Koestler— sólo había conocido al «Dios que falló», tenía serias dudas pero no negaba del todo la posibilidad de la esperanza. Naipaul, el trinitario, fue cáustico: «¿No están ustedes tratando de mantener viva una llama de ilusión que sería mejor apagar para siempre?» Kundera, el más irónico y enigmático, intervino con un pasaje suyo: «El totalitarismo no es sólo el infierno, también es el sueño del paraíso». Howe no se resignaba. Dios —agregó— había muerto en el siglo xix y la utopía en el xx. Los escritores reunidos en torno suyo habían renunciado, en apariencia, a la utopía. Pero su escepticismo sólo se comprendía a partir de un encantamiento inicial con la idea utópica: «Hay de utopías a utopías. La que ha impuesto una élite en el nombre de un dogma ideológico, esa utopía es infernal. Desemboca en el terror y el cinismo. Pero seguramente hay otra utopía. Habla de aquello que aún puede ser. O quizá no. Pero real o fantástica, la humanidad necesita esta utopía como necesita del pan y el techo. Dostoievski escribió alguna vez: "Es el más improbable de los sueños, pero por él los hombres han dado su vida"».

El último ensayo que escribió Irving Howe se tituló «Vigencia de la utopía».[6]

---

[6] «Two Cheers of Utopia», *Dissent* 40, mayo de 1993.

ENRIQUE KRAUZE: *Empecemos por el final. Sé que usted está escribiendo sus memorias.*[7] *Háblenos un poco de ellas. ¿Qué épocas cubren? ¿Cuáles son sus corrientes principales?*

IRVING HOWE: En efecto, el libro que preparo ahora es una autobiografía intelectual que arranca a finales de los treinta, cuando era yo un adolescente muy activo en los círculos de juventud socialista en Estados Unidos. Empieza con una descripción del ámbito en que nací, el escenario del Bronx neoyorkino: calles y calles habitadas exclusivamente por judíos emigrantes de Polonia o la Unión Soviética. Hay una evocación del movimiento socialista, particularmente poderoso en esos años, aunque no era un movimiento de masas. A finales de los treinta nos sentíamos al borde del Apocalipsis y padecíamos agudamente la presión del totalitarismo estalinista y hitleriano. Nuestra incorporación a la izquierda era natural e inevitable. En ese momento, el grupo trotskista (pequeño, refinado, articulado) entró al movimiento socialista mediante una especie de redada y yo fui uno de los jóvenes conquistados por el trotskismo. Por un tiempo breve, dos o tres años, pertenecí al movimiento trotskista. De allí pasé a otros grupos socialistas y gradualmente me convertí en algo que quizá ahora podríamos llamar socialdemócrata. Hay una larga descripción en el libro sobre la vida íntima de esa secta política, tema inédito, hasta donde yo sé, en Estados Unidos: la precariedad que la caracterizaba, la claustrofobia, la intensidad, la estrechez, la pequeñez, pero al mismo tiempo la pasión, el idealismo, el compromiso, la gran altura intelectual, la seriedad de los debates internos. Después el libro trata sobre mi experiencia en Alaska durante la Segunda Guerra Mundial, y los tiempos de posguerra, cuando comenzamos a sentir que la vida en la secta se volvía intolerable. Al cabo de unos años el resultado fue la fundación de la revista *Dissent*, una revista socialista independiente.

Cada generación tiene la marca de una experiencia que a veces ocurre en un año o se prolonga una década. La suya fue, por lo visto, la de los apasionados treinta. Cada generación tiene también sus héroes. ¿Cuál fue el de usted?

---

[7] *A Margin of Hope.*

En estos años la figura central fue, por supuesto, Trotski. Trotski nos atraía no tanto como teórico de la revolución bolchevique o del marxismo sino como el hombre que representaba el antiestalinismo; uno de los pocos que estaba diciendo la verdad sobre las cosas terribles que sucedían en la Unión Soviética, personaje valeroso dispuesto a plantarse solo frente al mundo. Admirábamos su independencia, sus habilidades literarias, su brillo como escritor; nos cautivaba su gran valor moral. Ahora, con los años, ya no estoy de acuerdo con muchas de sus ideas, pero pienso que hizo una gran contribución al permitirnos disponer de teorías antiestalinistas y movernos incluso fuera de su propio pensamiento. Eso es lo que hace un gran pensador: favorecer la superación de su propio pensamiento. Además de esto, claro, leímos a los grandes autores marxistas, pero Trotski fue la figura dominante que capturó nuestra atención e imaginación.

Volvamos entonces a su biografía. ¿Cuál fue su experiencia en Alaska? ¿Qué sucedió en la posguerra, antes de la fundación de Dissent?

Durante la posguerra no sólo me separé de la secta sino que decidí hacerme escritor. No había tenido esa idea o esa ambición antes. Había sido periodista. A los veinte años editaba un periódico socialista de cuatro páginas que yo escribía casi todo con diversos nombres —una costumbre, claro, no sin precedentes—, y mi utópico ideal era ser director de un gran diario socialista en Estados Unidos.

Pero algo importante me sucedió en Alaska. Alaska fue mi universidad. Vivía en un estado de contemplación. Había una biblioteca en el cuartel que tenía, digamos, seis buenos libros en cada área, de modo que no podía especializarme... Era imposible que me convirtiera en antropólogo o sociólogo. Así, casi contra mis propios deseos, pude educarme con cierta amplitud y aprender lo suficiente para evitar la estrechez de la ideología. Salí de Alaska y, de una manera que aún ahora no tengo clara, supe que quería ser escritor. Empecé a escribir reseñas de libros y ensayos sobre literatura.

Aquí es preciso recordar un factor importante. Existía entonces un grupo que podríamos llamar «los intelectuales de Nueva York», jóvenes altamente dotados que eran, a su vez, la primera generación de hijos de inmigrados judíos. No escribían tanto ficción o poesía como análisis literarios y sociales, ensayos generales que trataban de entender e interpretar culturas enteras. Menciono a algunos: Meyer Schapiro, Philip Rahv, Harold Rosenberg, etcétera. En conjunto me llevaban de diez a quince años de edad, de modo que me convertí en el benjamín del grupo. Eran feroces, batalladores, combativos. Tenían algo del estilo de la *intelligentsia* rusa de finales del siglo xix: peleando siempre. Como a mi vez yo tenía cierta experiencia en el radicalismo, emboné bien con ellos.

El grupo concentró sus afanes en una revista que fue muy importante para la vida cultural e intelectual de Estados Unidos en esa época: *Partisan Review*. En esos días, *Partisan Review* no vendía más de siete u ocho mil ejemplares, pero era tremendamente influyente. Combinaba —no siempre con fortuna— el radicalismo político con el modernismo cultural. Éramos muy *avant garde*, siempre desconfiados de los *middle brows*, siempre con ánimo bélico a favor de lo nuevo. Con el tiempo vimos que el radicalismo político y el modernismo cultural podían no ir necesariamente de la mano, pero en esos años no advertíamos la dificultad. Fue uno de esos errores creativos. (A veces los errores son más creativos y útiles que los aciertos.) En cualquier caso, me vinculé con este grupo de intelectuales que, pese a su proverbial intransigencia, fueron siempre muy amables conmigo. En *Partisan Review* empecé mi carrera como escritor independiente, sin dejar, al mismo tiempo, la militancia política.

Un aspecto importante de este grupo era que lo constituían principalmente judíos cosmopolitas, indiferentes a la religión o a los asuntos judíos, pero judíos a fin de cuentas. (Kafka presentó alguna vez a una compañía de teatro *yiddish* en Praga con estas palabras: «Damas y caballeros, ustedes saben mucho más *yiddish* del que creen». Con la perspectiva que da el tiempo, veo que todos éramos más judíos de lo que creíamos ser: bloqueábamos nuestras preocupaciones judías, las suprimíamos hasta cierto punto, queríamos ser cosmopolitas, ciudadanos del mundo, hombres de letras, escritores; pero nuestros oponentes en la vida intelectual norteamericana hablaban de nosotros como «judíos» y en el fondo de nuestra vida diaria, cuando hablábamos uno con el otro, éramos mucho más consciente de esta condición que lo que reflejaba nuestra vida pública. Constituíamos la primera irrupción de un grupo intelectual judío en Norteamérica. Antes ya habían destacado escritores individuales, pero no un grupo. Sobra decir que éramos profundamente antiacadémicos porque ninguno tenía empleos en las universidades. (Curiosamente, muchos terminamos como profesores.)

En fin, para completar el panorama intelectual de la posguerra y las tendencias que condujeron a la fundación de *Dissent*, hay que recordar cómo se enturbian las creencias a principios de los cincuenta. La gente empieza a dudar del marxismo, a entender que en la lucha entre Estados Unidos y la Unión Soviética (independientemente de los grandes defectos del primero) era preferible la victoria de la democracia sobre el totalitarismo. Las antiguas certezas del marxismo ortodoxo, al que muchos de estos intelectuales se sentían ligados, comenzaron a desmoronarse.

Había pues toda una gama de factores en aquellos años: la lucha por la modernidad cultural, el radicalismo político, el ingreso de los judíos de Europa a la escena intelectual norteamericana y la desintegración del sistema de creencias, valores y teorías que nos habían nutrido.

Dijo usted: «…nuestros oponentes en la vida intelectual». ¿A quiénes se refiere?

En primer lugar, a los académicos de viejo cuño, profesores cuyo trato con la literatura era histórico en el sentido más pobre de la palabra, esto es, filológico; gente que no veía en la literatura algo vivo. Otros enemigos nuestros, aunque luego nos acercamos a ellos, fueron los *new critics*, los formalistas que tendían a ver en la literatura un fin en sí mismo, una actividad sin relación alguna con el momento histórico, con una particular sensibilidad social. Nosotros polemizamos con ellos. Pero había algo interesante en esta lucha que sólo ahora he visto con claridad. Un conflicto entre dos grupos literarios en los que hay seriedad y talento suele ser de gran utilidad. Ellos aprendieron de nosotros y nosotros de ellos. Aprendimos más de los nuevos críticos que los discípulos de los nuevos críticos. En las polémicas nos corregíamos mutuamente los excesos. Tenían gente brillante, como Allen Tate, Yvor Winters... Nos respetaban y los respetábamos.

Conviene agregar una cosa. En estos años la crítica literaria se ejercía y leía con una seriedad que nunca se ha recobrado. Uno podía encontrarse con jóvenes, y yo entre ellos, que deseaban convertirse en críticos literarios y dedicar toda la vida a la crítica literaria. ¿Por qué? Bueno, porque la política se había vuelto principalmente política de izquierda, una labor menos atractiva, menos interesante, más problemática e incierta; mientras que como crítico literario parecía que uno podía escribir sobre cualquier cosa. El tipo de crítica literaria que nosotros ejercíamos no se confinaba al análisis textual (cuántos verbos y adverbios en un párrafo) sino que era una suerte de *Weltgeschichte;*[8] uno podía escribir sobre todo, lo cual no dejaba de ser un peligro. Pero estaba también la lucha por la modernidad cultural, la batalla a favor de la poesía de T. S. Eliot, la ficción de Joyce, Kafka y Proust, las obras teatrales de Brecht y Pirandello. Ahora estos autores son aceptados completamente pero entonces eran objeto de odio por parte de muchas publicaciones no de alta cultura. Ser crítico no significaba sólo comentar este o aquel libro, este o aquel poema, sino involucrarse en aquello que los alemanes llaman una *Kampfgeist:*[9] una lucha decidida para realizar una visión del mundo, el compromiso con un tipo de vida cultural e intelectual.

¿Cuál fue la actitud suya y de su grupo frente a Eliot y Pound? ¿Cómo deslindaban ustedes las opiniones políticas de la excelencia literaria en ambos?

Para mí siempre fueron dos casos distintos. De joven, veneraba a Eliot. Sabía que era políticamente reaccionario, sabía que tenía ideas detestables. No me importaba. Eliot representaba para nosotros el espíritu del tiempo,[10] representaba la soledad y desesperación de la vida urbana.

---

[8] "Historia universal" o "historia mundial".

[9] Palabra alemana compuesta de dos sustantivos: *Kampf,* "lucha", y *Geist,* "espíritu".

[10] Howe se refiere a la expresión alemana *Der Zeitgeist,* "el espíritu de la época".

Solíamos recitar de memoria: «April is the cruelest month…»;[11] yo me sabía de memoria toda la *Love Song of J. Alfred Prufrock*.[12] Adorábamos a Eliot. Pound fue algo distinto. No sólo era antisemita (en ese tiempo aún no sabíamos hasta qué grado) sino que *The Cantos*[13] eran una jungla, un laberinto que no podíamos descifrar. Pound era, precisamente, el héroe de los nuevos críticos, pero nunca el nuestro. A nosotros no nos movió. En 1949 se desató una tremenda querella con ocasión del *Bollingen Award for Poetry*,[14] un premio que se otorgaba a grandes escritores. Entonces sabíamos ya que Pound había hecho transmisiones radiofónicas para Mussolini y que había transmitido y producido terribles discursos antisemitas. El jurado, en el cual estaban Auden, Eliot y Lowell, quiso premiar a Pound. Entre los jueces sólo Karl Shapiro votó en contra. Iniciamos una gran ofensiva. No queríamos que se encarcelara a Pound; reconocíamos que era una figura importante en la literatura contemporánea y que ocasionalmente escribía hermosos poemas. Pero no queríamos honrarlo. Sentíamos que no se podía honrar a un poeta con esa carrera, con esos antecedentes. Aquello fue complicado y no viene al caso entrar ahora en detalles. Resumo: Eliot era un ídolo, Pound un enemigo.

Hace un momento se refirió usted al antiestalinismo como una postura común en Norteamérica durante los años treinta. Es sorprendente. En los treinta casi medio mundo era estalinista y la otra mitad fascista. Sólo una delgada franja escéptica o liberal navegó entre Escila y Caribdis. ¿Era realmente normal esta tercera vía en Estados Unidos?

Buena observación. Aclaro: cuando me refiero al antiestalinismo me refiero a un antiestalinismo de izquierda. Ahora, no sé bien por qué sucedió que el antiestalinismo de izquierda fuera más fuerte en Esta-

[11] Primer verso de *The Waste Land* (Nueva York, 1922) de T. S. Eliot.
[12] Versos del mismo autor, publicados por primera vez en *Poetry: A Magazine of Verse* (Nueva York, 1915).
[13] Compleja e inacabada obra de Ezra Pound cuya primera parte se publicó en París, 1925.
[14] Premio concedido por la Universidad de Yale.

dos Unidos que en otros países. Sólo puedo especular que en países como Francia, Italia y Alemania, el Partido Comunista era un partido de masas, con cientos de miles de personas, mientras que en Estados Unidos el partido —y en general el movimiento comunista— no influyó en las masas, nunca fue un partido de masas. Otro factor es el papel de los intelectuales, aspecto realmente importante. Hacia la mitad de los años treinta muchos intelectuales de izquierda de Estados Unidos habían roto con el estalinismo. Gente como Edmund Wilson, Meyer Schapiro (el gran historiador del arte), Lionel Trilling, por supuesto… Esta temprana ruptura tiene que ver quizá con la independencia intelectual, la idea muy sajona de que el intelectual debe bastarse a sí mismo así sea enfrentándose al mundo entero. (Una buena tradición, por cierto.) Quizá tuvo que ver también con el *glamour* y el romance que provocaba la figura de Trotski, no tanto por sus ideas como por su ejemplo y actitud. Pero surge la pregunta: ¿cómo es que ese ejemplo no influyó sobre los intelectuales en Europa? Desconozco la respuesta.

«Cuando los intelectuales no pueden hacer otra cosa, fundan revistas.» Supongo que esta frase de usted, afortunada como epígrafe, es inexacta como historia.

Esta fórmula ha viajado por todo el mundo. Pero de algún modo es cierta. Los que proveníamos de la izquierda no soportábamos más la claustrofobia, la depresión, la derrota, la rigidez de la vida partidaria y —cosa central— no tolerábamos más los mítines. Una de las fórmulas para descubrir a un viejo radical es el temblor nervioso que le produce la sola mención de la palabra *mitin*. Pero al mismo tiempo queríamos mantener el ideal socialista. Sabíamos que no había posibilidad de sostener un movimiento socialista, pero lo queríamos hacer no como ideología sino como cuestión. El socialismo como problema, no como respuesta. Se comprende que una revista pareciera el vehículo pertinente. Por otra parte, en nuestro grupo había también amigos que no habían pertenecido a movimientos radicales, escritores independientes como Lewis Coser, Meyer Shapiro, Louis Rosemberg, entre otros… En principio nuestra esperanza de vida no pasaba

114

de un año. Abundaban las revistas que recababan suscripciones y no llegaban a cumplir siquiera ese plazo. Recabamos dos mil dólares, cantidad que en ese tiempo no estaba nada mal y que nos aseguraba la supervivencia por un año. Y, en fin, contra las expectativas, para bien o para mal, hemos caminado ya veintisiete años.[15]

Pero en el inicio no sabíamos, como se expresa en *yiddish*, que la enfermedad duraría tanto. Nadie nunca cobró por su trabajo. Los editores dedican a la revista su tiempo libre. Como algunos somos profesores podemos disponer de unas horas más. Ahora tenemos un pequeño equipo editorial trabajando; no muy bien pagado, por cierto. Por lo demás, *Dissent* nunca tuvo —ni quiso— apoyo institucional: ni un partido, ni un sindicato, ni una institución del gobierno. Hemos sido completamente independientes, lo cual tiene sus pros y sus contras. Cada dos años hay que iniciar una campaña de captación de fondos y siempre es incómodo y doloroso pedir a la gente que regale dinero. Pero así lo hemos hecho a través de los años.

Pero seguramente también había resortes menos subjetivos: el macartismo…

Sí, el incentivo inmediato para fundar la revista fue el ascenso del macartismo. Nos oponíamos brutal, decididamente a McCarthy; pensábamos que muchos de nuestros amigos, aun cuando no estaban con McCarthy, no se oponían suficientemente a él. En ese momento se inicia lo que yo creo que ha sido una tendencia prolongada hacia la derecha en la sociedad y entre los intelectuales norteamericanos.

En suma, al fundar la revista teníamos dos propósitos en mente. En primer lugar un problema intelectual: qué significa el socialismo, y si esta ideología ha entrado en crisis, cómo podemos reintegrarla. Éste era un propósito, el más íntimo y fundamental. El otro era luchar públicamente, dentro del mundo intelectual, contra el macartismo. El segundo lo cumplimos bien. Publicamos cosas contra el macartismo más fuertes, más corrosivas, más valientes que otras publicaciones

---

[15] *Dissent* sigue publicándose hasta el día de hoy, dirigida por Michael Kazin y David Marcus.

intelectuales. Nuestra lucha era por la libertad. Luchábamos por el derecho de las minorías, por las libertades civiles y (aunque recelábamos profundamente del comunismo) defendimos con la misma fuerza el derecho de los comunistas a la libertad de expresión. Atacamos toda la legislación represiva que se promulgó en ese tiempo. Algo de lo que nos hemos enorgullecido siempre es que nuestra oposición al estalinismo no nos llevó a negarles a los comunistas el derecho a expresarse libremente.

En cambio, el primer objetivo se complicó. Nos llevó a direcciones que no podíamos prever porque cuando uno empieza a preguntarse cosas, el asunto se vuelve peligroso: una pregunta lleva a otra. En un momento dado pensamos que no podíamos reformular la ideología socialista, que esto era algo fuera de nuestro alcance y entendimos que nuestra misión no era la de proveer respuestas nuevas sino mantener vivas las preguntas y tratar de ser un puente hacia temas futuros.

¿Cuál era la posición de Dissent *en relación con otros grupos y publicaciones frente al macartismo?*

Los grupos de izquierda se hallaban en un estado de pulverización. McCarthy había desatado una cacería contra el Partido Comunista. Había muchos grupos pequeños que vivían en la total impotencia. Incluso *Partisan Review*, que sin duda se oponía a McCarthy, carecía del antiguo vigor; le faltaba el viejo espíritu combativo. A nosotros no. Por otro lado, estaba el grupo de la revista *Commentary*, que sin estar a favor de McCarthy, se interesaba más por luchar contra los críticos de McCarthy que por combatir el macartismo. Cierto, algunas de las cosas que ellos publicaban contra los enemigos de McCarthy (que eran «compañeros de ruta», que no actuaban con buena fe) eran ciertas; pero nosotros pensábamos que el problema central del país en ese momento era luchar contra el macartismo, que éste era el verdadero enemigo. Internacionalmente —alcanzábamos a distinguir— el enemigo a vencer era la tradición estalinista. Dentro de nuestras fronteras, el peligro mayor era McCarthy. Reconocíamos que no había un verdadero peligro de fascismo en Norteamérica pero hay muchas cosas entrañables que es posible perder antes de llegar al fascismo; las libertades civiles, por ejemplo. Los hombres de *Commentary*[16] pensaban que no había posibilidad para una izquierda independiente, que el mundo se había polarizado y sólo quedaban dos opciones: Occidente o los comunistas. Cualquier tercera vía les parecía utópica. Nosotros tomamos un camino distinto y más complejo. Estábamos con Occidente (en el caso de Berlín, por ejemplo), pero al mismo tiempo creíamos que para preservar las libertades y la democracia era necesario ejercer la crítica en torno de los gobiernos y las sociedades de Occidente. Esta diferencia entre *Commentary* y nosotros continúa hasta el día de hoy.

Por lo visto la historia política intelectual de este siglo se perfila en décadas. ¿Qué actitud adoptó Dissent *en los sesenta? Me imagino que fue una vuelta a la vieja pasión ideológica de los treinta…*

En los años sesenta seguimos en la minoría. Pero el problema no estaba —como ahora o como en el macartismo— a la derecha, sino a la extrema izquierda. El comienzo de los sesenta fue luminoso, días que parecían presagiar una era de buenos sentimientos. Había realmente una mejor vinculación emocional entre la gente, atisbos de solidaridad entre blancos y negros, el clima social más propicio que yo recuerde en mi vida. Se vivía una sensación de fe y esperanza alentada por la administración de Kennedy. No es que Kennedy hiciera muchas cosas, pero creó una buena atmósfera. La administración de Johnson, al principio, siguió con esta tendencia, sobre todo en su política interna. Desafortunadamente, la guerra de Vietnam lo empañó todo. Para el país fue el gran problema, y para nosotros, una experiencia traumática. Liberales y socialdemócratas sentíamos que la intervención de Vietnam era una equivocación, un hecho moralmente condenable, algo que nunca debió ocurrir. Al mismo tiempo, era imposible apoyar al bando contrario. Pensábamos que la victoria del Vietcong tendría consecuencias terribles, y en esto la historia nos ha

---

[16] Publicación mensual de carácter antiestalinista fundada en Nueva York en 1945, auspiciada por el American Jewish Committee.

dado la razón. Vietnam vivía condiciones similares a las actuales en Latinoamérica, un cuadro en el que la vida política se ha polarizado a tal extremo que, todo indica, no hay espacios intermedios, ninguna posibilidad para la moderación, para la complejidad.

Regresando a los sesenta, nosotros —repito— estábamos en contra de la guerra, pero la naturaleza de nuestra posición era distinta a la de los estudiantes y la Nueva Izquierda, que creció muy rápidamente; al principio sus puntos de vista no diferían demasiado de los nuestros, pero siendo —como lo eran— jóvenes, idealistas y sin mucha —o casi con ninguna— experiencia política, nuestras perspectivas y posiciones difirieron cada vez más. El problema de fondo era que en el movimiento radical en Estados Unidos hacía falta un eslabón, una generación. Nosotros estábamos en los cuarenta, los jóvenes estaban en sus veinte y no había nadie de treinta años, de modo que nunca les transmitimos las lecciones que aprendimos de nuestras torpezas y errores porque no había contacto con ellos. Estaban condenados a repetir nuestros errores. La situación los orilló a radicalizarse, a desesperarse. Gradualmente se alejaron de nuestra posición porque la sentían pálida e ineficaz y empezaron a adoptar concepciones más radicales. No me refiero al comunismo de partido, que a estas alturas no desempeñaba ya ningún papel, sino al maoísmo, al castrismo, a algo llamado vagamente «Tercer Mundo» (un lugar sin dirección ni país) y también, más tarde, a una forma de anarquismo terrorista de los *weathermen*,[17] cuya desaforada doctrina sobre la necesidad de echar bombas en Estados Unidos se fundaba en la creencia de que éste era un país «liberal fascista». Ahora bien, hay que entender que la Nueva Izquierda era en ese momento un movimiento de masas: no de masas obreras o de clases medias sino de estudiantes y de un sector amplio de la clase intelectual. La gente que hacía *Dissent*, la gente que pensaba como nosotros, vivía acosada. Podría confesar que nunca en mi vida sentí un acoso político como el de esos años.

Recuerdo un simposio en una universidad del Medio Oeste norteamericano. Conmigo hablaban Tom Hayden, uno de los jóvenes

---

[17] Agrupación radical llamada «The Weather Underground».

líderes (esposo actual de Jane Fonda) y Brzezinski, que en ese entonces era solamente un distinguido profesor en Columbia, indiferente a la Nueva Izquierda. Entonces me levanto a hablar. Hay ochocientos jóvenes en el auditorio. Antes de abrir la boca me abuchean; Tom Hayden había defendido en parte la invasión soviética a Checoslovaquia y yo hablo en contra. Sentado, con una sonrisa en los labios, Brzezinski observa la escena. Cuando me siento me felicita, pero no interviene en el debate porque en el fondo no le compete: para él no es una lucha real. Para mí, en cambio, era una dolorosa lucha interna.

Hubo muchos momentos como éste. Recuerdo, por ejemplo, que un joven de la Nueva Izquierda discurrió una teoría sobre el «fascismo liberal» (según la cual Estados Unidos era liberal puertas afuera pero vivía dominado por un fascismo corporativo en el interior). Para nosotros esto era una estupidez absoluta, una locura. Recordábamos la teoría estalinista del «fascismo social» que se desarrolló a principios de los treinta; su desenlace fue desastroso y favoreció la llegada de Hitler al poder. Los jóvenes no habían oído nada del «fascismo social» y apenas sabían quién era Hitler. (La sensibilidad histórica no florece mucho en Estados Unidos y la Nueva Izquierda no era la excepción.) Sobre esto escribí un artículo en *Dissent*, un artículo áspero y sarcástico que —cabe decirlo— destruyó esta teoría del «fascismo liberal» al compararla con el «fascismo social». Pero la Nueva Izquierda apenas se sintió aludida. Estos chicos estaban poseídos y no podíamos culparlos. En fin, el hecho histórico es que su movimiento se derrumbó y este derrumbe es uno de los mayores misterios que he visto en mi vida política e intelectual: un movimiento social próspero y fuerte que, como si fuese mañana en la mañana, se termina abruptamente. Nadie ha explicado bien por qué se disolvió. Es como vivir inmerso en una alucinación, en una obsesión, y de pronto, abruptamente, la realidad penetra y descubre las cosas como son: no, no habrá revolución en Estados Unidos; no, Estados Unidos no es una nación fascista; no, la clase trabajadora no acudirá a rescatarnos.

Recuerdo otra anécdota muy ilustrativa. Ocurrió durante una plática que daba yo en alguna universidad. En el podio me acompaña un miembro de la Nueva Izquierda, un hombre apacible y amable, que sí los había. Hablo. Me interrumpe. Realmente sorprendido, me pregunta: «¿Pero es posible que usted crea, de verdad, que no habrá una revolución en Estados Unidos en un plazo no mayor de dos años?» Esto sucedía en 1967 o 1968… Tuve que responder: «Sin tratar de ser descortés o desatento con usted: no, yo no creo que haya ninguna revolución en Estados Unidos en los próximos años». El tipo movía la cabeza como si no hubiese oído una cosa más absurda en toda su vida… Ésta era la atmósfera en que vivíamos. Nunca tan extrema, por supuesto, como en París o como en el movimiento de Cohn-Bendit, pero por momentos paralizó a la nación. Además, cosa importante, capturó a los medios de comunicación. Abordar a estos chicos que incendian el campus, luchan contra la policía y hacen una manifestación debió resultar más vívido y rentable que la opción de hablar con personas moderadas, con puntos de vista complejos sobre las cosas. Nos sentimos, en suma, muy acosados, pero sabíamos vivir en la minoría y creo que el tiempo finalmente nos dio la razón. Claro, hay situaciones en que uno puede tener razón de una forma inconveniente. Pero ¿qué hacer? A eso llevan a veces las circunstancias.

Volviendo a su disidente revista en Estados Unidos, ¿recuerda algunos artículos particularmente notables o influyentes?

«The Choice of Camarads» de Ignazio Silone,[18] a mi juicio, uno de los grandes textos del siglo XX. Silone se pregunta qué es lo que mueve a un joven a romper con su modo habitual de vivir, qué es lo que lo convierte en un rebelde. ¿Por qué decide no ir más a la iglesia, abandonar las reuniones familiares, ir a otros mundos y acompañar a otros rebeldes? Y reflexiona sobre estos problemas, que son el fundamento moral de la idea socialista.

Recuerdo otro que provenía de *Esprit* (muchas cosas buenas provienen de *Esprit*). Era un artículo sobre el «realismo socialista» escrito por Andréi Siniavski, el escritor ruso. También uno de los grandes textos del siglo, pienso. Empieza como una refutación de la doctrina

---

[18] En *Dissent* 2, enero de 1955.

estética del realismo socialista pero se mueve a defender un arte super-realista, un arte que da cuenta de la vida en una sociedad totalitaria como ningún realismo corriente puede hacerlo. Yo mismo escribí en 1965 un artículo importante, «Estilos de izquierda». Este artículo fue un ataque polémico a la Nueva Izquierda que de hecho inició la guerra entre nosotros.

Para muchos la década de los setenta fue la resaca de los sesenta. ¿Usted qué piensa?

La situación en los setenta se simplificó en un sentido y se hizo más difícil en otro. En los sesenta había con quién pelear. Es como en el matrimonio: uno necesita con quién pelear. No era tanto que la gente de la Nueva Izquierda hubiese cambiado de opinión; era más bien que su movimiento se había disuelto. Lo que sucedió en los setenta es algo verdaderamente extraño. Son un vacío, son como un sueño que pasa y no deja casi huella. El problema lo tengo ahora con mi libro: no sé qué hacer con los setenta. Hubo un solo fenómeno importante: el ascenso del feminismo, pero aparte de esto fue una década sin forma, sin perfil.

¿Cuál es su querella con Reagan?

Nos oponemos decididamente a la administración Reagan. Pensamos que intenta desmantelar el *Welfare State*, institución que está lejos de ser perfecta, pero que cumple una función vital. Cualquiera que haya experimentado lo que significa el hecho de que sus padres tengan seguridad social en la vejez, una pensión o una ayuda, sabe que el *Welfare State* ha aliviado sensiblemente la vida de millones de personas. Reagan no lo desmantelará totalmente, pero tratará de afectarlo aquí y allá. Y esto es grave porque es una institución que si no se mejora cotidianamente terminará por desintegrarse. Nos oponemos a su política exterior, especialmente a las ideas de la señora Jeane Kirkpatrick, nuestra embajadora en las Naciones Unidas. Según esta dama, Estados Unidos debe apoyar a regímenes «moderadamente» autoritarios pero no totalitarios. Es cierto que se pueden hacer ciertas distinciones entre regímenes autoritarios y totalitarios; que los primeros son menos represivos que los segundos, etcétera... Pero, en cualquier caso, un régimen como el chileno o como el argentino puede ser igual o aun más brutal y sangriento que un régimen totalitario. La aplicación de esta doctrina tendrá dos consecuencias: pondrá a Estados Unidos del lado de los elementos menos populares y represivos en la región, elementos que —a mi juicio— están destinados a caer (como Somoza finalmente cayó); en segundo término, se estará haciendo el juego a aquellos regímenes o grupos que supuestamente se quiere debilitar, es decir, a la izquierda autoritaria. El método mejor para fortalecer a esta izquierda es la receta de Kirkpatrick. Polarizará a muchas personas que no son comunistas.

Ha tocado usted el punto más sensible: Centroamérica. Haig, Kirkpatrick y demás halcones bloquean la ayuda a Nicaragua y apoyan a la Junta Salvadoreña. El gobierno de México —como usted sabe— adoptó posturas diferentes. ¿Cuál es la vía que apoya Dissent? *¿Cómo interpreta la situación?*

Debo ser honesto y confesar que no sabemos mucho sobre lo que está pasando en El Salvador. Hasta hace algunos meses, muchos norteamericanos ignoraban probablemente la localización geográfica de El Salvador. No sabemos nada de su historia ni sobre su cultura. Muchos intelectuales de izquierda en Estados Unidos tienen una fórmula abstracta llamada «Tercer Mundo» que aplican a la India, Bangladesh, Zaire, Tanzania, Chile, El Salvador... Esto no tiene sentido intelectual ni político porque ignora la realidad y la diversidad de los países. Con unos cuantos días en México, mi mujer y yo tenemos la impresión profunda de una sociedad viva, con sus propias convenciones y caminos, su propia cultura, estilos, virtudes y defectos. Uno no puede llegar con un marco explicativo abstracto para aplicarlo a esta realidad. Tal vez los esquemas socialdemócrata, liberal, etcétera, ni siquiera sean posibles en estos países. No sé. Las soluciones deben surgir orgánicamente del propio país.

Ahora, en relación con Nicaragua y El Salvador, en primer lugar —insisto— tenemos la tremenda dificultad de carecer de una información precisa y confiable. Los reportajes periodísticos son pobres o, cuando menos, no son lo suficientemente elaborados, no se preguntan las cosas importantes. Pero, desde mi punto de vista personal, creo que hay bases para tener fe en Nicaragua. La Revolución sandinista contra Somoza fue positiva: contaba con el apoyo masivo del pueblo; era, de hecho, la guerra de todo un país para deshacerse del dictador corrupto. Ahora hay una lucha interna entre la gente que trata de establecer una dictadura de corte castrista y otros que quieren una sociedad más plural y abierta, no una democracia pura (porque por lo visto las condiciones sociales en Centroamérica no lo permitirían) pero sí una democracia imperfecta. Ahora bien, cuando el gobierno de Reagan suspende o corta la ayuda a Nicaragua, lo que hace es favorecer objetivamente a los partidarios de la primera vía.

Sobre El Salvador he estado leyendo mucho, lo suficiente para darme cuenta de lo poco que sabemos, pero lo necesario también para entender que este pequeño país, pobre, postergado, tiene su propia historia, su cultura y complejidad propias. Mi opinión personal, de nuevo, es que la administración Reagan nos conduce al desastre. El envío de ayuda militar a la Junta —ayuda que el propio Duarte dice no querer— es una medida que hace el juego a los terroristas que hay dentro del ejército, que han asesinado a miles de personas. Sobre la oposición, en verdad sé poco. Estoy seguro de que Ungo es un hombre decente, como Duarte lo es también, pero uno se pregunta: ¿quién controla a quién? ¿Tiene Ungo verdadero poder? Si la guerrilla triunfa, ¿tendrá poder o será arrasada? ¿La oposición está controlada esencialmente por elementos castristas? No sé. Yo no soy de los que levantan su bandera para apoyar a la guerrilla, pero al mismo tiempo creo que la política centroamericana de Reagan es un grave error. Mi inclinación personal se resume en dos posibilidades. La primera: si hay o puede haber alguna fe, ésta sólo puede adoptar la forma de un cese al fuego, un acuerdo entre las dos partes seguido de elecciones libres supervisadas por los países democráticos del área: Costa Rica, Venezuela, México. Pero el problema, claro, es averiguar cómo controlar al ejército, que ha destruido toda posibilidad democrática en el pasado. La otra dramática posibilidad, desde el punto de vista de quienes queremos, a un tiempo, reformas sociales y libertades políticas, es admitir que cuando se llega a la polarización hay situaciones insolubles. Es doloroso pensar así, pero tal vez debemos encararlo.

Estuvo de moda hablar sobre la decadencia norteamericana… Tan pronto Irán liberó a los rehenes[19] y Reagan llegó al poder, se habla de un renacimiento. Ambas ideas sin duda son exageradas. Pero hay una crisis en Norteamérica, esto es indudable. Usted la ha señalado muchas veces…

Así es. Tenemos muchos problemas: inflación, medio ambiente, inseguridad, la OPEP… Hay, como dije antes, toda una ofensiva contra el *Welfare State*. Pienso que no prosperará. Habrá una reacción contra esta ideología de libre empresa sin contacto con la realidad. Habrá un mayor control social de la economía. Por lo demás, es cierto.

Vivimos una crisis que se manifiesta en la superficie pero cuyo trasfondo es una crisis mayor: la de la civilización occidental. Esto no es algo mensurable día a día. Ha estado ocurriendo por lo menos desde hace un siglo. Se resume en una pregunta: ¿podemos mantener, en un mundo secularizado, siquiera parcialmente, los valores que en el pasado sustentaba la religión? ¿Cuál es el horizonte de supervivencia de los valores liberales? ¿Podemos resistir al totalitarismo? Y por lo que atañe a la sociedad norteamericana, ¿podrán los jóvenes hallar modos de vida y valores significativos, distintos de la mera acumulación material?

---

[19] La llamada «crisis de los rehenes en Irán», en la que 66 norteamericanos, diplomáticos y ciudadanos, fueron tomados como rehenes en el Irán revolucionario a principios de 1981.

Paul M. Kennedy

ASCENSO Y CAÍDA DEL IMPERIO ESTADOUNIDENSE

De las paredes de la casa de Paul M. Kennedy en New Haven cuelgan varios cuadros con barcos. Son los barcos que sus padres y sus abuelos ayudaron a construir en la ciudad de Newcastle. La travesía histórica de Paul M. Kennedy se inició a todas luces de ese puerto familiar. Estaba destinado a escribir una historia del ascenso y la decadencia del poderío naval británico. La escribió, en efecto, cuando tenía escasos veintisiete años,[1] pero la idea de los ritmos históricos le fascinó al grado de buscar su aplicación a un objeto aún más amplio: no sólo el poderío naval, sino el poder integral; no sólo el poder del Imperio británico, sino el de todos los imperios posteriores al Renacimiento.

Paul M. Kennedy nació en Wallsend, en el norte de Inglaterra, y se licenció en historia en la Universidad de Newcastle. En los años sesenta pasó a Saint Antony's College, en Oxford, donde se doctoró y, al mismo tiempo, trabajó como asistente de investigación del célebre historiador sir Basil Liddlle Hart. Los capítulos relativos a la Guerra del Pacífico en la historia de la Segunda Guerra Mundial, de Liddlle Hart, recogen el fruto de las investigaciones de Kennedy, quien desde entonces amplió sus horizontes a la «historia general» o de largo aliento, un género no muy frecuente en los medios académicos británicos (o de cualquier otro país), aunque tienen la más antigua prosapia. Pero quizá la obra que ejerció una influencia decisiva en la

---

[1] *The Rise and Fall of British Naval Mastery*, Londres, The Ashfield Press, 1976.

vida intelectual de Paul M. Kennedy fue un libro de otro historiador británico, sir Geoffrey Barraclough.

An Introduction to Contemporary History[2] lo deslumbró: «Barraclough se preguntaba, ya desde el inicio, cuáles eran los seis grandes cambios que ha sufrido el mundo desde la caída de Bismarck. La sola formulación de esas preguntas me pareció de un arrojo inmenso. Escribía en los años sesenta, y apuntó: el declive de Europa, el ascenso de las superpotencias, el mundo subdesarrollado, el impacto de la ciencia y la tecnología, el proceso de globalización y el choque de culturas. Seis cuestiones, seis capítulos. Me pareció estupendo. Aquel historiador, que originalmente era un especialista en historia medieval, se había vuelto piloto de las fuerzas aéreas británicas en la Segunda Guerra Mundial, regresa a la academia, cambia su área de estudio y casi inventa la historia contemporánea».[3]

Paul Kennedy había comenzado su carrera como historiador del colonialismo, pero el ejemplo de Barraclough lo llevó a dedicarse a la *large history*: la historia «grande», «larga» o «general». Con todo, su libro *The Rise of the Anglo-German Antagonism* (1981), basado en sesenta archivos, pertenece al género —mucho más socorrido en los medios académicos— de la historia particular. A sus cincuenta y siete años, se complace en haber escrito varios libros pertenecientes a ambos «niveles»; pero su pasión, reconoce, es la historia general. Paul Kennedy pertenece a la extensa genealogía de historiadores que buscan encontrar las claves de la historia, explicar además de comprender, rastrear el porqué además del qué, el cómo y el cuándo. Y en historia, explicar significa casi necesariamente comparar. Por eso, viviendo en la «pobre y vieja» Inglaterra de Edward Heath o de Harold Wilson (tan lejos ya de sus pasadas glorias), pensó en «la pobre y vieja» España, y en otros imperios remotos y recientes, derruidos todos, y cayó en la tentación

---

[2] Geoffrey Barraclough, *An Introduction to Contemporary History*, Londres, Watts, 1964 (existe una versión en español de Gredos).

[3] La cita puede leerse en la compilación de Roxanne J. Coady y Joy Johannessen (eds.), *The Book that Changed my Life. 71 Remarkable Writers Celebrate the Books that Matter most to Them*, Nueva York, Gotham Books, 2006.

de buscar denominadores comunes. ¿Existen los ciclos históricos?, se preguntó Kennedy, y la curva trazada por las potencias del ayer parecía gritarle que sí, que había que buscar esas claves con actitud de matemático, midiendo las variables del poder (económicas, políticas, militares, sociales). Y una vez descubiertas —o entrevistas, por lo menos— esas leyes, uno podía —con todos los riesgos y salvedades— darse el lujo de profetizar.

Paul Kennedy me recibe una mañana lluviosa. Vamos a charlar sobre el Imperio estadounidense (en términos culturales, acaso el más reconcentrado de todos los imperios). He leído la dedicatoria de su libro *Preparing for the Twenty-First Century* (1993), especie de posdata a su obra maestra, *Rise and Fall of the Great Powers* (1987):[4] «Para los muchachos del equipo Hamden de *soccer*, de su entrenador...», y le pregunto por ella. «Muy fácil: mi familia y yo siempre fuimos fanáticos del Newcastle; yo mismo jugué con ese equipo de mediocampista, aunque me lesioné la rodilla y no pude continuar. Cuando llegué a Estados Unidos, advertí el poquísimo interés de los muchachos de Hamden por el futbol (*soccer*). Pero, de algún modo, fui convenciéndolos, al grado de que me convertí en su *coach*. De hecho, ganamos el campeonato estatal de Connecticut en 1994. Fue uno de los momentos estelares de mi vida».

«¿No le parece extraño —le comento— que en este país uno de los campeonatos nacionales de béisbol se llame "Serie Mundial" y un deporte (el *soccer*) que se juega en todo el mundo apenas atraiga al público?» Esa paradoja recorre nuestra conversación.

ENRIQUE KRAUZE: *El tema de su obra es tan antiguo como la visión cíclica de la historia, la «historia natural de los imperios», podríamos llamarla. La practicaban ya los griegos y los romanos, Ibn Jaldún, Gibbon, Ranke y Toynbee. Usted pertenece a esa estirpe de historiadores de largo aliento. Pero entremos a la historia de su libro, que ya es un clásico moderno.*

---

[4] *Preparing for The Twenty-First Century*, Nueva York, Random House, 1993; *The Rise and Fall of the Great Powers*, Nueva York, Random House, 1987. Existen versiones en español de Plaza & Janés para ambos volúmenes.

PAUL KENNEDY: Al principio, me propuse estudiar el ascenso del Estado moderno europeo, un panorama de quinientos años, hasta el fin de la Segunda Guerra Mundial. Al llegar a Yale, en 1983, viví la creciente carrera armamentista entre la URSS de Brézhnev y los Estados Unidos de Reagan. Ambos imperios parecían tener problemas económicos y enormes desequilibrios financieros, e incurrían en un gasto cada vez mayor en sus respectivos ejércitos. Me recordaban el reinado de Felipe II de España, y decidí que mi libro no terminaría en 1945, sino en el presente, con una conclusión provisional. Europa era un misterio y Japón ascendía por méritos no militares, sino económicos, y me pregunté: ¿presenciaremos en los siguientes veinticinco años la caída de los soviéticos y de los estadounidenses, y el relativo ascenso de China?

Redacté ese capítulo final y, tras la publicación, para mi asombro, el libro se agotó de inmediato. Era 1988, año de elecciones, y los demócratas ardían en deseos de criticar a los republicanos por el excesivo gasto militar, los déficits del gobierno y el descuido de la base tecnológica. Para eso, justamente, les sirvió mi libro *Auge y caída de las grandes potencias*. Los republicanos, claro está, reaccionaron, y me atacaron durante todo un año. Mientras tanto, mi libro se mantuvo en la lista de los más vendidos durante treinta o cuarenta semanas. Se tradujo a veintiséis idiomas. Comencé a recibir cartas (entonces no había correo electrónico) de ciudadanos preocupados, diplomáticos extranjeros, ingenieros, maestros de escuela, etcétera. Me di cuenta de que había una especie de apetito por la «historia general». Aunque sabía que —como usted comprenderá— escribirla implicaba cierto peligro.

Imagino las críticas: es inexacto aquí, impreciso allá, esta ficha está equivocada, esta profecía no se cumplió en el momento justo… Pero, claro, la historia es una caja de sorpresas. Lo importante en este tipo de «historia general» es la tendencia, el sentido de la causalidad que apunta. Renunciar a esa perspectiva es renunciar a explicar la Historia. Ahora bien, en los años ochenta usted dijo —para utilizar su famosa expresión— que Estados Unidos vivía un proceso de «sobreexpansión estratégica», como el de los Habsburgo en el siglo XVII y Gran Bretaña en el XIX. Indicó que había demasiados flancos y demasiados compromisos. Pero ahora Estados Unidos no tiene ya frente a sí al archienemigo soviético con su poderío nuclear. ¿Todavía considera usted que está «demasiado extendido»?

Cuando releo ese libro, me alegra haber señalado que los siete primeros capítulos eran de historia, y el siguiente, de especulación pura. Hay un proverbio árabe que dice que quien acierta a pronosticar el futuro no es sabio, sino afortunado. Mi teoría planteaba tendencias a medio plazo. Cuando escribía en 1987 buscaba entrever hechos de 2010. En los últimos quince años, aproximadamente, me han preguntado muchas veces si prepararía una segunda edición, y siempre he respondido del mismo modo: veremos lo que ocurre en 2010.

Por lo demás, el diagnóstico me parece todavía parcialmente acertado. China sigue creciendo; Europa puede convertirse en un gigante económico (aunque la paralizan rivalidades internas). Las tres sorpresas son, por supuesto, la URSS, Estados Unidos y Japón. Yo sabía que los soviéticos estaban muy débiles, pero pensé que les sobrevendría lo que a los otomanos, una decadencia paulatina, en vez de esa repentina implosión. El estancamiento absoluto de la economía japonesa no lo previó ninguno de mis colegas expertos en el tema, salvo Bill Emmott, el actual editor de *The Economist*. Otro acontecimiento crucial fue la reducción del gasto militar por parte de Estados Unidos y, paralelamente, su impresionante crecimiento económico durante nueve años, en la década de los noventa.

El poderío militar estadounidense creció a niveles insospechados. Casi todos los demás ejércitos y fuerzas aéreas de hecho están liquidados. Estados Unidos tiene el mando, el control y los sistemas de comunicación, y esos misiles guiados de precisión a largo alcance. Se trata de una recuperación extraordinaria.

Todo lo cual parecería refutar la tesis última del libro, me refiero a la profecía sobre la inminente decadencia de Estados Unidos. El resto de la obra (los capítulos propiamente históricos) se sostiene muy bien. ¿Buena historia, regular profecía?

Creo que la pregunta más importante sigue siendo válida: ¿hay o no «sobreexpansión imperial»? Pienso que la tentación en ese sentido ha aumentado. En el libro examino las relaciones entre el poder militar y el gasto económico. Una mirada a la situación económica de Estados Unidos revela que el país tiene un enorme déficit federal y comercial, y una deuda —privada, comercial, empresarial y nacional— gigantesca. Y aunque me impresiona el poder y la tecnología de los portaaviones y los bombarderos B1 estadounidenses, sigo pensando que la «sobreexpansión» es una cuestión abierta.

¿Cómo ha repercutido en ese esquema la guerra de Iraq?

Estados Unidos tiene bases militares en cuarenta países e instalaciones navales en otros diez. Parece una prueba evidente de poder. Hay que retroceder a los imperios británico o español para encontrar algo remotamente parecido. Pero ¿cómo se va a mantener esta estructura durante un lapso prolongado? Y sin embargo, ahora los estadounidenses están orgullosos de su ejército y les complace el relativo bajo costo de la guerra. Costó mucho menos que todos esos cálculos desorbitados que habían hecho.

¿En cuánto evalúa el coste de la guerra?

Bueno, diría que fluctuó entre veinte mil y cuarenta mil millones de dólares. Se calculó que costaría doscientos mil millones de dólares. Pero hay nuevos costos que pueden acumularse, costes humanos…

¿Posibles ataques suicidas? ¿Iraq como una nueva Palestina?

Sí, o que las bases de Iraq sean como las de Arabia Saudita: fortalezas cerradas. Como la Toscana del siglo xv, con el señor feudal encerrado en su castillo.

El costo de la guerra en proporción al PIB era uno de los indicadores claves que usted utilizó en su libro. ¿Cómo quedó esa relación?

A partir del último incremento del Congreso, calculo que ha subido alrededor de 3.5 a 4.2 o 4.5 puntos porcentuales. Sigue siendo inferior a las cifras de Casper Weinberger y Ronald Reagan, cuando era de 6.5, y por supuesto menor que en la Segunda Guerra Mundial. Pero durante la Segunda Guerra Mundial, Estados Unidos duplicó el PIB en cuatro años; el país salió de la guerra el doble de rico que cuando entró, lo que es infrecuente. Con esa riqueza podía pagar nuevos bombarderos y portaaviones, y aunque gastó veinte por ciento en armas, la economía crecía a gran velocidad. Ahora hablamos de una economía mucho más lenta y menos capaz de sostener al ejército. Se trata, en suma, de una sociedad para la cual puede ser mucho más difícil gastar el cinco por ciento de su PIB en el ejército que cuando gastó veinte por ciento durante la Segunda Guerra Mundial. Pensar todo esto es muy interesante, rebasa los meros números.

...Los cimientos de la fuerza imperial... En su libro, usted menciona al empresario, la innovación, la tecnología, la pluralidad política y las ventajas geográficas. Pero la geografía es un don de Dios; los demás factores son humanos. En el caso de Estados Unidos, agrega usted algunas desventajas graves: la frágil cohesión social y la relación en extremo difícil de Estados Unidos con el mundo. ¿Qué piensa de estas ventajas y desventajas hoy en día y para el futuro?

Antes de descartar la geografía, hablemos un poco de ella... Piense en la geografía de Canadá. Su territorio es casi igual al de China (casi diez millones de kilómetros cuadrados). Si en Canadá vivieran mil doscientos millones de personas, Estados Unidos habría perdido el juego. Cuando hablo de geografía no sólo me refiero al territorio, sino también a los vecinos y a la población. No hay que descartarla para el futuro ni para el presente.

Por supuesto, no hay que descartar la geografía ni la población del vecino. Basta pensar en el vecino mexicano. La nuestra no es una invasión peligrosa en términos culturales (cosa que se olvida con frecuencia): es sólo una inmigración laboral; pero hay una tendencia muy marcada, ¿no le parece?

Creo que la penetración demográfica es muy interesante. Pero al considerar, por ejemplo, a la Prusia de Federico II el Grande o a la Alemania de Bismarck, con grandes potencias en su derredor, uno percibe la inmensa ventaja geográfica de Estados Unidos. Podría retirarse de Oriente Medio ahora mismo.

Yo lo dudo. ¿Qué ocurriría con la economía, tan dependiente del petróleo? ¿Qué sucedería con todos esos vehículos que recorren los caminos de Estados Unidos?

Bueno, sí, pero ¿dejará de correr el petróleo? Aunque haya conflicto en Iraq, hay reservas en Rusia. En este instante coinciden los problemas de suministro en Iraq, Nigeria y Venezuela, pero la dependencia es recíproca.

Tal vez… La situación geográfica sin duda ofrece grandes ventajas. ¿Y los demás elementos positivos de que hablábamos, la iniciativa, la inventiva?

Creo que esos elementos destacan mucho en la recuperación de Estados Unidos de los años noventa. Hubo novedades tecnológicas en los laboratorios Bell, en empresas como Microsoft, en la industria farmacéutica, etcétera. Los empresarios estadounidenses se interesaron seriamente en el debate sobre el relativo declive sufrido por el país en la década de los ochenta. Y fueron ellos quienes hicieron de contrapeso en el avance de los japoneses. Ante el desafío de la Toyota, la Sony y la Nissan, reaccionaron, recortaron los costos, invirtieron en investigación. Es una advertencia para los que pregonan una caída inevitable: nada, de hecho, es inevitable. Si la próxima generación de investigadores, empresarios e inversores produce más novedades tecnológicas y productivas, se reducirá la dependencia de Estados Unidos con respecto al petróleo.

No es inconcebible. El tercer elemento, más bien negativo, al que me referí es la mezcla conflictiva de cuestiones culturales y sociales. ¿Qué opina usted sobre ello?

Que en el caso de Estados Unidos se da una mezcla singular de ventajas y desventajas. Esta cultura individualista, empresarial y competitiva tiene grandes ventajas. La liberación de la capacidad personal y el fomento de la competencia dan flexibilidad a los negocios y explican la impresionante trayectoria de las grandes universidades de Estados Unidos, como Harvard, Stanford, Chicago. Cuando voy a Oxford o a Cambridge, los encuentro muy preocupados por su retraso relativo. Y tienen razón.

En el ámbito científico al menos…

En la ciencia y la tecnología, pero también en los recursos. Aquí mismo, en el Departamento de Historia de Yale, han traído a cinco importantes académicos de Europa en los últimos cinco años. El adelanto no va hacia allá, viene hacia aquí.

Admitiendo que Estados Unidos posea todas esas ventajas (geográficas, demográficas, económicas, militares, científicas, tecnológicas, empresariales, académicas), también tiene serias desventajas. Es un país que sólo se ve y se oye a sí mismo. Entiende muy poco al resto del mundo, padece —creo— algo similar al autismo.

Sí, es verdad, una especie de autismo ideológico o cultural.

Es el único país donde hay un campeonato deportivo que sólo involucra a Estados Unidos y se llama «Serie Mundial». Cree que el mundo termina en sus costas.

Yo bromeo con mis amigos estadounidenses a propósito de ese campeonato y la Copa del Mundo. La diferencia es reveladora.

Revela sobre todo indiferencia, ignorancia y desdén con respecto al mundo.

Lo que me preocupa es que contribuya a una especie de arrogancia: «Somos el ombligo del mundo».

«The number one.»

Es como cuando los chinos pensaban que eran el «reino de en medio». En cierta ocasión, asistí a una conferencia de mi distinguido colega Robert Dahl, el gran politólogo. Aunque tiene ochenta y cuatro años, está en plena forma. Habló de su nuevo libro, una reflexión sobre la democracia de Estados Unidos. Los asistentes a la conferencia querían saber todo de la democracia estadounidense. (Habían escuchado a Bush decir lo maravillosa que es.) Pensaban que era una conquista fantástica. En un capítulo de su libro, Robert Dahl analiza las constituciones de cuarenta y cinco naciones, incluidos países como Singapur y Costa Rica. Dahl observa estas democracias y se pregunta: si consideramos que nuestra Constitución es la mejor del mundo, ¿por qué nadie nos ha copiado? Algunos de estos países tienen sistemas políticos presidenciales, otros tienen una democracia parlamentaria, y otros una especie de presidente nominal, como Alemania, o una destacada figura representativa, como la reina de Inglaterra. Pero nadie ha adoptado el sistema constitucional estadounidense, con un presidente dotado de grandes poderes. El público que había acudido estaba desconcertado. «¿Por qué no nos imitan?» Y pensé de inmediato que si estas personas de clase media (que asisten por gusto a una conferencia) tienen un concepto tan alto de su propio sistema político, entonces las posibilidades de aprender de otros, o de verse como los ven otros, en realidad son muy lejanas.

Esto nos conduce al terrible peligro de la arrogancia en el contexto imperial de Estados Unidos. Arrogancia y poder ¿no son juntas (desde el tiempo de los griegos) una fórmula para el desastre? Porque me parece que el Imperio británico fue más sensible en ese aspecto, más responsable y consciente de su dominio, ¿no lo cree? Tuvieron alguna sensibilidad hacia otras culturas. Y quizá por eso pudieron crear o propiciar, por ejemplo, el sistema parlamentario de la India.

Bueno, había fascinación y curiosidad por otras culturas. Siempre hubo miembros jóvenes de la élite británica que viajaban por el mundo, por la India o África, y luego volvían para participar en el gobierno. En un principio, los británicos se empeñaron en modificar otras sociedades. Eso fue a principios del siglo XIX, en la época del utilitarismo y el ben- thamismo; pero el gran motín de 1857 en la India les restó arrogan- cia. «Quizás esta gente no quiera un sistema parlamentario —debieron pensar—, quizá prefieran sacerdotes o marajás.» Había que proceder con más cautela, gobernar de forma indirecta.

En aquel entonces, para ser precisos, Gran Bretaña no era real- mente una democracia. Gobernaba una élite. Todos sus miembros iban a las mismas escuelas, aprendían la misma historia, se formaban en un sistema donde se premiaba el ingenio y el humor, se descon- fiaba de los dogmatismos y de los ideólogos. Esa actitud se prolongó mucho tiempo.

En cambio, hoy en la Casa Blanca no hay una pizca siquiera de esa toleran- cia (por no hablar de humor). Hay en la derecha conservadora una especie de religiosidad que la lleva a ver el mundo en blanco y negro. Otras culturas polí- ticas propician la diversidad, la diferencia, las distintas tonalidades del gris. Los fundamentalistas dividen el mundo entre «los que están con nosotros» y «los que están en contra», como Bush después del 11 de septiembre. Todo esto ali- menta la oposición a Estados Unidos. El antiamericanismo es otro fenómeno mundial, realmente «sobreextendido».

En el siglo XX hubo momentos en que Estados Unidos salió al mundo para participar en él. Pienso en la época de Woodrow Wilson, de Franklin D. Roosevelt a finales de la Segunda Guerra Mundial y, en cierta forma, pienso también en J. F. Kennedy. Ahora tenemos a Bush, listo para actuar en el planeta entero. Pero con Wilson, Roosevelt y Kennedy el mundo se mostró notablemente receptivo a la actitud estadounidense. Tenían esperanzas en Estados Unidos. Se decepcio- naron casi siempre, pero tenían una imagen positiva. Ahora ocurre lo contrario: frente al despliegue de fuerza de Bush, el mundo reac- ciona con disgusto y miedo. Y no sólo los países árabes. Un periodista holandés me comentó que en los Países Bajos la gente teme a Esta- dos Unidos. Holanda es una pequeña cultura, muy equilibrada, donde se habla bien el inglés; no son los intelectuales franceses de izquierda.

Y vea usted la proporción que alcanzaron las manifestaciones en Barcelona, Glasgow, Milán, Berlín, etcétera. Cientos de miles o millones de personas en Europa, Canadá, América Latina, que decían: «¿Por qué están haciendo esto? ¿Por qué no pueden actuar por mediación de las Naciones Unidas, utilizar a los inspectores...?»

La gran ausente es la diplomacia. Wilson y Roosevelt tuvieron éxito, pero se debió, al menos en parte, a sus servicios diplomáticos. En el caso de México, en los años treinta, Roosevelt nombró a un embajador de primer nivel que había vivido la invasión de los marines en Veracruz en 1914, y por eso respetaba la sensibilidad mexicana. Se llamaba Josephus Daniels y escribió un libro sobre su experiencia.

Mi colega John Gaddis, especialista en la Guerra Fría, se ha preguntado: ¿cómo basar una gran estrategia de largo plazo sólo en la fuerza militar?, ¿cómo afianzarla sin una diplomacia responsable? La diplomacia debería ser un instrumento tan importante como el ejército para la política mundial.

Sí, la guerra es la continuación de la diplomacia, por otros medios.

Y a veces la guerra es el fracaso de la diplomacia.

¿Eso fue lo que pasó en Iraq?

Me parece que sí.

¿Pese a la rápida victoria?

Así es. Un grupo pequeño de personas se negó a la solución diplomática. Cabe señalar que el problema no sólo fue culpa de Estados Unidos. Creo que Chirac fue torpe, arrogante e increíblemente vanidoso. Cuando se trataba de llegar a una resolución que significara una concesión por parte del Consejo de Seguridad, y los embajadores de Gran Bretaña y Estados Unidos desplegaron una intensa labor de cabildeo (por ejemplo, con los latinoamericanos y africanos), Francia anunció su veto «a cualquier resolución» sin mirar siquiera el texto. Creo que eso le permitió a Rumsfeld decir que no merecía la pena seguir esforzándose en el terreno diplomático.

El liderazgo político es un recurso que escasea hoy en día. Por ejemplo, en Estados Unidos, ¿quién está encabezando a los demócratas?

Justo antes de la guerra, critiqué a dos organismos en este sentido: el Consejo de Seguridad de la ONU, en el que uno de sus miembros —Estados Unidos— despliega una inmensa arrogancia y muchas amenazas, y otro de sus miembros —Francia— pone en práctica un doble juego. Y el otro organismo, el Congreso de Estados Unidos, que sencillamente aprobó la propuesta de George Bush sin chistar. Y yo me pregunté dónde estaban ahora senadores como Fulbright o Moynihan para poner las cosas en su sitio. No cabe duda: los individuos cuentan.

¿Y Blair? Tiene madera de líder...

Debo reconocer que últimamente he llegado a admirarlo. He visto una serie de debates en la Cámara de los Comunes. Tuvo que responder a las más diversas preguntas. Es inteligente y tiene la elocuencia de la Unión Oxford.[5] No sólo eso: puede abrirse paso entre las posiciones de izquierda y de derecha y decir: «Éste es el principio moral que nos guía en lo que estamos haciendo, ésta es la cara del mal, y así debemos proceder».

En su libro usted menciona el Imperio otomano. Me llama la atención que su «decadencia» haya durado tanto tiempo. Desde el sitio de Viena, en 1683, hasta 1918... Es mucho tiempo, ¿no le parece? Para mí, a la luz del presente, eso prueba la gran resistencia de la civilización islámica.

[5] Oxford Union Society, organización dedicada a la cultura de los debates y cuyos miembros provienen principalmente de la Universidad de Oxford.

Incidieron muchas cosas. Los turcos siguieron formando a una élite burocrática; tenían la fuerza de la religión y un sistema administrativo relativamente descentralizado, de modo que no se sufría la dominación inmediata con dirigentes locales. Y algo más: las demás potencias conspiraban para no destruir ese Imperio. Era «el elemento enfermo» de Europa, pero se temía que su desintegración condujera a una gran guerra.

También el Imperio de los Habsburgo mostró una resistencia notable y por eso duró tanto tiempo. En 1815 ya había pasado su mejor época. Pero siempre que algún diplomático francés, ruso o británico expresaba dudas sobre el futuro de los Habsburgo, Hungría o Bulgaria (los eslavos del sur) preferían que continuara en pie. Imagino sin dificultad que un futuro gobierno de Estados Unidos, por ejemplo, dentro de diez años, dirá lo siguiente: «Hemos invertido demasiado tiempo y esfuerzo tratando de ser la policía del mundo, hemos desviado demasiado nuestra atención, hemos gastado en exceso en el ejército, y lo hemos hecho en detrimento de otros intereses importantes. Nos retiramos».

Estoy de acuerdo, salvo por una cosa: la amenaza terrorista. En mi opinión, esa amenaza mantendrá en pie el belicismo intervencionista de Estados Unidos.

Es una nueva variable, pero ¿qué le parece a usted la conjetura de que Estados Unidos no habría sido atacado de no haber sido por las políticas que lleva a cabo en el Oriente Medio?

Creo que, de todas formas, los terroristas islámicos habrían atacado, aunque fueran distintas las políticas de Estados Unidos en Oriente Medio. Y me parece francamente imposible que el gobierno estadounidense encierre al país en una «fortaleza». No es que yo lo apruebe, pero las cosas son así. Ya veremos cuando sobrevenga otro ataque. El terrorismo es la guerrilla en la aldea global. Y el terrorismo afecta por partida doble: extiende el poder de Estados Unidos y lo aísla a la vez. Porque también hay un nuevo aislacionismo, el miedo de visitar ciertos lugares, de ser objeto de ataques.

Desde hace diez o quince años, las consignas en todo el mundo han sido: modernización, desarrollo, globalización, integración. Y ahora tenemos una larga lista de países a los que se recomienda no ir. Antes sólo eran Cuba, Albania y Corea del Norte; hoy la lista es larguísima. No es inverosímil imaginar un ataque de alguna banda de musulmanes fundamentalistas contra turistas en París; y entonces los estadounidenses ya no podrán ir a París.

Y el propio fundamentalismo de Estados Unidos complica el panorama…

…Una especie de religión profana, con el dogma de la excepcionalidad estadounidense.

Hace poco vi a Peter O'Toole en la televisión elogiando a Katherine Hepburn. Dijo que Estados Unidos «es un país joven: cuando crezca, entenderá la dimensión de esa actriz». Me encantó, porque vengo de un país que, pese a todos sus problemas, tiene una profundidad histórica.

De acuerdo. ¿Dónde están las primeras universidades del hemisferio occidental?

En el orbe hispánico. En términos culturales y humanistas, el Imperio español está muy subestimado —hasta por sus propios herederos—, pero hay muchos renglones fundamentales donde su desempeño fue notable. Hubo un sentido de libertad y una noción de igualdad cristiana de la que carecieron por completo los colonos protestantes en la América del Norte.

Quizá el responsable fue Prescott, el historiador del siglo XIX que escribió sobre la conquista del Perú y México. Describe grandes crueldades y torturas, la huella de la Inquisición…

Sí, habla de los «bárbaros», igual que los western *pintan a los aborígenes, pero en México los españoles incorporaron a los indios, mientras que en Estados Unidos los exterminaron. Para ellos no eran humanos.*

Ahí está, para probarlo, el pensamiento social de los jesuitas, la protección de los derechos de los indios.

España ha sido muy mala propagandista de sus méritos históricos e imperiales.

En efecto. Y es importante la presencia española en California. También allí construyeron mucho; por ejemplo, los grandes conventos erigidos a lo largo de la costa de California son grandes obras arquitectónicas y artísticas, donde además se combina el arte local con el español. Para establecer esta serie de centros religiosos misioneros y gobernar esos remotos lugares, se necesitaba una estructura religiosa y de gobierno mucho más benigna.

Comprensión, receptividad y voluntad de incluir otras culturas: al inicio del Imperio español había esa actitud.

Aunque no podemos olvidar la Contrarreforma.

Ni a la Inquisición.

Aterró a generaciones…

Fue —ahora lo vemos— una especie histórica del fundamentalismo.

Considero que Felipe II era un fundamentalista.

Quizá, pero alguna vez le escuché a John H. Elliott una frase que lo resume todo: España tuvo a un Bartolomé de las Casas, el Imperio británico no. Ahora podría agregar al Imperio estadounidense. El modo en que un Imperio trata a los pueblos que domina es la clave de su permanencia, no política, sino histórica y moral. Los imperios —usted lo ha demostrado— nacen, crecen, se expanden y, tarde o temprano, mueren. Algunos —como el efímero Imperio soviético— dejan una estela de odio y desolación. Otros, como el británico, dejan un legado de racismo y feroz explotación, pero también ideas e instituciones que perduran. España —a pesar de la Inquisición— dejó un idioma, una

142

religión, una cultura incluyente e inclusiva y, sobre todo, el respeto a la libertad natural y la noción de igualdad cristiana entre los hombres. Estados Unidos nació excluyendo a las poblaciones indígenas, expandiendo su geografía sobre pueblos que no conocía o despreciaba, y desde hace varias décadas actúa en la arena internacional como el policía del mundo. Hay que enseñarle historia y literatura a ese policía, hay que ponerle frente a los ojos la experiencia de los imperios pasados. Usted lo ha hecho ejemplarmente. Gracias por eso.

Daniel Bell

LA GESTACIÓN DEL SIGLO XXI

Roger Shattuck ha llamado a Daniel Bell «nuestro Jeremías». Extraña denominación para un hombre con la fascinante trayectoria de Bell, que es acaso el sociólogo más respetado de nuestros tiempos. En las páginas de *Vuelta* Bell apuntó que a todo intelectual de izquierda le llega tarde o temprano su Kronstadt,[1] pero que en su caso, «Kronstadt fue Kronstadt». No pudo serlo cronológicamente, porque Bell nació en 1919, dos años antes de que los bolcheviques —comandados por Trotski— reprimieran a los marineros de aquel puerto, en un acto que prefiguraba la larga sucesión de crímenes que distinguiría la historia del «socialismo real». Pero su Kronstadt lo fue, sin duda, en un sentido biográfico. Tras una temprana filiación a la Liga Socialista de los Jóvenes en su natal Nueva York (donde su madre trabajaba en una fábrica de ropa), Bell se dedicó al estudio académico de la sociología. En 1933, cuando la victoria electoral de Hitler impulsó a muchos de sus amigos a incorporarse al Partido Comunista, Bell visitó al gran teórico anarquista Rudolf Rocker, quien puso en sus manos el opúsculo *La rebelión de Kronstadt*, de Alexander Berkman.[2] Esa lectura fue suficiente para inocularlo contra el bolchevismo y convertirlo en un perpetuo menchevique: socialista en economía y conservador en cultura. En cuanto a la política, Bell asimiló desde 1947 la lección «del

---

[1] Ciudad portuaria en la que ocurrió la última sublevación de marinos soviéticos contra el gobierno en 1921, sin éxito.

[2] Publicado por primera vez en *Der Syndikalist*, Berlín, 1922.

espantoso siglo XX» contenida en la grave profecía de Max Weber contra el apego irracional a la «ética de las convicciones», ese fanatismo —a un tiempo asesino y suicida— que degradó a Georg Lukács y sacrificó a Ernst Toller, sus discípulos cercanos. El camino de Bell fue distinto: «La ética de las responsabilidades, la política de la civilidad, el miedo al ultra y al fanático y al hombre moral —que quiere sacrificar su moralidad en la decepción egoísta de la total desesperación— son las máximas que han gobernado mi vida intelectual».[3]

A partir de esa elección, luego de ser editor de revistas de izquierda, Bell examinó en 1952 los impedimentos culturales del socialismo marxista en Estados Unidos. Pasó dos años decisivos en París (1956-1957), y alrededor del Congreso para la Libertad Cultural entabló relación con grandes figuras del pensamiento liberal como Raymond Aron, Melvin Lasky, Michael Polanyi, Ignazio Silone, Anthony Crosland, Czesław Miłosz. Profesor emérito de ciencias sociales en Harvard, *scholar in residence* de la Academia Estadounidense de Artes y Ciencias, Bell se volvería un adelantado del conocimiento en infinidad de temas: la revolución tecnológica, el papel de las economías del sureste asiático, el retorno de lo sagrado, el fin del «excepcionalismo estadounidense». Y si la sociología ha colindado alguna vez con la profecía (en el doble sentido de crítica social y clarividencia) es en obras como *The End of Ideology, The Coming of Post Industrial Society, The Winding Passage* y *The Cultural Contradictions of Capitalism*.[4]

A sus ochenta y tres años, Bell tenía el temple combativo y la vivacidad intelectual de su juventud, todo envuelto en las más suaves maneras del Cambridge estadounidense. Escribía, reescribía y publicaba como si fuera un eterno estudiante. La conversación tuvo lugar en Baltimore, en la casa de su hijo David (gran experto en historia francesa de la Universidad Johns Hopkins). Yo habría querido

---

[3] «First Love and Early sorrows», *Partisan Review* 48, 1981.

[4] El primero y el último de ellos han sido considerados entre los cien libros más influyentes en la segunda mitad del siglo XX por una encuesta del *Times Literary Supplement* (6 de octubre de 1995). Existen versiones en español: *El fin de las ideologías*, Madrid, Tecnos, 1964, y *El advenimiento de la sociedad postindustrial*, Madrid, Alianza Editorial, 1976.

revisar con él las grandes líneas de su obra, pero la inminencia de la guerra de Iraq y la gravitación del 11 de septiembre «jalan» la conversación al presente y el futuro. «Hace mucho tiempo que empecé a temer a las masas en la política, y a aquellos que fustigan las pasiones de las muchedumbres "en nombre del pueblo", como en otro tiempo se hacía en nombre de Dios», había escrito Bell en 1981.[5] Ahora ese «otro tiempo» se ha vuelto «nuestro tiempo», y yo quería conocer de cerca la impresión de este moderno profeta de la sociología. «¿Jeremías yo?», me acota, con sorpresa. «Siempre he sentido que el optimismo es una filosofía y el pesimismo un rasgo de carácter; yo soy un pesimista.» Quizá lo sea, pero su visión del siglo XXI no es enteramente sombría.

ENRIQUE KRAUZE: *Todo el mundo habla del desafío del islam como el gran problema de nuestro tiempo y el peligro mayor del siglo XXI. ¿Es tan débil Occidente frente al islam radicalizado, violento y fundamentalista?*

DANIEL BELL: Pienso que la relación con el islam se ha exagerado mucho. No creo que sea un problema real en términos históricos, ni tampoco a largo plazo. Ha adquirido notoriedad a causa del terrorismo de Al Qaeda. Es un movimiento dirigido contra sus propias sociedades y gobiernos, como en Arabia Saudita, que ilustra la clásica idea marxista de la *intelligentsia* descontenta. La pobreza no genera insurrecciones, incluso Marx lo dijo; es la *intelligentsia* marginal y descontenta la que toma esas iniciativas.

Por otra parte, en el islam no existen fundamentos para derrotar a Occidente. Y no existen por dos razones. Primero, porque no tiene una base tecnológica. Si se expandiera tecnológicamente, tendría que hacerlo mediante una estructura social diferente, una clase sumamente educada, una clase técnica, que compitiera en los mercados mundiales. Por ahora, el islam está fuera de esos esquemas y mercados. Su riqueza se basa en el petróleo, en los recursos naturales. Una vez que pierda esa ventaja, como podría ocurrir en los próximos diez años, con el

[5] Art. cit.

desarrollo de nuevos recursos en Asia Central, si la región logra una estabilidad política, entonces el islam empezará a decaer.

¿Están probadas estas reservas? ¿Se están explorando? Su explotación acabaría con el chantaje explícito del petróleo que tiene en jaque a Occidente desde la Guerra del Sinaí.

Siempre se supo que estaban ahí y se descubrieron hace mucho. Faltaban dos cosas: la tecnología para desarrollarlas y los oleoductos para llevarlas hacia el mar Caspio y el mar Negro, desde donde podrían exportarse a Europa o a Estados Unidos. Las compañías petroleras estadounidenses y algunas británicas —Chevron, Exxon—actualmente intentan aportar la tecnología para extraer el petróleo y el gas natural y tender la red de oleoductos. Los oleoductos representan un problema, porque los mejores pasan por Iraq o Irán. Los estadounidenses quieren que pasen por Turquía, los rusos por Rusia; así que, por ahora, hay una gran disputa acerca de dónde deben instalarse los oleoductos. Pero una vez que esto se ponga en marcha, los sauditas y el Medio Oriente perderán importancia.

Pero hablaba usted de otro aspecto en la debilidad intrínseca del orbe islámico.

La otra cuestión, claro, es el papel de las mujeres. El surgimiento de la sociedad posindustrial significa la aparición de los servicios; no me refiero a los de comida basura que carecen de importancia, sino a servicios empresariales, profesionales, de salud, educación, investigación, entretenimiento. Este amplísimo sector proporciona fuentes de empleo a las mujeres. Ya hay mujeres que son rectoras de universidades, que están a la vanguardia de la investigación. Así, el papel de las mujeres tiene un fundamento estructural con el que no podrá lidiar el islam, dada la naturaleza de sus propios fundamentos patriarcales.

Por consiguiente, pienso que, si uno adopta una perspectiva tanto histórica como sociológica y estructural, se revelará, creo, cuánto se ha exagerado el peligro del islam. Y una vez que se logren desmontar las redes del terrorismo, entonces quedará muy poco.

Parece usted demasiado optimista. ¿Cree de verdad que serán destruidas esas redes?

Bueno, eso es más difícil. Pero sí, pienso que lo lograrán porque han podido debilitar uno de los fundamentos de las redes terroristas, al identificar no tanto a la gente como a las estructuras financieras de las cuales dependen. En esto han sido relativamente exitosos. La parte crucial que aún desconocemos es que esas estructuras provienen de fuentes ocultas: los sauditas. Los sauditas están jugando un doble juego. Quieren que se extienda el *wahabismo*, el movimiento fundamentalista más radical, y al mismo tiempo apoyan a Estados Unidos. Pienso que los líderes sauditas tienen temor de los procesos sociales internos que podrían derrocarlos. Actualmente también, por primera vez, la suya es una sociedad endeudada.

¿Qué cambios estructurales entrevé usted en el siglo XXI en ámbitos como los recursos naturales y la tecnología?

Cambios enormes. Históricamente, las sociedades se basaban en los recursos naturales y en el control de los recursos naturales. Inglaterra era una isla cimentada en el carbón de su región central. Y una vez que se logra cavar más hondo en el carbón y extraer agua, se puede usar el carbón como la base de una industria del acero. En consecuencia, la Gran Bretaña comenzó con la industria ferroviaria, la construcción naval, la industria automotriz, etcétera. Lo que ha ocurrido en los últimos veinticinco a treinta años es que los recursos naturales se han convertido en un factor cada vez menos importante en el desempeño de una sociedad. En la época de la Segunda Guerra Mundial había un cártel del caucho, un cártel del estaño, un cártel del cobre… Ahora ya no existen. El único cártel es el del petróleo, porque es muy barato. Y se podía controlar desde unos cuantos sitios. Una vez que se multipliquen esos sitios, perderá sus ventajas. ¿Por qué? Pongamos como ejemplo el cobre. ¿Sabe dónde está la mayor acumulación de cobre en la actualidad? La mayor acumulación de cobre en el mundo está actualmente bajo la ciudad de Nueva York. Son los cables de cobre de las líneas telefónicas. Las líneas telefónicas han caído en desuso a causa de las fibras ópticas, diez veces más baratas y con una capacidad cien veces mayor. De este modo, el cobre queda relegado. Hoy en día, pagando cierto precio, podemos tomar y reproducir casi cualquier recurso natural, porque tenemos las estructuras moleculares. Con el único recurso que no podemos hacer esto es con el aluminio, dada la alta energía que se requiere. En suma, los recursos naturales son ya, y están destinados a ser, un factor de importancia decreciente en la riqueza de las naciones.

Dos poderes emergentes hay en el horizonte: uno previsible, China, otro sorprendente, la India.

Sí, hay un desplazamiento de la sociedad mundial en la dirección de Asia. China y, hasta cierto punto, la India (si consigue sobreponerse a Paquistán) serán figuras principales en la economía y la política mundiales del siglo xxi. (De nuevo, el islam no está en el horizonte.) Actualmente, las tasas de crecimiento más altas en el mundo no están, curiosamente, en China, sino en la India —en Bangalore y Gujarat—, porque ya se han introducido con éxito en la economía mundial. Gran parte del *software* del mundo se hace ahora no en los sótanos de Jersey City, sino en Bangalore, porque allí el espacio y el tiempo tienen una dimensión distinta. Son inmediatamente accesibles. Una de las cosas más sorprendentes es el surgimiento de la clase media en la India. Hay ahora ciento cincuenta millones de personas que constituyen la clase media en la India. Puede decirse que eso es mucho, pero sólo representa el quince por ciento de la población india. Se concentra en Bangalore y en la zona del Gujarat al norte de Bombay. Eso crea una base muy diferente allí. No obstante, la India nunca será una potencia de primer orden debido a sus condicionantes internas: Bihar es un desierto mientras que Bangalore y Gujarat están tecnológicamente muy desarrollados. Añadamos a esto la cantidad de idiomas diversos. Además, claro, de la enemistad con Paquistán a causa de Cachemira.

¿Dónde queda, en este cuadro, la teoría del «choque de civilizaciones» de su amigo Samuel Huntington?

Considero que el concepto del «choque de civilizaciones» es sencillamente absurdo. Por dos razones. Primera: aunque por supuesto hay diferencias entre las civilizaciones, esto no significa que uno pueda o deba transformar estas diferencias en conflictos políticos. Los conflictos políticos dependen de intereses nacionales, rivalidades, concepciones de la historia, etcétera. El libro de Huntington predice una alianza entre China e Irán y afirma que será la fuerza principal contra Occidente. Bueno, eso no ocurrirá necesariamente, al menos no en los próximos quince años o más, porque China depende mucho de Occidente para su desarrollo tecnológico. China ha crecido hasta ahora gracias a sus exportaciones basadas en la mano de obra barata. Pero sabe que la India representa una vía más sólida: el crecimiento basado en el desarrollo tecnológico. Las nuevas clases empresariales de China son la esperanza para su futuro. Pero ahí se encontrarán con una complicación adicional, ideológica: ¿cómo van a aceptar a las clases empresariales en el Partido Comunista?

Quisiera que abundara sobre la Cuenca del Pacífico. Que hablara un poco sobre su idea del Japón, con el cual ha tenido numerosos vínculos académicos. ¿Qué papel vislumbra para esos países? ¿Qué lugar, en definitiva, tendrá China —ese enorme país milenario— en el siglo XXI?

Japón es el ejemplo perfecto de una sociedad que quedó casi destruida después de la Segunda Guerra Mundial y se reconstituyó hasta alcanzar un lugar entre las potencias económicas. Empezó a exportar industria ligera, juguetes baratos, focos, etcétera, pero decidió avanzar tecnológicamente. Se metió en la fabricación de instrumentos, óptica, electrónica, tecnología avanzada. Lo interesante del Japón es que no hay absolutamente ninguna innovación en lo que hizo. La innovación provino de Estados Unidos, pero Japón fue capaz de desarrollarla porque tenía un mejor control de calidad y una mejor organización productiva.

Pero hay una especie de ciclo, acerca del cual escribí en la última sección de *La sociedad postindustrial*. La revolución tecnológica empieza, digamos, en Inglaterra con la ingeniería y se traslada a Estados Unidos (esto ocurre porque, una vez uniformados los costos de la mano de obra, éstos se colocan en el primer plano). Más tarde se traslada al Japón, luego a Corea y a los otros países de Asia. Ahora los chinos son los siguientes protagonistas en el ciclo del progreso tecnológico. Pero tienen que internarse en los sectores tecnológicamente avanzados con el fin de aumentar el valor agregado de lo que hacen. Para hacerlo, enfrentarán tres problemas. Uno es la legitimidad: como el comunismo no significa nada, se trata de fomentar el nacionalismo. Para consolidar el nacionalismo es necesario tener un enemigo. ¿Quién es el enemigo? Históricamente solía ser Vietnam, pero Vietnam es demasiado pequeño. ¿Será entonces Rusia, Japón o Estados Unidos? Están atrapados en el dilema acerca de contra quién consolidarán su nacionalismo.

Bueno, siempre estará Taiwán en la mira…

Taiwán es muy pequeño. Está ahí porque Estados Unidos sostiene a Taiwán. Y eso puede negociarse en algún momento. Sí, China podría intentar utilizar a Taiwán, pero creo que no les funcionaría. El segundo problema lo tiene la clase empresarial: el liderazgo del partido la obstruye, controla todo el poder y persiste —lo sabemos bien— un alto grado de corrupción. Los empresarios tienen que pasar «una tajada» a los jefes del partido, cuyo dinero proviene en gran parte de esta corrupción.

El tercer problema es la enorme deuda. Las empresas estatales están en bancarrota. ¿Qué pasa si despiden a la gente? ¿Quién paga el seguro social de los despedidos? ¿Quién enfrenta las grandes deudas bancarias con los bancos centrales? Como ve, China se encuentra actualmente en un aprieto; muestra un gran empuje tecnológico por parte de la clase empresarial, pero mantiene un sistema corrupto de partido único y una deuda pesadísima (con los bancos y los despedidos). Para colmo, hay cien millones de desempleados. Al pasar de la agricultura, relegada a la historia, hacia la industria, ¿qué puede hacerse con cien millones de desempleados? De ahí las tensiones regionales entre las zonas costeras de Fondung, que son muy exitosas, y Sichuan, que está en la bancarrota. Éste puede ser el gran problema de China. Si los chinos logran resolverlo, entonces se convertirán en una gran potencia. Sólo así.

¿Cuál es la actitud de los rusos? ¿Ve una convergencia de los rusos con Occidente?

Bueno, los rusos quieren controlar esa ruta y el comercio que transita por ella. Porque es un territorio que está bajo su control y tienen compañías petroleras y relaciones con esa zona. El problema radica en que Asia Central es más corrupta que cualquier otra región, porque los gobernantes son los viejos estalinistas. Añadamos a esto la demografía. No recuerdo exactamente dónde, quizá en Turkmenistán o en uno de los otros países, la mayor parte de la gente es uzbeka y entonces los turcomanos son una minoría en su propio país. Empiezan a surgir problemas étnicos, como los que hay en Georgia y Azerbaiyán, con respecto a los rusos. El verdadero problema de la región va a ser la estabilidad política. Para que Rusia se convierta en una potencia económica, la estabilidad es indispensable. Pero el problema es intrincado.

Si el islam pierde (en unos cuantos años) importancia a causa de que sus recursos dejen de ser imprescindibles, ¿qué sucederá con esos mil doscientos cincuenta millones de personas? El siglo XXI puede ser el escenario de disturbios masivos.

Absolutamente, pero esas sociedades podrán cambiar si desaparece la pequeña clase de gobernantes dictatoriales que las ahoga. Si eso ocurre, podrían transformarse, como quiere hacerlo ahora Irán, en áreas con una base tecnológica. Entonces tendrían una oportunidad. Estos procesos de maduración no son imposibles. La gente cambia radicalmente, en una sola vida. Piense en Joschka Fischer en Alemania. Hace treinta y cinco años estaba golpeando a un policía.

Definitivamente, y hay otras fuerzas liberales que actúan dentro de esas sociedades.

Sí, las hay en Irán, como dije. Gente más joven a la que no le gusta la moral restrictiva, gente que desea la modernización. El poder está en manos de los viejos *mulhás* y del ejército, pero será crucial saber hasta qué punto podrá cambiar Irán. Bush cometió un gran error al designar a Irán como una de las fuerzas del mal.

Sí, porque volvió más difícil la alternativa liberal. Pero Irán aún puede convertirse en una nueva Turquía.

Se olvida que son persas: la suya es una historia cultural que rebasa con mucho incluso a la cultura árabe.

Hablando de valores liberales y de democracia, ¿se puede exportar la democracia? ¿Estados Unidos está haciendo lo que debe para exportarla?

Todo depende del significado de *democracia*. El propio Tocqueville señaló que la democracia puede ser una tiranía. Una tiranía de la mayoría. Hay una cuestión aquí, no de democracia, sino de libertad y de derechos. El problema crucial no es la exportación de la democracia, porque la democracia puede adoptar formas muy diversas. La forma estadounidense es una forma muy torpe, con un presidente que es, al mismo tiempo, jefe de Estado y ejecutivo, etcétera. No pienso que podamos exportar una democracia estilo estadounidense porque, insisto, es demasiado torpe. Casi todo Estado tiene algún tipo de sistema presidencial parlamentario. Además, la forma estadounidense es engañosa. Tiene prestigio porque Estados Unidos es poderoso y propaga sus éxitos, pero pienso que si cualquier otro país trata de calcar nuestro sistema, sencillamente fracasará.

Tiene mucha razón: México, una democracia reciente, sufre ahora la misma confusión o traslape (muy disfuncional) entre jefe de Estado y jefe de gobierno. Y lo vemos en Venezuela: es un régimen de origen democrático que no respeta los valores esenciales de la libertad y ha instaurado, en los hechos, la tiranía de la mayoría. Un Mugabe petrolero en el Caribe.

Pienso que la exportación de la democracia estadounidense es un asunto de propaganda y que la gente no piensa a fondo en la cuestión. Por ejemplo, hay ahora (y habrá más) una exigencia creciente de respeto a los derechos humanos. Pero si uno lo piensa bien, ha sido sólo en los últimos cincuenta a setenta y cinco años cuando los derechos humanos han alcanzado un lugar prominente en la agenda política global. Es resultado de los distintos tipos de genocidio. La libertad viene junto con los derechos humanos.

La libertad y el imperio de la ley, el rule of law, *en la fórmula consagrada. Ésos son los valores cardinales.*

Así es, y son más importantes que la democracia porque limitan los excesos de la democracia. Por eso, insisto, la democracia al estilo estadounidense no es exportable.

He leído con mucho interés sus teorías recientes sobre la necesidad de nuevas instituciones internacionales para el siglo XXI, una especie de gobierno mundial.

Alguna vez escribí que el Estado nacional es demasiado pequeño para los grandes problemas de la vida y demasiado grande para los pequeños problemas de la vida. La innovadora regionalización que se fue implantando en el siglo XIX y se extendió parcialmente al XX, ya no es funcional ni manejable porque las escalas han cambiado. Para darle un ejemplo podemos remontarnos al New Deal de Roosevelt. ¿Qué fue el New Deal? Para la izquierda tuvo por objeto salvar el capitalismo; para la derecha fue introducir el estatismo. Para mí, la naturaleza del New Deal fue realmente ésta: de 1900 a 1930 ocurrió en Estados Unidos el crecimiento de una economía nacional, pero el control político estaba en manos de los estados de la federación. Lo que hizo el New Deal fue crear instituciones políticas de nivel nacional. La Comisión de Valores e Intercambio para los asuntos financieros, el Consejo

Nacional de Relaciones Laborales para las negociaciones, etcétera. Con ellas se consiguió una equivalencia de escalas. Por otra parte, la gente olvida que, antes de la Segunda Guerra Mundial, ochenta por ciento del territorio y de la población mundial estaba bajo el control de las potencias occidentales. La descolonización avanzó a una velocidad extraordinaria. Tenemos ahora ciento noventa países en el mundo, frente a los poco menos de cien que había antes. Esta desintegración total de las estructuras políticas de la sociedad mundial constituye un elemento de incertidumbre. La mayoría de estos países no tiene siquiera el tamaño de Massachusetts. Ahora el mundo tiene cierta organización económica pero padece una evidente fragmentación política.

Algunas áreas intentan superar la fragmentación política (la Unión Europea, por ejemplo), pero el proceso es lento e incierto. Ya no tenemos la lira italiana, el marco alemán ni la libra inglesa; tenemos el euro y empezamos a ver el mismo fenómeno en América Latina, con la creciente dolarización.

Pero Europa está —o estaba— construyendo estas instituciones. ¿No es así?

Sí, potencialmente al menos. Europa, sobre todo si los británicos terminan por integrarse, podría convertirse en el rival más importante de Estados Unidos: tiene un gran mercado que no tenía cuando estaba fragmentada. La cuestión fundamental radica en el grado de unidad política entre Francia y Alemania. Los británicos temen integrarse por la pérdida de una parte de su control político y porque consideran que las regulaciones provenientes de Bruselas impondrán demasiados cambios dentro de la sociedad británica.

En cualquier caso, Europa es una fuerza de gran magnitud. Europa, en especial Alemania, todavía está asentada sobre la vieja sociedad industrial: ingeniería, electrónica… El desarrollo posindustrial empieza a surgir con la elaboración de *software*; se va avanzando hacia los sectores posindustriales; se tienen todos los recursos. Pero aún no se ha hecho.

Dejemos un poco los países, las economías, las tecnologías, y vayamos a otro de sus grandes temas: la cultura, en particular lo que usted llama pomo, la cultura posmoderna. Invade como un cáncer las universidades, ¿no le parece?

Se convierte en una forma de relativismo; es una moda estúpida. Pero es muy atractiva porque *anything goes*, «cualquier cosa que se diga, vale». Si uno está en la Universidad de Wyoming y quiere hacer un trabajo sobre el papel que desempeñan los huevos de la gallina en algún tipo raro de gallo, uno lo hace. Todos estos elementos irán desapareciendo con el tiempo, porque son parte de una moda; están vinculados con cierto sector académico que envejecerá y se irá por otro lado.

Más allá de eso, el posmodernismo se erige sobre un desarrollo crucial de la filosofía del que muy poca gente se percata: la idea de que no hay criterios fijos. Esto se remonta a pensadores como William V. O. Quine, con quien enseñé en Harvard. Y esto crea un problema, pues algunos, como Popper, dirán que no existe un método científico en sí; lo que se puede hacer es formalizar lógicamente las ideas con las ideas. Pero uno no puede formalizar las ideas con el resto del mundo, pues éste es demasiado diverso. Si se considera el tema históricamente, antes se decía que la razón estaba en la naturaleza; el pensamiento clásico decía que la naturaleza posee cierta forma y cierta razón. Luego, con Kant, se dijo que la razón estaba en la mente, porque la mente crea conceptos; por lo tanto, la razón no está en la naturaleza, sino en la mente. El espacio y el tiempo no son parte de la naturaleza, sino más bien conceptos. Posteriormente, con Wittgenstein, se decide que está en el lenguaje. El lenguaje que usamos produce ambigüedad. Así, ocurre un desplazamiento: la naturaleza, la razón y la naturaleza, la razón y la mente, la razón y el lenguaje. Luego aparece el posmodernismo y Derrida dice: destruyamos incluso el lenguaje.

La muerte de todo. El vacío de sentido.

Lo que han hecho es tomar cosas de Quine y de otros —que se refieren a verdaderos problemas— y abaratarlas.

El pomo *de la filosofía...*

Muy bien, sí, hay un *pomo* de la filosofía.

Un paréntesis, ligado, sin embargo, a la globalización, es el problema de las drogas. Como sociólogo —y como terapeuta social, digamos— ¿qué sugiere usted que se haga?

El problema de la droga provee de dinero a la corrupción y provee de dinero a los campesinos. Pienso que se puede argumentar, al menos pragmáticamente, a favor de la despenalización de la marihuana e incluso de otras drogas, para tratar de controlarlas; por ejemplo, la distribución gratuita de jeringas, la rehabilitación, la educación, etcétera. Sólo así los cárteles en Colombia y otros países perderían gran parte de su poder.

Usted fue uno de los protagonistas de la principal batalla —o guerra— cultural e intelectual del siglo XX: la batalla por la libertad contra los totalitarismos. En esa batalla usted estuvo en la misma trinchera que Octavio Paz, Koestler, Orwell, Gide, Russell, Aron, Irving Howe, todos ellos liberales, algunos socialistas democráticos. A muchos de ellos los conoció y trabajó a su lado. ¿Acaso los ataques del 11 de septiembre cambiaron sus ideas acerca de esa guerra? ¿No piensa, como pienso yo a veces, que sí valió la pena, pero que la victoria no fue tan definitiva como creíamos? ¿No siente usted que el siglo XXI nos ha alejado, de alguna manera, de esa batalla, que ahora parece ya tan remota?

La victoria fue definitiva para Europa y Estados Unidos. El fascismo y el comunismo amenazaban con controlar Europa. Hitler quería controlar la totalidad de Europa y, al mismo tiempo, destruir a los gitanos, a los judíos...

Y lo logró en buena medida, me parece.

Stalin quería controlar Europa extendiendo el Pacto de Varsovia. De hecho, lo que hizo la Guerra Fría (si uno lo plantea históricamente) fue salvar a Europa. Estábamos absolutamente en lo correcto durante la Guerra Fría, dado que vimos lo que hacía Stalin. ¿Y quién, hoy en día, defiende el estalinismo? Fue una victoria completa, en términos ideológicos, prácticos y políticos. Pero usted tiene razón, eso ocurrió en otro siglo, el siglo xx. Desafortunadamente, estamos en un siglo nuevo.

¿Desafortunadamente?

Sí, porque los contornos carecen de claridad, el proyecto no se identifica, las fuerzas no se han acabado de consolidar.

Hay una dimensión que no hemos discutido siquiera, y que en la historia universal ha sido siempre decisiva, silenciosa pero decisiva: la demografía, la humanidad migrante.

Sí, en efecto. En términos demográficos, con respecto a México y América Central y el Caribe, Estados Unidos se maneja casi como una válvula de seguridad. Europa fue una válvula de seguridad porque los yugoslavos y los turcos podían emigrar a Alemania y a Europa occidental. Actualmente esas válvulas de seguridad se están cerrando y la enorme masa demográfica de jóvenes menores de quince o diecisiete años que ingresará en la economía mundial en los próximos diez años va a ser un inmenso problema.

Incluyendo, por supuesto, al mundo islámico.

En especial el mundo islámico. Y aquí retomo mi tesis sobre la equivalencia de escalas. No contamos con instituciones para manejar ese enorme problema demográfico. No tenemos las instituciones que permitan que España e Italia encaren el otro lado de la moneda, la población que envejece. El mantenimiento de las poblaciones de viejos en el Japón, la Europa occidental y del Oriente debe, por fuerza, provenir de ciertas fuentes productivas, y para ello es necesario dejar entrar a los inmigrantes. Pero, ¿cómo se hace esto sin generar problemas culturales internos? De ahí que el siglo XXI esté todavía en gestación, por decirlo así.

A pesar de todo, ¿ve usted posibilidades de desarrollo económico?

Existe el potencial. Este potencial se incrementa con la nueva tecnología que, a su vez, se incrementa con algo que mencioné sólo de paso: los nuevos materiales, los compuestos y demás, que podrían sustituir a las materias primas. Hay un enorme potencial para el crecimiento económico, sin duda, pero frente a eso está la inestabilidad política. La clave está en sobreponerse a esa inestabilidad. En Europa hay un embrión con la Unión Europea; entre México, Estados Unidos y Canadá está el TLC, y el sudeste asiático comienza a vincularse, pero se necesitan cambios de esa naturaleza en el Medio Oriente, la India, Irán. Y estos cambios, como es obvio, no se previeron en el siglo XX, que básicamente tuvo que lidiar con las fuerzas ideológicas que resultaron de la Primera Guerra Mundial: el fascismo y el comunismo.

La evolución de esta «rebelión de las masas» (en un sentido demográfico) es una de las mayores incógnitas de nuestro siglo en gestación, ¿no le parece?

De nuevo, mi equivalencia de escalas. No contamos con las instituciones internacionales para encarar las políticas de inmigración. Hemos desarrollado instituciones internacionales que se encargan de la regulación financiera, pero no de la inmigración, y ése va a ser un problema de primer rango.

De acuerdo, la conclusión principal de esta charla apunta a la necesidad de contar con nuevas instituciones internacionales para el siglo XXI. Pero para mí la clave —la viejísima clave— está en la política: ¿cómo se van a gobernar esas sociedades? Si la democracia estadounidense —como sistema— no es exportable, los valores de la democracia liberal sí deberían serlo.

IV

Profetas de Oriente

Yehuda Amichai

Las vetas del pasado

La justicia poética dispuso que Yehuda Amichai, el mayor poeta israelí del siglo XX, muriera en septiembre del año 2000, meses antes del estallido de la Segunda Intifada, ese horroroso bautizo del siglo XXI. Amichai había profetizado tomando —como solía hacerlo con toda naturalidad— imágenes del Libro de Daniel para insertarlas en la vida cotidiana, y leyendo la vida cotidiana con el lenguaje cifrado de la Biblia: la inscripción ya estaba en la pared, «y está escrita en tres idiomas: hebreo, árabe y muerte».[1] Fue mejor que no viviera para verlo.

Conversamos una tarde de noviembre de 1989, en su casa, situada en las afueras de la ciudad vieja de Jerusalén. Desde su estudio podía contemplarse una de las murallas que la circundan. Más allá, a lo lejos, se dibujaban pinares centenarios, los contornos oscuros de un viejo monasterio y las agujas de alguna mezquita. La luz metálica —dorada en el amanecer y el crepúsculo, plateada en noches de luna llena— inundaba el valle y encendía, una por una, las casas de piedra caliza. «Dios es el director de luces de este teatro», dijo Amichai, en otro de esos giros de teológica familiaridad. Autor de varios libros de poemas traducidos a treinta y siete idiomas, tenía entonces sesenta y seis años y había alcanzado el más amplio reconocimiento internacional. Es el salmista moderno y, al mismo tiempo, es conmovedoramente tradicional, dijo una década después Anthony Hecht, elogiando el último de

---

[1] «Seven Laments for the War-Dead», 7, en *The Selected Poetry of Yehuda Amichai*, Berkeley, Universidad de California, 1996.

sus libros: *Abierto, cerrado, abierto.*[2] En efecto, Amichai poseía el don de transitar entre milenios.

«Yo soy el profeta de lo que ya ha ocurrido, yo soy el profeta del pasado»,[3] escribiría Amichai. Ese pasado comprendía la totalidad de la historia judía. Pero el pasado fundamental que Amichai poetizaba —y profetizaba— era aún más remoto. Era el vasto paisaje dramático del Antiguo Testamento, del Génesis a los Profetas y los Reyes. Amichai incorporaba toda su tradición, pero no la traía a cuestas, como un fardo lastimero de nostalgia y muerte, sino como un precipitado de experiencia y sabiduría que iluminaba (como el Dios de su metáfora) la dura realidad cotidiana de Israel. Ted Hughes, el gran poeta inglés que tradujo con Amichai su libro *Amén*, lo expresó con ingenio: «Es como si toda aquella antiquísima inversión espiritual se hubiese capitalizado de pronto en moneda moderna, inundando la poesía de Amichai con una inagotable riqueza de metáforas sólidas y precisas».

Amichai era un hombre recio, de hermosos cabellos blancos y una sonrisa suave, menos de alegría que de resignación. Nacido en 1924 en Wurzburgo, Alemania, en el seno de una familia tradicional, llegó once años después a Palestina (como su remoto homónimo sefardí, Yehuda ben Halevi, pero a diferencia de éste, que llegó al final de su vida, para morir, Yehuda Amichai arribó en la infancia y para vivir). Según la práctica habitual de los judíos que lograron emigrar de Europa a Palestina antes de la *Shoah*,[4] Yehuda cambió su apellido y se bautizó con uno nuevo: Amichai, que en hebreo significa «Mi Pueblo Vive». (Originalmente se llamaba Ludwig Pfeuffer.) El hecho de que sobreviviera se debió a dos milagros: el de la pequeña rama de un pueblo paria que intentaba echar raíces en la tierra de sus más remotos antepasados, mientras que, en Europa (su hogar durante dos milenios), el tronco de donde provenía esa rama, compuesto por seis millones de personas (entre ellas, un millón de niños), era exterminado. Y el otro milagro se manifestaba además en esa tierra de

---

[2] *Open Closed Open*, Nueva York, Harcourt, 2000.
[3] «I Foretell the Days of Yore», en *Open Closed Open*.
[4] Catástrofe. El genocidio del Holocausto.

refugio: el renacimiento del idioma hebreo, que durante siglos había sido el vehículo exclusivo en el diálogo —de sordos, muchas veces— de los judíos con Dios, pero que desde principios del siglo XX había comenzado a serlo también entre los hombres. Amichai fue un sacerdote laico de esa resurrección.

Con frecuencia, Amichai corrige los textos sagrados: «El hombre en su vida no tiene tiempo de tener tiempo para todo. Y no tiene tiempo de tener el tiempo para todo afán. El Eclesiastés no tuvo la razón cuando dijo aquello». En otras ocasiones comenta e ilumina el relato bíblico desde la experiencia del presente: «He estado pensando mucho sobre el rey David/no el que vive para siempre en su canto/y no el que murió para siempre sobre los pesados tapices de su tumba que no es su tumba», dice Amichai, y a continuación canta y cuenta momentos interiores de aquel guerrero, amante, cantor (el más humano de los héroes de la Biblia), que fue amado, castigado y redimido por Dios, condenado por la pasión propia y la de sus mujeres, para terminar, cansado y viejo, en el lecho de la sulamita. Amichai, que sabe del amor de viejo, evoca la escena y la hace decir:

> Yo lo cuidé, sobé sus cicatrices de batalla y sus cicatrices del amor y lo
>   ungí con aceite, no por su realeza, sino por cuidarlo.
> Jamás lo escuché tocar ni cantar, pero limpié su boca,
> su desdentada boca mientras le daba avena dulce.
> Nunca vi sus manos durante la batalla, pero besé
> sus viejas, blancas manos.
> Yo soy la oveja del pobre, cálida y compasiva. A él me allegué por la
>   pastura,
> como él, que de pastor llegó a rey.
> Yo soy la oveja del pobre, surgida de la parábola y soy tuya hasta que la
>   muerte se interponga.

En su poesía no sólo reviven, transfigurados desde una óptica moderna, temas, pasajes y personajes de la Biblia, sino también sus diversos géneros —plegarias, parábolas, profecías, lamentos, himnos, enseñanzas, proverbios—, dichos de nuevo con un estilo libre de afectaciones, como un relato mágico que explora las mayores profundidades y densidades del alma con la llave del candor y la generosidad. Claudia Kerik, quien en 1990 publicó sus admirables traducciones de Amichai en la editorial Vuelta, apunta: «En Amichai resuenan la fe quebrada del judío errante y la amargura del soldado involuntario. Pero también el humor, la frescura sensual y una serenidad ante la vida tal como es o como puede ser, sin demasiadas ilusiones, pero no con desilusión. La conciencia de la muerte, la pérdida cotidiana del amor y el tiempo, no derrumban su asombro frente a detalles mundanos en los que encuentra sentidos íntimos, caminos de esperanza, revelaciones entrañables. El eco de su infancia en un hogar religioso, quizás».[5]

Amichai era, ante todo, un poeta del amor, y sus poemas, un moderno *Cantar de los cantares*: en ellos late la misma fuerza de evocación lírica que en éste, aunada a un sentido más directo, a veces procaz y descarnado, del erotismo:

Aprendí
a relacionarme con tu sexo como con una cara.
Hablo su antigua lengua.
Arrugada y hecha de una materia más remota
que todas las edades memorables, escritas en un libro.
Ella nos trata
como a bisnietos lejanos
que juegan.

Sus poemas filiales (a sus padres, a sus hijos) son de una ternura desgarradora:

Y a fin de recordar
yo traigo puesta en mi cara
la cara de mi padre.

---

[5] *Poemas escogidos*, selección, introducción y notas de Claudia Kerik, México, Vuelta, 1990. Las citas provienen de este volumen.

O cuando habla de sus hijos, dice:

...Les enseñé a dormir y me enseñé a velar toda la noche.
Soy un camello jorobado de emociones, un quitapesares, y las tribula-
   ciones
se acumulan entre mis capas de grasa y pelo...

Y más adelante:

...Allá están ellos; duermen en mi casa, cerca del muro
de la ciudad vieja de Jerusalén, y sé
que un padre es una ilusión, igual que el muro.
Ni uno ni otro pueden proteger. Pueden solamente amar y preocuparse.

Conversábamos mirando de reojo hacia la gran piedra imantada
que es Jerusalén. «Es una ciudad en busca de un psicoanalista», me dijo,
y pensé de inmediato en otra ciudad milenaria, mi propia ciudad de
México, hecha también de vetas de historia, metales sobrepuestos y
fundidos, piedras de edificación y piedras de sacrificio. Recordé dos
palabras —«espacio teológico»— que Alejandro Rossi aplicó por esos
años a Jerusalén y que describían también nuestro propio paisaje. En
la poesía de Amichai, no sólo histórica sino también geográfica, Jerusalén vuelve a ser, como en ciertos mapas de la Edad Media, el centro mismo del trébol de la Creación. En las decenas de poemas que
dedicó a la ciudad donde vivió y murió, el tono a veces es elegíaco,
pero el tema de fondo es la frágil convivencia en esa Babel crispada
de mitos y religiones: «A veces Jerusalén es una ciudad de cuchillos,
aun las esperanzas de paz son afiladas para rebanar la dura realidad».
Con todo, la esperanza reaparece de pronto, venida y vuelta al cielo:

Una vez me detuve ante el Muro Occidental
cuando de pronto alzó el vuelo una parvada, sorprendida, chillando y ale-
   teando como trozos de papel
que llevara deseos escritos, deseos
que rompieron el vuelo de entre enormes piedras y ascendieron a lo alto.

En 1991, la revista *Vuelta* publicó, traducido por Claudia Kerik, un poema paradigmático, que parecía recoger su visión última del destino judío, en el que aparece de nuevo la alegoría de la piedra:

Los judíos no son un pueblo histórico,
ni un pueblo arqueológico siquiera.
Son un pueblo geológico, con grietas y derrumbes y capas y lava ardiente.
    Su historia debe medirse
en otra escala.

Los judíos roídos por el dolor.
Como piedrecillas junto al mar.

La ventaja de los judíos está solamente en su muerte. Como la ventaja de las piedrecillas sobre el resto de las piedras:

Cuando una mano fuerte las arroja, saltan dos o tres veces
sobre el agua antes de hundirse.

También en la poesía de su amigo Octavio Paz, la imagen de la piedra aparece con frecuencia como metáfora última de la condición geológica del pueblo mexicano:

Valle de México
boca opaca
lava de baba
desmoronado trono de la ira
obstinada, obsidiana
petrificada
petrificante.

Si no me engaño, la metáfora existencial de la piedra se volvió casi obsesiva al final de la vida de Amichai:

La historia judía y la historia mundial
me muelen entre ellas como piedras de molino, a veces

hasta el polvo.
A veces caigo en la zanja que las separa, para esconderme,
o para acabar de hundirme de una vez.

¿Imaginó Amichai el último fondo en el que se precipita ahora mismo, ante nuestros ojos, la vida de Israel, pulverizada casi ya su esperanza entre las piedras de su propia historia (incluida la historia de sus errores) y la piedra de la historia mundial, con los suyos? «¿Y qué hay de Dios?», se habrá preguntado nuevamente: «Cantábamos "no hay como nuestro Dios" y ahora cantamos "no hay Dios", pero cantamos, todavía cantamos». Ese canto de Amichai, vertido en poemas que parecen plegarias, queda sólo para la eternidad, como la inscripción *Amén* en la piedra que tenía frente a sí cuando escribió el poema que abre su libro postrero, y que *Letras Libres* publicó al poco tiempo de su muerte:

Sobre mi escritorio hay una piedra sobre la que está grabado *Amén*, un trozo
que sobrevivió entre millares de fragmentos de lápidas rotas
en los cementerios judíos. Y yo sé que todos esos fragmentos
integran ahora la gran bomba de tiempo judía
con el resto de trizas y trozos, los de las tablas de la ley,
los pedazos de altares y de cruces y clavos de crucifixión oxidados
junto con trizas de utensilios domésticos y piezas sagradas y restos de huesos
y zapatos y anteojos y órganos artificiales y dentaduras postizas
y latas vacías de venenos letales. Todos estos pedazos
conforman la bomba de tiempo judía hasta el final de los días,
y a pesar de que sé de todos ellos, y sé también del fin de los tiempos,
esta piedra sobre mi escritorio me da tranquilidad,
es una piedra de la verdad sin sustituto,
la más inteligente de las piedras, piedra de una lápida rota
entera sin embargo más que ninguna.
Un testimonio de todas las cosas que por siempre fueron
y para siempre serán, una piedra de Amén y de amor.
Amén, Amén, quiera Dios.

La palabra en la piedra: huella viva de eternidad. Hoy me parece un milagro haber conversado con aquel profeta del pasado. Escucho a veces su voz en el casete que conservo y me digo: es como tener grabado a un profeta de Israel.

Jerusalén, como la Atlántida, se hundió en el mar:
todo está hundido y sumergido.
Ésta no es la Jerusalén celeste, sino la de abajo,
de muy abajo. Desde el lecho del mar se dragan muros estragados
y fragmentos de fe, como aquellas vasijas herrumbrosas de los hundidos
barcos de las profecías. Mas no es herrumbre sino sangre que nunca se
secó.
Y los recipientes de barro cubiertos de algas, los corales del tiempo y de
la furia del tiempo
y monedas de tiempos idos, circulante de negocios del pasado.
Pero también yacen allá, abajo, algunos recuerdos muy jóvenes:
memorias del amor de anoche, recuerdos transparentes,
raudos como peces brillantes en la red, agitándose, salpicando.
Anda, ¡vamos a devolverlos a Jerusalén!

ENRIQUE KRAUZE: *La política en Israel es una segunda naturaleza. O una primera. Me ha dicho usted que es una suerte de «existencialismo judío» del que los escritores no pueden sustraerse.*

YEHUDA AMICHAI: Así es. Uno no puede no tomar parte en la política. Dependemos de la política. Todo aquí es cuestión de guerra y paz, vida y muerte. Todo es crucial. Cada problema. Lo que ha pasado en este país durante cincuenta o sesenta años, desde que yo recuerdo, es equiparable, digamos, a lo que ocurrió en Estados Unidos a lo largo de doscientos años. Aquí la historia se ha comprimido. Casi podría decirse que vine a Israel en el *Mayflower*, viví la guerra de Independencia con Washington y también los siguientes episodios históricos... Y continúo vivo. Se trata de una experiencia rica, pero también terrible. De ahí que no haya ningún escritor que no sea político en el sentido profundo de la palabra.

Hábleme de su llegada en el Mayflower *y sus guerras.*

Nací en 1924, en Alemania, y llegué a Palestina en 1935. No tuve problema alguno con el idioma hebreo porque había asistido a una escuela judía. A los dieciocho años me alisté como voluntario en una unidad judía del ejército británico, donde permanecí tres años. Más tarde me ocupé de la inmigración ilegal proveniente de países árabes (Egipto, Iraq) y, en 1947, cuando empezó la guerra, me incorporé al ejército judío, la Haganá.[6] Dos años más tarde comencé a establecer mi propia paz: me casé, inicié mi trabajo académico. Intervine en dos guerras subsecuentes, la de 1956 y la de 1973. En 1967 llegué demasiado tarde: estaba dando clases en Estados Unidos.

La victoria de 1967 se volvió una victoria amarga.

Amarga, sí, porque no supimos cómo manejarla. Si entonces hubiéramos dialogado con los palestinos y evitado los asentamientos de las sectas radicales del Gush Emunim,[7] quizá todo habría sido diferente. La política de los asentamientos no sólo ha sido estúpida, sino peligrosa. Para empezar no son nada parecido a un *kibbutz*,[8] ni operan como tales. Son sólo movimientos religiosos y políticos casi enloquecidos y reprobables. Por otra parte, no creo que debamos devolver íntegramente el territorio. No me siento culpable con respecto a los países árabes, por una razón: en cuatro guerras han tratado de aniquilarnos. ¿Por qué habría de sentir culpa? Con todo, estoy convencido de que debemos dialogar y llegar a un arreglo, a un compromiso. Vivimos una situación imposible. Ningún pueblo debe mandar sobre otro. Habría que discurrir eventualmente una solución: una entidad confederada, por ejemplo, pero sin ejército; plena autonomía e independencia para los territorios, pero sin ejército.

[6] En hebreo "defensa".

[7] Movimiento mesiánico de ultraderecha israelí.

[8] Asociaciones comunitarias dedicadas a la agricultura en Israel, de inspiración socialista utópica.

¿Y Jerusalén?

Para Jerusalén cabría pensar en una solución vaticana. Lo creo posible, pero en la actualidad parece difícil. Por un lado, tengo la impresión de que los árabes no quieren la paz. Por otro, son el pueblo que tenemos cerca, que vive junto a nosotros. Es preciso dialogar con ellos. No hay otro camino. Incluso las personas de tendencia conservadora han llegado a esa conclusión. En la violencia no hay salida. Es posible, aunque difícil, llegar a un acuerdo. Observe lo que está ocurriendo en Europa central. Es increíble. Día a día. ¿Por qué nosotros no podemos poner en marcha una dinámica similar? Tenemos las cartas necesarias. Si lo hacemos con cuidado, podríamos lograrlo.

¿Qué encuentra usted en el fondo de la querella entre judíos y árabes?

Creo que tiene orígenes diversos, cercanos y remotos, políticos e históricos. Para mí cuenta mucho una raíz: tradicionalmente, los judíos han sido los golpeados, los castigados, y ahora es la primera vez en la historia en que esto no es así. Los propios judíos tienen dificultades para verse a sí mismos en ese papel. No hace mucho, un famoso actor judío de Hollywood vino a Israel y sostuvo que ser judío es ser débil y estar con los débiles. Por eso la nueva situación fluye a contracorriente de la historia. A la gente le gusta escribir elegías sobre los pobres judíos que, una y otra vez, son sacrificados. Yo prefiero no escribir ni vivir elegías. Por eso mis ideas políticas me separan de la derecha y de la izquierda. A la derecha le disgusto porque favorezco el diálogo, creo en la posibilidad de un compromiso y repruebo los asentamientos. La izquierda no me quiere porque no me siento culpable ante los árabes. Ésta es mi opinión, pero, créame, no es sólo la mía: mucha gente en Israel piensa así.

La mezcla de política y religión ha sido un terrible detonante a lo largo de la historia y, por lo visto, a pesar de los milagros que han tenido lugar en 1989 en Europa o Rusia, lo seguirá siendo. Fíjese en Irlanda, Irán y Oriente Medio en general.

Así es. Por nuestra parte, somos un Estado moderno y un Estado arcaico, una democracia plena y un orden legal que proviene de la Edad Media. Piense en las leyes relativas al matrimonio y al divorcio. Es una situación extraña y la veo como un gran peligro.

¿La literatura israelí participa de una religiosidad peculiar?

No lo creo. Israel posee una literatura secular y en la actualidad se escriben poemas y novelas como en cualquier otra parte del mundo. Mi caso es distinto. Crecí en un hogar ortodoxo y armonioso y posteriormente rompí con la religión. Por eso puede decirse que me beneficié de ambas corrientes. Siento la presencia de lo antiguo y lo moderno. Y no es que lo piense, sino que está en mi lenguaje; forma parte de mi yo orgánico.

La memoria del Holocausto sigue siendo una pesadilla recurrente. ¿Tuvo —o tiene— una impronta significativa en su vida o su literatura?

Llegué a Israel mucho antes del Holocausto. Fuimos afortunados. Toda nuestra familia se salvó. Yo supe lo que ocurría, leí sobre ello, pero no veo que ese hecho ocupe un lugar central en mi poesía. Recuerdo un fenómeno curioso que ocurrió en Israel después del Holocausto. Las familias de refugiados que se salvaron y llegaron aquí querían sentirse más israelíes que los israelíes: adoptaron nuevos nombres, vivieron en los *kibbutzim*. La memoria del Holocausto quedó suspendida, bloqueada. Pero las generaciones pasan y, paulatinamente, vuelve aquel recuerdo.

El presente incierto y cercado convoca al pasado. Es horrible sentir tan intensamente la presencia de la muerte.

Más que la muerte en el Holocausto, nos asaltaba la muerte en esta tierra. Durante la guerra de 1948 murió dos por ciento de la población judía. Casi todos se conocían entre sí. Teníamos que vivir el duelo de nuestra propia muerte. Cuando llegaron los refugiados del Holocausto, la gente se burlaba de ellos: estaban pálidos, débiles, dolía compararlos con los rostros soleados y fuertes de los *sabras*, los nativos de Israel. El Holocausto se vivió, en suma, con cierta actitud de rechazo. Ahora vuelve. Creo que el juicio de Eichmann fue un punto de ruptura. Conocíamos las cifras y los hechos, pero de pronto tuvimos ante nosotros a los protagonistas de carne y hueso, a aquel hombre, a los testigos. Fue un acontecimiento traumático para todos los que crecimos aquí.

¿Cuál es, en definitiva, la presencia real, actual, de ese pasado?

Es muy grande y no lo es. Ante el Holocausto, hemos vivido una experiencia psicoanalítica colectiva: se escribe tanto sobre ello que se trivializa, se neutraliza de tan hablado y articulado, se asimila, se vuelve parte del sistema vital, se vuelve una institución.

Y, por desgracia, casi un negocio.

Así es. Lo único que falta es que se fabriquen sudaderas.

Dígame, Yehuda, ¿cuánta memoria pueden cargar sobre sus hombros las personas, cuántas «vetas del pasado» pueden arrastrar consigo los países, los pueblos?

En Jerusalén vivimos como en una arqueología vital y se necesita el psicoanálisis para salir de ella. Jerusalén es una ciudad en busca de un psicoanalista. Por otra parte, todo el mundo habla de eso, el pasado pesa pero al mismo tiempo está en la superficie. Siempre es así: ambas tendencias son necesarias. Con todo, quizá la carga del pasado sea excesiva. Es curioso. Hay dos pueblos que quisieran olvidar: los alemanes y los judíos. No pueden.

Quizá ahora podrían ayudarse. Pero volvamos al presente, a la vitalidad de la literatura, por ejemplo.

Se publican muchísimos libros, se lee muchísimo. Se traduce todo. La gente en Israel lee mucha más poesía que en Europa o Estados Unidos.

¿Cómo explica esto?

Creo que los poemas son como breves plegarias. Las plegarias que uno necesita y puede llevar consigo.

De nuevo las vetas del pasado.

En el lenguaje, las vetas son muy fuertes y vivas. En concreto, las vetas históricas y religiosas son tan intensas que quien escribe en hebreo forma parte de ellas. Aunque fue un idioma confinado a la ortodoxia religiosa durante varios siglos, casi durante milenios, la fuerza del lenguaje existía, aunque no se percibía. Es como vivir en Jerusalén. Las vetas del pasado están ahí, lo rodean todo. Así ocurrió con el lenguaje.

Esta energía histórica del hebreo es quizás el mayor milagro en esta tierra de milagros. Falta otro: el de la paz.

Bernard Lewis

LA REVUELTA DEL ISLAM

Bernard Lewis comenzó a impartir clases sobre el Oriente Medio en 1938, cuando el Oriente Medio estaba lejos de convertirse en el polvorín teológico-político que es hoy. Desde entonces, con el solo paréntesis de la Segunda Guerra Mundial, ha dedicado su vida a estudiar el mundo musulmán en todas sus facetas, primero en la Universidad de Londres, en su nativa Inglaterra, y, a partir de 1974, en la Universidad de Princeton, en Nueva Jersey.

En *Vuelta*, Octavio Paz y sus colaboradores no fuimos indiferentes a la vuelta histórica —la revuelta— del islam. La vimos con una suerte de fascinación y temor. En el ámbito espiritual, parecía una crítica necesaria a la vacuidad posmoderna y una reafirmación del misterio de la condición humana, pero representaba también, en lo político, una peligrosísima reaparición del virus totalitario por una vía aún más profunda que la ideología: la religión. Para arrojar luz sobre el tema, en 1982 publicamos un ensayo de Bernard Lewis, justamente célebre: «El retorno del islam».[1] Partiendo de la centralidad y universalidad del factor religioso por sobre cualquier otro (étnico, nacional, ideológico) en la identidad colectiva de los países de Medio Oriente, Lewis hacía un cuidadoso recuento de los sucesivos y crecientes movimientos radicales islámicos de los siglos XIX y XX y sostenía que el islam podía convertirse en una fuerza política de considerable alcance por poco que apareciese un poder capaz de galvanizar al pueblo adepto: «El islam es en

---

[1] *Vuelta* 64, marzo de 1982.

principio una religión de poder y es justo y normal, dentro de la concepción musulmana del mundo, que el poder sea detentado por ellos y sólo por ellos [...] hay que recordar que la comunidad islámica está todavía por reponerse de la época traumática en la que los gobiernos y los imperios musulmanes fueron derrocados por la fuerza —y los pueblos del islam sometidos— a la autoridad de extranjeros impíos».

Lewis fue un profeta respetado pero desoído, incluso cuando publicó su célebre texto, que se tradujo a varios idiomas. De pronto, el 11 de septiembre de 2001 (día en que comenzó el siglo XXI), su nombre resonó en los medios de muchos países. Esta súbita celebridad entrañaba una paradoja: con algunas excepciones, los medios académicos de Occidente (sobre todo en Estados Unidos) habían derrochado recursos en el estudio de la Unión Soviética con la consigna de «conocer al enemigo», sólo para darse cuenta de que la Guerra Fría (que, por fortuna, nunca estalló) había sido al fin y al cabo una lucha interna de Occidente y que una amenaza mayor, inadvertida en medios académicos y de inteligencia, había crecido a la sombra del mundo islámico. Lewis, conocedor de la cultura islámica (de su literatura y sus artes, de su historia y su sociedad), vio con claridad esa tendencia inquietante. Además de excelente traductor de textos clásicos, había publicado una veintena de libros, impartido innumerables cursos y dirigido varias tesis. El reconocimiento como *scholar* lo tuvo siempre; la reivindicación como profeta del desastre le llegó tarde y él, por supuesto, habría preferido no recibirla.

Una sofocante mañana de agosto viajé al campus de Princeton para conocerlo. Hablamos en su pequeño cubículo del Jones Hall, rodeados de edificios de estilo medieval. Lewis es un hombre suave, cortés y reservado. Un inglés en tierra yanqui. No ha perdido la pronunciación ni la ironía. Me intriga su vocación, el estudio amoroso de una cultura que de pronto se vuelve contra la propia (la cultura de quien la estudia, en el sentido de una frase macabra que circuló alguna vez en el mundo musulmán: «Primero la gente del sábado, después la del domingo»). Le pregunto cómo se interesó en los estudios árabes, pero ataja la vía biográfica: «Prefiero no personalizar». Su vida son sus libros y sus ideas. Ellas son la sustancia de nuestra conversación.

ENRIQUE KRAUZE: *En su pequeño y magistral libro* La historia recordada, rescatada, inventada,[2] *hace usted varias referencias al lugar que ocupa la historia en la vida de los países islámicos. Para comenzar esta conversación, quisiera volver a ese tema. ¿Qué tan importante es la gravitación del pasado (como memoria, como recuperación y aun como invención) en el mundo islámico? ¿Cómo incide esa gravitación en los explosivos conflictos de la actualidad?*

BERNARD LEWIS: Todas las sociedades se moldean por su historia, pero algunas tienen mayor conciencia histórica que otras y a veces esa misma conciencia termina por formar parte del proceso histórico. Es el caso de los musulmanes, pues tienen un sentido particularmente intenso de la historia. No ocurre lo mismo con la India, que poseía una sofisticada civilización antes de la llegada de los musulmanes, pero cuyo interés en el pasado ha sido siempre menor. Tampoco es característico del mundo occidental, y menos aún del estadounidense, para el que la frase «eso es historia» significa que algo ha dejado de ser importante. A pesar de las grandes inversiones en la enseñanza y la escritura de la historia, el grado de conocimiento histórico en nuestras sociedades es abismalmente bajo. En el mundo islámico ocurre todo lo contrario, lo cual no quiere decir que su conocimiento histórico sea siempre exacto. Se trata, ¿cómo decirlo?, de una historia diseñada para servir propósitos religiosos. Piense usted, por ejemplo, en el conflicto Irán-Iraq de los años ochenta. Ambos bandos libraron una guerra paralela de propaganda en la que invocaban hechos y personajes que databan del siglo VII. Todo el mundo, incluso el amplio sector analfabeta del auditorio, entendía el sentido de esas alusiones. ¿Se imagina usted en la sociedad europea actual la utilización propagandística, para fines militares, de los gobernantes carolingios o anglosajones? A veces me pregunto qué es mejor: ¿carecer de historia o tener mala historia? Y he pensado algo que es aplicable a los hombres en general: «La falta de historia es amnesia, la mala historia es neurosis». Si desconocemos

---

[2] *History Remembered, Recovered, Invented*, Nueva Jersey, Universidad de Princeton, 1975 (existe una versión en español del Fondo de Cultura Económica).

nuestro pasado o tenemos una noción distorsionada, somos como un neurótico, incapaz de entender el presente y de encarar el futuro.

Tal vez el terrible conflicto de Serbia (en el que los cristianos de Milosevic pretendían vengar una matanza ocurrida en el siglo XIV) pertenece a ese género de neurosis histórica. Y sí, la amnesia histórica de los estadounidenses limita severamente su percepción del mundo. Pero ¿dónde se aprende historia en los países musulmanes y cuál es el contenido de esa historia?

Los musulmanes nutren sus percepciones históricas en los púlpitos, en las escuelas, en los medios de comunicación, y, aunque con frecuencia se trata de una historia tendenciosa e imprecisa, tiene gran vivacidad y resonancia. Es una historia de dinastías y ciudades, pero destaca sobre todo la vasta literatura que describe su lucha milenaria, contra la Europa cristiana, entendida no en términos étnicos ni territoriales sino religiosos: contra los infieles (los *kafir*). La clave es siempre la división del mundo en dos «casas»: la «Casa del islam» y la «Casa de la guerra» (esta última, Occidente habitado por los infieles). Desde el origen, de acuerdo con los preceptos del profeta Mahoma, se viviría en un permanente estado de guerra hasta el triunfo definitivo del islam. Este triunfo pareció posible y hasta seguro durante varios siglos, hasta que sobrevivió el desastroso sitio de Viena en 1683, al que siguió una sucesión de derrotas. A comienzos del siglo XX, con excepción de Turquía, Irán y el remoto Afganistán, casi todo el mundo musulmán había sido incorporado a cuatro imperios: Gran Bretaña, Francia, Rusia y los Países Bajos. Luego siguió la Unión Soviética. Ahora, Estados Unidos es el último Imperio opresor, con el agregado de que no tiene rivales. Esta historia de larga duración gravita intensamente en Al Qaeda: sus líderes, sus patrocinadores, se conciben como la única fuerza opositora a ese Imperio.

¿Qué lugar ocupan en esa memoria las cruzadas o el vasto dominio árabe sobre España, es decir, el esplendor de Al-Andalus?

Curiosamente, ambos son descubrimientos que los árabes deben a la historiografía y la literatura europea del siglo XIX. La historiografía medieval árabe discute, por supuesto, extensamente, las batallas libradas contra los «bárbaros» que venían de Occidente, pero nunca mencionan la palabra *cruzados*: aluden, en cambio, a los francos, a los cristianos, a los infieles, sin mayor conciencia de la naturaleza histórica que los occidentales damos al fenómeno. Esta conciencia comenzó en el siglo XIX, cuando los intelectuales árabes, embrionariamente nacionalistas, comenzaron a leer libros europeos. Lo mismo cabe decir de Al-Andalus: había, desde luego, la noticia de una pérdida, la presencia de los emigrados de la península en el norte de África, pero la conciencia plena de la pérdida fue hija del siglo XIX europeo.

Y, al parecer, como apunta usted en aquel libro, el sentimiento romántico de Chateaubriand en El último abencerraje, *novela publicada en 1864, alentó aún más la nostalgia, la fascinación y la curiosidad de los musulmanes por Al-Andalus. Por cierto, el propio Bin Laden ha hecho referencias a ese pasado perdido...*

Es verdad. Bin Laden hace referencias continuas a la historia. En un video de octubre de 2001 habla de los «más de ochenta años de humillaciones». Se refiere seguramente a la caída del Imperio otomano de 1918, que puso fin al último de los grandes Imperios musulmanes.

Si usted hubiera tenido lectores más atentos y pertinentes en Occidente, quizá el conflicto que vivimos se habría previsto —o al menos se habría visto— de manera distinta. Allí estaban todos los avisos, aun antes del arribo de Jomeini.[3] Pero me interesa saber algo sobre sus lectores en los países árabes.

Varios libros míos se han traducido al árabe y al persa; se han publicado en países árabes y en la República islámica de Irán. Hace unos años escribí un libro sobre los *ashishin* y se tradujo tres veces al árabe.[4] ¿Qué

---

[3] El ayatolá Ruhollah Jomeini (o Khomeini), líder político y espiritual del movimiento revolucionario iraní de 1979.

[4] Bernard Lewis, *The Assassins*, Londres, Folio Society Edition, 2005.

tan amplio es ese público lector? No hay modo de saberlo. Sin embargo, la cantidad de libros publicados es bajísima. No sé si usted vio el reporte de Naciones Unidas sobre el desarrollo humano. Según ese estudio, la cantidad de libros traducidos y publicados en todo el mundo árabe es extraordinariamente escasa; incluso, comparada con la de los más pequeños países europeos, el número de libros traducidos para todo el mundo de lengua árabe es cinco veces menor que la de los libros traducidos en Grecia. Es casi nula su curiosidad por el mundo exterior.

Al revés de lo que ocurrió en el siglo XIX, y sobre todo en la Edad Media...

En efecto. Una de las diferencias más notables se encuentra en la ciencia. Durante la Edad Media, el mundo islámico tuvo un avance mucho más amplio que el europeo. Los europeos acudían a las naciones islámicas para estudiar. Traducían los libros árabes al latín. Luego, la balanza cambió. La investigación y el estudio se desarrollaron más en la Europa cristiana y se estancaron en el mundo musulmán. Cuando los europeos estuvieron retrasados, fueron a aprender con los musulmanes, pero cuando los musulmanes se retrasaron no buscaron aprender de los cristianos.

Su libro más reciente, What went wrong?,[5] *alude a una falla cardinal en el mundo islámico, una falla en el acceso a la modernidad. ¿Podría referirnos dónde estuvo esa falla?*

Resulta a veces muy difícil desbrozar las causas, los síntomas y los efectos. Sin embargo, creo que podemos hacer una lista de asuntos, aunque sea en desorden. Yo diría que la falla principal es el trato a las mujeres. Si se observan las diferencias entre la civilización cristiana y la musulmana, el contraste más notable y dramático entre ambas es el trato dado a las mujeres. Y esto afecta a todos y a cada uno de los individuos de una sociedad. Las mujeres constituyen la mitad de la población y

---

[5] *What Went Wrong? Western Impact and Middle Eastern Response*, Nueva York, Universidad de Oxford, 2002 (existe una versión en español de Siglo XXI).

son, por supuesto, las madres de la población entera, incluyendo a la otra mitad. La posición de las mujeres afecta pues a todos los individuos. Este dato le va a divertir: en el siglo XVII hubo un embajador marroquí en España que se mostraba sumamente sorprendido por la liberalidad de las costumbres entre las mujeres españolas y la ausencia de los celos masculinos. ¡Y era la España del siglo XVII! ¿Se imagina lo que habría dicho de Versalles, por ejemplo? Ahora bien, como problema de tránsito a la modernidad fue visto por primera vez, que yo sepa, a mediados del siglo XIX, con un artículo de un escritor turco —en 1867 si no mal recuerdo— en el que se decía que el principal motivo de su retraso era el trato que daban a las mujeres. Luego se extiende sobre el asunto y termina con una metáfora sorprendente: dice que, comparada con Occidente, su sociedad era como un cuerpo humano paralizado de un lado, un hemipléjico. Una estupenda imagen. De modo que, si buscamos una causa en particular, creo que ésta es, si bien no la única, sí la primordial.

Otra, según se desprende de sus libros, es la relación entre la religión y el Estado, la difícil secularización en ese mundo sacralizado.

En efecto. Es algo que los musulmanes jamás han puesto en tela de juicio. Hay acaso una explicación. Todas sus guerras religiosas se libraron contra enemigos no islámicos, los infieles de la «Casa de la guerra». En cambio, los cristianos hicieron guerras de religión en contra de otros cristianos. Y ahí están las conflagraciones de la cristiandad: primero entre católicos y ortodoxos, luego entre católicos y reformadores protestantes. Cientos de años en guerras, hasta que al fin dijeron: «Basta, tenemos que hacer algo». Y surgió la idea de la separación entre la Iglesia y el Estado, para proteger al Estado de las interferencias religiosas y a la Iglesia de la interferencia estatal. Pero los musulmanes no tuvieron que hacer esta distinción porque ni siquiera se plantean la cuestión. Si hace siglos alguien hubiera propuesto a los musulmanes la separación entre la Iglesia y el Estado, ellos habrían respondido que ése era un remedio cristiano para una enfermedad cristiana y que no es un problema que les incumba.

En Islam and the West[6] *usted sostiene la necesidad de un remedio cristiano para una enfermedad universal. En su* Tratado teológico político *(de 1670),* Spinoza *dijo al respecto:* «Un gobierno no debe prescribir a cada uno lo que debe aceptar como verdadero y rechazar como falso, y las creencias que cada uno debe profesar para satisfacer el culto de Dios. Todas estas cosas son el derecho propio del individuo que aunque quisiera enajenarle no podría».[7]

Sí, allí está el origen.

Pero entonces ¿cómo explicarles la necesidad del remedio? Los más liberales entre ellos ¿entienden el problema?

Claro que sí, con frecuencia. Particularmente en Turquía y en Irán. Ambos son Estados soberanos y nunca han sido gobernados por poderes externos, de modo que para ellos los temas del imperialismo y del nacionalismo carecen de importancia. Fueron gobernados por compatriotas turcos e iraníes y, por tanto, pueden ir directamente a sus asuntos internos sin distracciones ni intervencionismos externos. Son Estados soberanos de tiempo atrás. Por eso creo que el pensamiento más claro y las discusiones más francas se pueden dar con los turcos y los iraníes. Entre ellos han discutido estas cuestiones y han llegado a dos respuestas. La turca: separación entre Estado y religión, libertad de las mujeres y adopción del sistema democrático; la otra, la solución dada por los actuales gobernantes de Irán (porque yo no la llamaría solución iraní): es exactamente lo contrario a aquélla. Los turcos dijeron: «Necesitamos modernizarnos más»; los iraníes: «Padecemos un exceso de modernización. Nos hemos dejado llevar por el corrupto Occidente, hemos abandonado nuestra civilización y necesitamos restaurarla». Y esto aparece en distintas formas: la de Bin Laden, la de Jomeini, etcétera: una serie de versiones que ahora, de manera no del todo adecuada, llamamos fundamentalismo.

[6] Nueva York, Universidad de Oxford, 1993.
[7] Cap. xx.

En su ensayo «Coexistencia religiosa y secularismo»[8] usted parece trazar un perfil histórico del islam como una religión relativamente tolerante, de estructuras horizontales, no jerárquicas. ¿Cómo explicar, entonces, la exacerbación de actitudes intolerantes en el islam?

Es mucho más sencillo ser tolerante cuando se está arriba. Hay a quienes les gusta hacer la comparación entre la Guerra Fría del siglo XX y la confrontación entre Europa y el Imperio otomano. Y, en varios sentidos, es una comparación pertinente, pero lo principal es que, en aquel entonces, el desplazamiento de los refugiados era siempre desde la cristiandad hacia el islam, y nunca en sentido contrario. Y no sólo los refugiados judíos sino muchos cristianos: católicos, protestantes, ortodoxos que huían de unos gobiernos que los consideraban falsos cristianos. Aquel Imperio fue tolerante mientras se sentía fuerte y seguro. Pero no nos equivoquemos. Hay quienes juzgan que aquellas épocas fueron una suerte de moderna utopía en la que cristianos, musulmanes y judíos convivían en armonía y total cooperación. No es eso lo que sucedió. Hubo tolerancia, es cierto, y la tolerancia es mucho mejor que la intolerancia. Pero entendamos lo que significa la tolerancia: significa que te voy a otorgar algunos, pero no todos los derechos y privilegios de los que yo disfruto, y esto bajo la condición de que te comportes según las leyes que yo imponga. Me parece una definición aceptable de *tolerancia*. No es, por supuesto, una práctica aceptable según las ideas democráticas modernas, pero era infinitamente mejor de lo que había en la mayor parte de Europa.

Comprendo: un marco de derrota, repliegue e inseguridad propicia la intolerancia. Pero avancemos, ¿dónde ubica usted, en tiempos modernos, el retorno del islam, el momento o la situación en que la intolerancia latente se volvió beligerante?

Me resulta muy difícil señalar una fecha precisa, pero diría que el verdadero movimiento se hace evidente y poderoso ante la percepción

[8] Ensayo incluido en *Islam and the West*.

de Estados Unidos, país frente al cual sienten los musulmanes no tanto odio o miedo sino desprecio. Juzgan que los estadounidenses se han vuelto blandos, degenerados, mimados; que su cultura es hedonista y destructiva. Y, por lo tanto, peligrosa. Cuando Jomeini llama «Gran Satán» a Estados Unidos, no quiere decir que Satán sea un conquistador, ni un imperialista, ni tampoco un explotador económico, sino un *tentador*. Eso es lo que indicaba Jomeini. Y, en un sentido, tenía razón. Sabemos que en Irán las antenas parabólicas están prohibidas, pero mucha gente las consigue, sobornando a los guardias, a la policía. Y tengo entendido que, actualmente, el programa más popular en Irán es *Baywatch*... Ellos perciben a Estados Unidos como débil y degenerado; dicen que huyó de Vietnam, de Irán y de Somalia, y que cuando le volaron las embajadas norteamericanas en África oriental no hizo nada. Y puede usted hallar esto explícitamente dicho por Bin Laden y por otros: los norteamericanos se volvieron blandengues. «Pégales y huyen», tal es la percepción.

Usted ha escrito que, en el islam, la «ortopraxis» es más importante que la ortodoxia. Es decir, los dogmas tienen una rigurosa traducción en la vida cotidiana. ¿Cuál es el lugar de la guerra en esa «ortopraxis»?

De acuerdo con la Santa Ley, existen cuatro clases legítimas de guerra. Las demás están prohibidas. Se puede declarar una guerra contra los infieles, contra los herejes, contra los bandidos y contra los rebeldes. Las guerras contra los infieles no musulmanes y contra los herejes —que son incluso peores, por haber abandonado el islam— cuentan como guerra santa; las otras son guerras legítimas, pero no califican como santas. Ahora Occidente sigue siendo la «Casa de la guerra». Y Bin Laden y sus semejantes han declarado la guerra también a los actuales gobernantes del mundo islámico, porque los ven como herejes.

Un aspecto perturbador de esta guerra es el del martirio ligado al suicidio. ¿Puede usted decir algo al respecto, dentro de la tradición islámica?

Uno debe distinguir entre la teoría y la práctica. En teoría, la religión cristiana es pacifista. A los cristianos se les ordena poner la otra mejilla, amar a sus enemigos, etcétera. Los musulmanes no tienen mandamientos semejantes. Nada en el Corán, ni en las tradiciones primitivas, indica que los musulmanes deban amar a sus enemigos; tampoco ponen grandes expectativas en las palabras de Isaías, de cuando llegue el tiempo de fundir las espadas en azadones y las lanzas en hoces.[9] No tienen ninguna esperanza semejante. Al contrario: el Corán habla muchas veces de guerra y de aniquilamientos. Pero cuando se le mira en términos prácticos, lo que de hecho sucede en el mundo occidental no difiere gran cosa. A pesar de su catecismo y de la doctrina, la sociedad cristiana es bastante belicosa. Más hacia su interior que hacia afuera. Por eso diría que la perspectiva islámica no es más beligerante que la cristiana; es simplemente más pragmática, más acorde con la realidad. Ahora bien, la doctrina de la guerra santa es importante, en tanto que se trata de una obligación religiosa meticulosamente regulada. Y los libros sobre la guerra santa suelen ser muy precisos sobre qué métodos son permisibles y cuáles no, qué armas son permitidas y las que no lo son, etcétera. Hablan del trato a los civiles, a los niños: en verdad son reglas muy elaboradas las leyes de guerra, desde los más antiguos textos religiosos islámicos. El caso específico del suicidio está expresamente prohibido por la ley islámica. Y no sólo prohibido sino visto como pecado grave. El castigo para el suicidio es la condenación eterna. Incluso aunque haya vivido una vida de irrefutable virtud y se hubiera ganado diez veces el paraíso, el suicida irá al infierno. O sus bienes se perderán. Y aún más: de acuerdo con las enseñanzas tradicionales, el castigo que el infierno depara al suicida es la eterna repetición del acto del suicidio. Si se ahorcó, una asfixia eterna; si se envenenó, una pócima fatal e inagotable, y así por el estilo. Eso dice la tradición. Sin embargo, la idea de marchar hacia una muerte cierta en perjuicio del enemigo no es la misma que la del suicidio. Eso está

---

[9] «Y juzgará entre las naciones, y reprenderá a muchos pueblos; y volverán sus espadas en rejas de arado, y sus lanzas en hoces; no alzará espada nación contra nación, ni se adiestrarán más para la guerra.» Isaías, 2: 4.

permitido. La pregunta se planteó, y se adujo que sí, que es permisible marchar hacia una muerte segura cuando se enfrenta a un enemigo mucho más poderoso, si con ello se beneficia la causa. Si la muerte viene del enemigo y no de propia mano; pero en caso de ser por propia mano, el infierno es inevitable.

Aunque hubo actos suicidas en la guerra entre Irán e Iraq, y episodios aterradores como el de los «niños de la llave» —que enviaban los iraníes a los campos enemigos para detectar minas (provistos de una llave para abrir el cielo en caso de topar con una mina)—, creo que hay un salto cualitativo en nuestros días: ¿cuál es la raíz en la actitud del moderno suicida, del shahid?

Shahid es una palabra árabe que significa "mártir", es decir, "testigo". En la idea que tienen los judíos y los cristianos, el martirio consiste en aceptar la tortura y la muerte antes que abjurar de la propia fe. Para los musulmanes, el martirio significa morir en la batalla. La justificación que aducen para los actos suicidas es reciente. Lo de morir en la batalla viene de atrás.

Hablemos sobre el terrible —acaso insoluble— conflicto entre israelíes y palestinos. Al margen de las indudables justificaciones de ambos pueblos y sus legítimas aspiraciones sobre una misma tierra, ¿podría esbozar algún elemento de psicología histórica que esté en juego para explicar la actitud árabe frente a Israel?

Hace poco leí una declaración que me parece esclarecedora. El autor, un palestino, decía que ya era suficientemente malo haber sido conquistados y dominados por el imponente imperio de Occidente, pero acabar dominados y conquistados por un puñado de judíos constituye una intolerable humillación. Creo que, en términos psicológicos, lo que dice tiene verdadero sentido. Hay que recordar que toda sociedad tiene clases inferiores y minorías. Según el estereotipo europeo, la imagen hostil del judío es la del usurero codicioso. Pero no es igual para el musulmán; para ellos, el chiste común contra el judío lo presenta como un cobarde. Pongo un ejemplo, un chiste. Data de principios del siglo XX, cuando los jóvenes turcos se hicieron con el poder en

1908 y participaron en una serie de guerras. Se decía que, durante la Guerra de los Balcanes, los judíos de Salónica —donde por entonces tenían una comunidad muy numerosa—, llenos de ardor patriótico, proclamaron que ellos también querían servir y defender al Imperio otomano. El gobierno turco les dijo: «Por supuesto». Les enviaron hombres, los entrenaron, los armaron y equiparon, y los dejaron listos. Les llega, pues, el momento de entrar en combate, y los líderes de la comunidad judía dicen: «De acuerdo. Estamos listos. Pero en el camino rumbo al frente hay bandidos, ¿por qué no nos mandan a la policía para escoltarnos?» El chiste es de más o menos 1912, y ése es el estereotipo. Y por eso resulta mucho más humillante.

En varias obras —The Jews of Islam *y* Semites and Antisemites—[10] *sostiene usted que no hubo animosidad extrema entre los dos pueblos a lo largo de los siglos, que la actitud adversa a los judíos en el mundo árabe es relativamente reciente, y que su ideología es de cuño europeo o ruso, como la popularidad de ese manual inmundo:* Los protocolos de los sabios de Sión. *Me parece obvio, por otra parte, que la creación del Estado de Israel cambió los términos y creó una enemistad histórica que antes no existía.*

De nuevo está el componente de la humillación. Y para eludirla se convierte a los judíos en una especie de monstruos demoniacos, y se va al otro extremo. Recuerde que, cuando se estableció el Estado de Israel, apenas había medio millón de judíos en Palestina. Una situación en la que cinco Estados árabes, con sus ejércitos, son derrotados por medio millón de judíos. Es muy humillante. ¿Y con qué armamento contaban? Muchas armas cortas, rifles, pistolas, tal vez algunas automáticas. Nada de artillería: lo más potente era algún mortero casero. Carecían de armamento defensivo y tampoco tenían aviación. Y sin embargo fueron capaces de derrotar a todos aquellos ejércitos árabes, que eran verdaderas milicias y avanzaban contra ellos con la

---

[10] *The Jews of Islam*, Nueva Jersey, Universidad de Princeton, 1984 (existe una edición es español de Letrumero); *Semites and Anti-Semites*, Nueva York, W. W. Norton, 1986.

confianza de obtener una pronta y sencilla victoria. Sabemos esto por varias fuentes de la época. Y no estaban solos: el general Montgomery le dijo al primer ministro británico de entonces, Clement Attlee, que los árabes derrotarían a los judíos en cosa de nada. Todo mundo esperaba eso.

Volvamos al mundo islámico en general. Hay una falta de libertad en esos países, eso es obvio, pero ¿cuál es la acepción de la palabra «libertad» en aquellas culturas?

El término *libertad* es conocido y usado, pero en el ámbito legal y social, no en el político. En la tradición literaria islámica, ser libre significa no ser esclavo. La institución de la esclavitud existió, desde luego, y libre era el esclavo que dejaba de serlo. Un hombre libre era un no esclavo. Los musulmanes, a diferencia de los europeos, no utilizaban los términos de *libre* y *esclavo* como metáfora para designar un buen o un mal gobierno, que es como comenzó nuestro uso del término *libertad*. Hasta donde sé, el uso del término en su sentido político comenzó, en árabe, a partir de la llegada de los franceses a Egipto en 1798: lanzaron allí, en árabe, una proclama en la que decían venir en nombre de la República francesa, basada en los principios de la libertad y la igualdad. En algún lugar de su trayecto extraviaron la fraternidad. Solamente mencionaron la libertad y la igualdad. No tuvo impacto alguno, porque en 1820 aparece un libro muy interesante, de un egipcio que pasó varios años en París, que le dedica varias páginas a esa idea francesa de la libertad. Hace una observación muy sagaz: dice que lo que los franceses quieren decir con libertad es «lo mismo que nosotros decimos cuando hablamos de justicia». Y tenía razón. En el pensamiento musulmán, y en la práctica, el ideal de un buen gobierno es la justicia. Lo cual significa que las cosas se hacen de acuerdo con la ley y que el gobernante mismo debe acatarla. Ésa es la idea tradicional islámica del buen gobierno.

¿Hasta qué punto la democracia es incompatible con la cultura política del mundo islámico?

No creo que sea tanto un asunto de cultura política sino de ciertos aspectos de la sociedad. Uno de ellos es la ausencia de lo que se llama *sociedad civil*. Es un término que actualmente reviste muy diversos significados, así que permítame definir lo que quiero decir por *sociedad civil:* un cuerpo de personas que se han avenido por propia voluntad. En el fondo de todo individuo subyace una lealtad involuntaria que se debe a la familia o a la secta, a la Iglesia o al lugar donde se ha nacido. Entre estas instancias se establecen asociaciones voluntarias, formadas ya por intereses económicos, ya por aficiones o deportes o lo que sea. Las sociedades occidentales están capacitadas para hacer funcionar las fuerzas de esta tremenda red de asociaciones libres que, reunidas, hacen posible una sociedad libre. Una sociedad en la que no hay nada entre las lealtades involuntarias subyacentes y la obediencia total al Estado no puede ser una sociedad libre. Éste es el punto al que quiero llegar: allá no existe esta tradición. Occidente cuenta con una larga tradición de agrupaciones corporativas. En Roma estaba el Senado; en Grecia, varios cuerpos, establecidos mediante elecciones, gobernaron las ciudades. Por doquier hallamos cuerpos colegiados, corporaciones de distintos cuños, después las agrupaciones comerciales y, en fin, resulta que es esto de donde, con el tiempo, surge la sociedad libre. En Medio Oriente, como le dije, la sociedad se desenvuelve entre las asociaciones y lealtades involuntarias de la familia, el lugar de nacimiento…

Con todo, la vida moderna ha llegado de diversas maneras a esos países, por lo menos a través de la información, los cambios tecnológicos. ¿Cuál ha sido el efecto de la modernización económica o material en estos países?

La modernización, lejos de mejorar las perspectivas de progreso político, las ha empeorado. La modernización hizo dos cosas. Una, fortaleció enormemente el poder del gobernante, que ahora tiene a su disposición todo un aparato moderno de tecnología para vigilar y reprimir, de modo que hasta un gobernante de pacotilla, como Bashar al-Assad en Siria, puede tener más poder que Suleimán el Magnífico o Harún al-Rashid.[11] Lo segundo que trajo consigo la modernización fue la destitución de los pequeños poderes inmediatos. En la sociedad tradicional existían órdenes sociales de toda especie. Había lo que podemos llamar las familias patricias de las ciudades; también una nobleza rural, y organizaciones militares y de religiosos. En el Estado moderno, estos órdenes sociales no resultan ni desplazados ni sus funciones son retomadas por nadie. La modernización tuvo al mismo tiempo dos efectos: fortaleció los poderes soberanos y debilitó o hizo desaparecer todas las limitaciones que antes restringían al poder soberano, de modo que las sociedades actuales son mucho más autocráticas y despóticas de lo que nunca fueron en sus formas tradicionales. Y, desde luego, la gente está consciente de esto, y es una de las razones por las que muestra tanta amargura, porque no se equivoca cuando percibe que esto es resultado de la modernización u occidentalización, que en la práctica tienden a ser una misma cosa.

¿Cuál es el papel del líder carismático en esa estructura de dominación? Un líder carismático podría encabezar la modernización política, la secularización, la introducción de libertades. Fue el caso de Atatürk.[12]

Ya no tienen necesidad de los líderes carismáticos. La tuvieron, pero ya no tienen ninguna necesidad. Me parece que Nasser y Gaddafi fueron los últimos. Nasser ya murió y Gaddafi ha perdido la cabeza. El carisma es útil en una sociedad donde la gente vota y elige o escoge, o por lo menos sigue de alguna manera a sus líderes... Lo decisivo en estas sociedades es la estructura de poder tradicional...

Y ahora está Bin Laden, el otro polo del carisma...

---

[11] Suleimán (o Solimán) el Magnífico, sultán otomano del siglo XVI que se distinguió por sus grandes hazañas legislativas y de expansión territorial. Harún al-Rashid, califa abasí del siglo XIII d.C. que incluso figura en *Las mil y una noches* árabes; su Imperio coincide con el esplendor de la llamada Edad de Oro del islam.

[12] Mustafa Kemal Atatürk, primer presidente de la Turquía moderna (1923-1938).

Exacto, aunque no está a la cabeza de ningún Estado, pero sí, es carismático, sin duda alguna. Escribí para el *Wall Street Journal* un artículo en ese sentido.[13] Allí exploro las fuentes de su popularidad. Una es su elocuencia (la elegancia verbal clásica es una virtud muy apreciada en el mundo árabe desde tiempos ancestrales). Por otra parte, Bin Laden es un hombre que abandona sus enormes privilegios para asumir una vida ascética y una misión religiosa. Una especie de Robin Hood del pueblo islámico. Pero, claro, Robin Hood no era un terrorista.

En su libro Islam and the West, *refiere usted el viejo miedo de Europa a la invasión musulmana, el miedo antes del sitio de Viena en 1683, que marcó el repliegue del islam. Al leerlo pienso en el miedo actual de Occidente, en particular de Europa, a la presencia islámica en el continente.*

Bueno, conquista no es lo mismo que migración.

Sin embargo, algunas naciones europeas perciben la migración como una silenciosa conquista.

No mantengo mucho contacto con lo que sucede en Europa. Pero tengo la idea de que es un asunto que les preocupa cada vez más, y tienen la impresión de que los musulmanes lo han intentado varias veces antes. Los moros en España, los tártaros en Rusia, los turcos en los Balcanes. Ahora probablemente esté sucediendo por cuarta vez, ya no por medios militares sino por vía de la migración. Sé de estas preocupaciones, pero lo que me alarma es la clase de personas que las expresan.

Sí, me parece claro: la derecha extrema en Holanda, Austria, Francia... En fin, es el viejo fascismo europeo, y el antiquísimo rechazo, característico de Europa, hacia lo otro, hacia los otros. Ayer fueron los judíos, hoy los musulmanes. ¿Cómo viven los musulmanes la experiencia del exilio?

---

[13] «Deconstructing Osama and his Evil Appeal», *The Wall Street Journal*, 23 de agosto de 2002.

Recordemos que es, propiamente dicho, la primera vez en la historia en que los musulmanes han emigrado. Sucedió antes, pero de otra forma, cuando vivían sometidos a regímenes no islámicos. Hay una gran discusión al respecto en el libro de la Ley Santa. ¿Tiene un musulmán prohibido vivir bajo leyes no musulmanas? Las respuestas varían. ¿En qué casos los musulmanes viven bajo leyes no islámicas? Y los analizan: desde el musulmán que vive bajo leyes no islámicas, al musulmán que viaja a tierras de infieles, ya sea como mercader, o por fuerza, por ser un prisionero. Otra posibilidad, la más común, es la conquista a manos de infieles. La pregunta se la planteó por primera vez un jurista de Marruecos durante la Reconquista. Ya no es, actualmente, una pregunta teórica, sino práctica: ¿es aconsejable que un musulmán viva bajo leyes no islámicas? El jurista marroquí dice que no; que, si su país, por cualquier razón, cae bajo un poder no islámico, sus habitantes deben emigrar hacia un país musulmán, donde puedan llevar una vida acorde con los lineamientos islámicos. Y se le preguntó qué sucedería si el poder infiel fuera un gobierno cristiano tolerante. Respondió que eso sería incluso peor, porque allí el riesgo de la apostasía es aún mayor. Después vinieron otros y dieron otras respuestas; un jurista de Sicilia, por ejemplo, decía que los musulmanes bien podían quedarse, siempre y cuando se les permitiera llevar una vida islámica plena. Pero en la era moderna, donde vastos territorios musulmanes fueron conquistados e incorporados a los imperios británico, francés, holandés o ruso, ya ni siquiera se planteaba como cuestión si debían quedarse o emigrar. ¿Adónde irían? De modo que ese aspecto quedó en el pasado, sustituido por la detallada discusión de las circunstancias en las que un musulmán puede obedecer leyes no musulmanas y de los modos en que ha de comportarse. En Arabia Saudita incluso se publica un periódico especializado en temas relacionados con las minorías islámicas.

Conozco la obra de varios intelectuales islámicos, auténticamente liberales y tolerantes, que viven fuera de los países musulmanes, pero ¿los hay dentro?

Los hay, claro que sí, pero están obligados a tomar una dolorosa decisión: callarse o emigrar, porque los gobiernos de esos países tienen dos enemigos internos: los modernizadores y los fundamentalistas y, de ellos, los fundamentalistas son los más peligrosos. Es decir, si en Egipto o en la Arabia Saudí se celebraran mañana elecciones libres, lo más probable es que llegara al poder un gobierno parecido al iraní.

¿Abriga usted alguna esperanza en la introducción del pensamiento político moderno, como en Turquía? ¿Cuál es el papel de la educación? Hemos leído mucho acerca de lo que sucede en las madrazas: una educación fundamentalista que reproduce y multiplica el desencuentro y el conflicto con Occidente. ¿Es eso lo que buscan?

El resultado de esa política es la más desafortunada combinación de *wahabismo* saudita y dólares. El *wahabismo* es una forma muy radical, que apareció en Arabia en el siglo XVIII. Tuvo algunos seguidores fuera, pero no muchos. Es un culto muy fanático, sumamente intolerante y muy destructivo. Hasta el siglo XX estaba confinado en la región de Najd, en el norte de Arabia, de donde viene la familia saudí. En el siglo XX sucedieron dos hechos que cambiaron radicalmente las cosas. Uno fue la creación del reino saudí; la casa de Saud gobernaba un grupo de tribus de Najd. En los años veinte fueron conquistando tierras hacia el sur y, poco a poco, terminaron por establecer su reino, que incluía dentro de su territorio tanto La Meca como Medina, las dos ciudades santas. Y adquirieron una enorme autoridad, en su calidad de guardianes de los lugares santos. El otro hecho fue el petróleo. A principios de los treinta, Arabia Saudita comenzó a exportar petróleo. Desde su primer contrato —que si no me equivoco fue firmado en 1933 por Ibn Saud y la Standard Oil de California—, la exportación se ha incrementado enormemente y ha generado una riqueza inconmensurable. Esto da una mezcla de *wahabismo*, reino saudita y billones de dólares, y el resultado es la amplia diseminación de una versión violenta e intolerante del islam a lo largo y ancho del mundo musulmán: no sólo de los países islámicos, sino incluso entre las minorías musulmanas en los países ajenos a dicha fe. Tengo entendido que, por ejemplo, el noventa por ciento de las mezquitas en Estados Unidos son financiadas por los *wahabis*. Esto es muy peligroso.

No deja de ser extraño que los sauditas, para quienes los negocios con Occidente resultan indispensables, se preocupen por financiar una educación que opera justamente en sentido contrario.

Bueno, porque tienen la esperanza de apoderarse del mundo en algún futuro.

Pero ¿verdaderamente cree usted en ese designio?

En realidad no sé si el Imperio saudí planea tal cosa, pero ése es desde luego el objetivo *wahabi*. El primer paso es expulsar a los infieles de las tierras del islam; el segundo, es apoderarse de las tierras de los infieles. Los gobernantes de Arabia Saudita están en la cuerda floja. La casa de los Saud es *wahabi*, pero tiene aperturas hacia Occidente. El equilibrio es precario. Yo, personalmente, creo que la mayoría de los sauditas prefiere a Bin Laden que a los poderes modernos.

Hemos hablado de la importancia central, universal, de la religión en el mundo musulmán. Pero ¿qué hay respecto de su nacionalismo? ¿Puede operar el nacionalismo como una salvaguarda de Occidente?

No es particularmente importante. Nosotros pensamos en un país dividido en religiones; ellos, en una religión dividida en países. Actualmente el nacionalismo está derrotado. Durante la segunda mitad del siglo XX hubo dos ideologías dominantes: el nacionalismo, que supuestamente traería la libertad, y el socialismo, que debía traer la prosperidad. Ambos han caído en el descrédito. El socialismo por su fracaso, el nacionalismo por su éxito. En 1945 a todo el mundo le quedaba claro que el socialismo era la marejada que llevaba al futuro. La Unión Soviética había obtenido gloriosas victorias en Europa oriental; el Partido Laborista inglés había derrotado en las urnas al imponente Winston Churchill, y todos los países árabes practicaban una u otra forma del socialismo; hubo mucha discusión pública en aquellos años: que si debían desarrollar un socialismo árabe, más de acuerdo con sus propias circunstancias; otros decían que no, que debían adoptar el socialismo científico, que era el auténtico. Hoy, creo, todos los árabes dirían que no importa si el socialismo es árabe o científico, que simplemente no funciona y ha dejado tras de sí una serie de economías en ruinas. Todo aquel socialismo no fue sino el enriquecimiento privado por vía de los poderes públicos. Supuestamente, el nacionalismo debía traer la libertad, cosa muy distinta a la independencia. Durante mucho tiempo habían creído que la libertad y la independencia eran una y la misma cosa. No lo son. La independencia, lejos de venir aparejada con la libertad individual, frecuentemente acababa con la poca que tenían bajo los gobiernos imperiales. Muchas veces desembocó en la mera deposición de los mandamases extranjeros para colocar tiranos locales, mucho más hábiles y con menos restricciones para sus tiranías. De modo que en el mundo árabe ambos, el socialismo y el nacionalismo, fallaron y quedaron desacreditados. Ahora la duda consiste en dónde hallar a los líderes nacionalistas árabes: uno busca y no se les ve por ningún lado. Ya no queda nadie como Nasser o el Gaddafi de sus primeros años. No hay liderazgo alguno. Saddam se ha convertido en líder solamente porque personifica la lucha contra Occidente. Osama Bin Laden es lo más parecido a un líder.

Su visión es sombría. En verdad sombría.

Es una mala situación. Nuestros tiempos son malos tiempos y, de no hacer algo al respecto, empeorarán notablemente.

En este panorama, ¿ve usted algún indicio de esperanza? Y si es así, ¿dónde?

Bueno, es muy difícil, porque recuerde usted que estos países viven bajo distintos niveles de dictadura, de modo que no hay discusión libre ni pública. Ni en los periódicos ni en revistas como la suya. No tienen nada de eso. Sin embargo, hay algunos indicios. En primer lugar, hoy existe un periodismo árabe fuera de los países árabes, principalmente en Londres y en París, así como en otros lugares. Aunque eso no sea siempre del todo bueno —a veces resulta peor que el periodismo oficial—, de vez en cuando se pueden ver artículos notablemente independientes en estos periódicos. No se trata de una prensa *emigré*, sino de periódicos que circulan a través de la mayoría de los países árabes. Operan desde Londres o París porque les resulta más conveniente. De modo que sí, veo indicios y veo varios signos. Obviamente, está Turquía, que es el único país musulmán que, de vez en vez, cambia de gobierno por vía electoral... En fin, hay semillas. Creo que un cambio de régimen en Iraq y en Irán sería un muy buen comienzo.

¿Incluso mediante la guerra?

Incluso así, de ser necesario, aunque no creo que lo sea. Estamos hablando de dos países oprimidos por tiranías odiosas. Le cuento otro chiste. Es iraní, actual. Cuando los aviones estadounidenses sobrevolaban Irán camino de Afganistán, muchos iraníes colocaron letreros en sus casas que decían: «Por favor, apunte aquí». Creo que en ambos países, después de todas las experiencias que han vivido, existe una genuina disposición para el desarrollo de las instituciones democráticas y quizá tengan la capacidad que se requiere.

El chiste como género subrepticio de la libertad política. Viejo tema...

Sí, yo los colecciono. En los países sometidos a dictaduras los chistes constituyen la única forma de esperanza y de astucia política.

Según su concepto, Irán e Iraq tenderían idealmente hacia el modelo turco. Pero ¿y Egipto? Corríjame si me equivoco: Egipto, país modernizador, fue una cuna del fundamentalismo en el siglo XX. Ahí se fundó —como ha documentado usted—, en 1928, la organización Hermandad Musulmana, adversa a la secularización árabe y cuyos miembros asesinaron a El-Sadat; de allí proviene el médico Ayman al-Zawahiri, el brazo derecho de Bin Laden...

Egipto es un caso muy complejo, acerca del cual no podría hacer predicción alguna. Es decir, el problema actual es que el pueblo egipcio, sin duda, simpatiza mucho más con los fundamentalistas islámicos.[14]

[14] Tras 42 años al frente del gobierno libio, Muamar Gadafi finalmente fue derrocado en 2011 por grupos opositores auspiciados por la OTAN.

Al cabo de esta conversación recuerdo, en sentido distinto, el título de aquel célebre libro de Lenin, ¿Qué hacer?[15]

A mi juicio, lo primero que deberían preguntarse los occidentales no es sólo qué debemos, sino qué *no* debemos hacer. Me temo que habría que persuadir a los cancilleres de Europa y América de abandonar esa perniciosa política que consiste en «ganar tiempo». La filosofía que subyace en esta postura es que estas personas, los musulmanes, son incapaces de transformar sus regímenes en gobiernos democráticos y que, hagamos lo que hagamos, seguirán regidos por tiranos. Siendo así, se piensa que una buena política consiste en asegurarnos de que sean tiranos amistosos en lugar de hostiles, de modo que lo mejor es ir y sobornarlos. Conocemos esa historia: resultó desastrosa en Centroamérica, desastrosa en el sudeste asiático, y no será distinta en Medio Oriente. Simplemente, no es la vía. Pero parecen incapaces de aprender nada. Insisto, debemos dejar de alentar y subsidiar a los truhanes y tiranos. Abunda la corrupción. Quienes tienen el poder se abstienen muy bien de enviar a sus propios hijos en misiones de bombardeo suicida. Siempre son los hijos de otros. No quiero decir que debamos entrar y derrocarlos. Pero tampoco debiéramos tratarlos con ese respeto absurdo. Cuando el presidente Bush habló del «eje del mal», el presidente Assad de Siria se ofendió mucho de que no se haya incluido a su país. Hay, entre los palestinos, indicios de un movimiento democrático. Hay quienes se han manifestado en contra de Arafat y han exigido elecciones verdaderas y libres. Creo que podemos hacer más para alentar ese movimiento. Es otro de los aspectos del conflicto árabe-israelí que con frecuencia queda sin mencionarse, pero que resulta realmente importante: he aquí una sociedad abierta —con todas las características, buenas y malas, de una sociedad abierta— rodeada por árabes, tanto dentro como fuera. Y cuando tuve oportunidad de visitar Jordania, el año pasado o el antepasado, algunos profesores jordanos me comentaron que muchos estudiantes están aprendiendo hebreo moderno. Les pregunté por qué querrían

---

[15] Stuttgart, 1902.

aprender hebreo, y me respondieron que pasan mucho tiempo viendo televisión israelí y miran a todas estas grandes figuras de la política, como Sharon o Peres, golpeando la mesa y gritándose unos a otros, y quieren saber qué están diciendo. Nunca vieron nada semejante en su propia sociedad.

En México, el primer debate que vimos en la televisión fue el que sostuvieron Clinton y Bush, y tuvo un efecto similar. Si tienen eso allá, ¿por qué no acá?

Le pondré un ejemplo de la televisión israelí. Había un niño palestino que, durante los disturbios, fue golpeado por un policía o soldado israelí y resultó con un brazo roto. Al día siguiente salió, llevando su brazo en un cabestrillo enorme, y denunciando a los israelitas en la televisión israelita. Un iraquí dijo: «Con gusto dejo que Saddam Hussein me rompa los dos brazos y las piernas, a cambio de que me permita hablar así en televisión». Por eso la clave está en la democratización. Necesitan libertad. Libertad en la economía. Necesitan liberarse de la corrupción y de los eternos malos manejos en las administraciones. Necesitan libertad en el terreno científico y, en general, en el pensamiento, para alcanzar una comprensión del mundo moderno. Las mujeres necesitan liberarse de la opresión masculina. El Estado requiere liberarse de la religión y viceversa.

¿Las mujeres son más conscientes que los hombres de su particular situación?

Así lo creo. Resulta muy difícil de estudiar porque no se puede conversar con las mujeres, pero tengo la impresión de que las muy pocas que han podido emanciparse —de hecho una muestra no representativa— son indicadoras de una tendencia general. Y recuerde: las mujeres son las madres de estos niños. Un niño que crece en el seno de una familia tradicional, donde los hombres son los señores de la creación, y las mujeres sus sirvientas, está mal preparado para la vida democrática.

¿Viven las minorías musulmanas en Europa el dilema de convertirse en modernos o revertir hacia el fundamentalismo?

Subsisten ambas tendencias. Sin embargo, los llamados fundamenta-listas duros operan mucho más libremente en Europa y Estados Unidos que en sus países, porque se aprovechan de las libertades. Cuando los bombarderos suicidas entraron en las embajadas estadounidenses en Kenia y Tanzania, iban en dos camiones bomba; mataron a doce norteamericanos y a más de doscientos africanos que, por casualidad, andaban por allí. Pero eso les importa un comino. También murieron, creo, diecinueve suicidas, y una revista de lengua árabe, publicada en Pittsburgh, Pensilvania, habló en honor de los diecinueve que habían sacrificado su vida por el islam, diciendo: «Pronto Alá nos dispensará el honor de reunirnos con ellos en el paraíso». ¡En Pittsburgh! No se hubieran atrevido a publicar eso en El Cairo.

Pero, insisto, esas minorías musulmanas en Estados Unidos, en Inglaterra, en Francia —aquellas que poco a poco han ido entendiendo los valores de liber-tad y tolerancia que disfrutan en Occidente, libertad y tolerancia sobre todo para practicar su religión—, ¿podrán tal vez influir sobre sus países de origen?

Es la pregunta clave. Me parece que hay dos elementos. Uno es arit-mético: si la minoría es amplia, estará menos dispuesta al cambio que una minoría pequeña. Porque hay minorías grandes y peque-ñas, y las grandes son mucho más reacias al cambio que las peque-ñas. El segundo elemento es la influencia del dinero del petróleo y el *wahabismo*.

Consolémonos entonces, porque en el horizonte apunta un nuevo remedio: las fuentes alternas de energía, ¿no es así?

Absolutamente. *Ojalá.*

Donald Keene

DE CÓMO SE ABRIÓ EL JAPÓN AL MUNDO

En la primavera de 2002 visité el Japón, entre otros motivos, para participar en un homenaje a Octavio Paz en el que también intervinieron dos viejos amigos del poeta mexicano: el embajador Eikichi Hayashiya y el escritor Donald Keene. Con el primero, Paz tradujo varios textos japoneses, entre ellos *Sendas de Oku*, de Matsuo Bashō. Con el segundo trabó una larga amistad. Llamar escritor a Donald Keene no es inexacto, pero no da idea de su portentosa aventura intelectual. Keene es, sin disputa, la mayor autoridad sobre la historia de la literatura japonesa fuera —y quizá también dentro— del Japón. Ha publicado una treintena de libros. Su monumental obra *Emperor of Japan: Meiji and his World, 1852-1912*[1] fue un éxito inmediato en Estados Unidos. Su tema es la apertura del Japón a Occidente, y las tensiones entre la tradición y la modernidad, todo ello encarnado en la enigmática figura del emperador Meiji. Su libro es la biografía de una época.

El poeta Aurelio Asiain, agregado cultural de la embajada mexicana en el Japón, conocedor profundo de la literatura japonesa y viejo compañero de travesía en los años de *Vuelta*, me acompaña a conversar con Keene. El gran *scholar* vive en un modesto departamento, en una especie de multifamiliar en Tokio, cuyo único lujo visual es la apacible vista de un antiguo jardín. Pequeño de estatura, delicadísimo en su voz y trato, Keene habla durante dos horas sobre la historia de su país adoptivo con la misma agradecida devoción que cuando llegó como intérprete de las

---

[1] Nueva York, Universidad de Columbia, 2002.

fuerzas de ocupación hace medio siglo. Su conversación, igual que sus libros y sus traducciones, transmite una visión de claridad y un tono de armonía. Sólida intuición sin arrogancia profesoral, emoción sin sentimentalismo, atención inteligente por la minucia significativa y curiosa. Como un monje zen que recorre el jardín sutil y agreste de la historia japonesa, Keene no deja de sorprenderse del milagroso equilibrio que esa nación —esa isla— logró, y logra aún, en resumen, entre su cultura milenaria y los rigores ineludibles de la modernización.

ENRIQUE KRAUZE: *Puesto que yo mismo soy biógrafo, me gustaría preguntarle, en el caso particular del emperador Meiji, ¿qué efecto tuvieron su vida y su biografía en la historia de los cambios que ocurrieron en su época? ¿Hasta qué punto propició él esos cambios? ¿Qué habría sucedido si su padre no hubiese muerto a tan temprana edad?*

DONALD KEENE: Podríamos comenzar en ese punto: ¿qué habría ocurrido si su padre no hubiese muerto a los treinta y seis años? Su padre se oponía con encono a la apertura, a entablar cualquier relación con Occidente. Estaba convencido de que si un solo europeo pisaba suelo japonés los dioses nunca se lo perdonarían y sería un ultraje. Y se opuso por todos los medios imaginables a avenirse con los occidentales. Si hubiera seguido vivo, probablemente no habría podido detenerlo todo, pero habría puesto más obstáculos. Hubo un incidente absurdo sobre el cual insistió: declarar que, a partir de determinada fecha, todos los extranjeros debían ser expulsados del Japón. Y, a tal efecto, las armas en el territorio de Honshu abrieron fuego sobre los barcos europeos y estadounidenses que cruzaban el estrecho de Shimonoseki. Esto comenzó una pequeña guerra, cuyo resultado fue que los europeos y los estadounidenses destruyeron los fuertes japoneses.

La importancia de Meiji es de alguna manera negativa: es lo que no hizo, lo que pudo haber hecho y no hizo (y que los monarcas europeos de aquella época estaban haciendo). Lo que hacían el zar de Rusia y el káiser de Alemania era perverso, terrible: estaban dispuestos a sacrificar incontables súbditos en beneficio personal o por simple vanidad. A Meiji esto le era totalmente ajeno. Al margen de sus sentimientos personales, invariablemente se mostraba cortés con todos los extranjeros que conocía. Sabía lo que debía hacer y cómo debía comportarse un soberano, y nunca abusó de su poder. Eso es lo más importante: nunca abusó de su poder. Probablemente no era un intelectual. Se dice que tenía muy buena memoria o que hay ejemplos que ilustran su buena memoria. Nunca olvidaba a una persona que le hubiesen presentado y jamás olvidaba un rostro, ese tipo de cosas. No es que recordara a la perfección sus clases de historia. No era un intelectual, pero sí un hombre decente, y dos fueron siempre sus mayores preocupaciones: la primera, no deshonrarse a los ojos de sus antepasados —no haría nada que trajese vergüenza sobre sí mismo o sobre sus antepasados—: esto era en extremo importante. La segunda era que cumpliría con su deber aun cuando le resultara doloroso. Así, por ejemplo, salvo una vez en su primera juventud, nunca salió en el verano ni durante el invierno. Nunca fue a un lugar cálido durante el invierno o a un sitio más fresco en el verano, aunque tenía residencias en todo el país a las que habría podido dirigirse, porque decía: «Los demás habitantes de Tokio no se marchan durante el verano, ¿por qué yo sí?» Ésta fue siempre su actitud. Durante la guerra con China se trasladó a Hiroshima, y allí se quedó, en una casa de madera muy rústica, con una sola habitación para sí, que durante la noche utilizaba como dormitorio y durante el día como oficina, cuando se guardaba la cama. Y cuando la gente le decía: «¿No le gustaría sentirse un poco más cómodo?» Su respuesta era: «No: los soldados en el frente no tienen mosquiteros». Era realmente un hombre cabal. Sólo de vez en cuando hacía algo que escapa a nuestro entendimiento. Voy a darle el peor ejemplo: le gustaba comer espárragos. Esto por sí mismo es digno de mención, pues fue el primer emperador japonés en comer espárragos.

Los cambios históricos que tuvieron lugar en el Japón de su época ¿en qué medida fueron resultado de su propio designio, de sus propias ideas?

Es muy difícil responder a esto, pues no queda claro quién escribió realmente algunos de sus edictos o proclamas. La primera proclama importante fue un juramento, de suma importancia, que prestó en cinco artículos. Es la primera vez en la historia del Asia, hasta donde tengo entendido, en que se dijeron estas cosas. Por ejemplo, dijo que, en efecto, debía existir un parlamento elegido por el pueblo. No especificó quién iba a votar y quién no, pero era la idea de un organismo parlamentario que decidiría sobre las medidas que se habrían de tomar. En segundo término, lo cual me resulta aún más interesante, dijo: «Debemos abolir las antiguas y perniciosas costumbres y buscar el conocimiento en el resto del mundo». Primero, en la tradición china, japonesa o coreana, todas las antiguas costumbres eran *buenas*. No había costumbres perniciosas. Ellos decían: «Por definición, siempre imitamos el pasado; los antepasados eran más inteligentes que nosotros. Continuamos la tradición. Los antecedentes existen pues en el pasado las cosas se hacían mejor; por tanto, nosotros haremos lo mismo, vamos a imitar a nuestros antepasados». Pero decir que los antecedentes eran perniciosos me parece una declaración extraordinaria. Y, además, buscar el conocimiento en otra parte. En el Asia oriental, el único lugar donde se esperaría que un japonés buscara el conocimiento sería en China, por ejemplo. Volver a los chinos, leer a Confucio y tratar de desentrañar, mejor que antes, lo que realmente dijo. Pero aquí el significado es evidente: es buscar en todo el ancho mundo el conocimiento superior; aceptar —desear y aceptar— todo lo que sea superior de otras partes del mundo, en este caso en Occidente. Y ésa era su actitud, lo haya escrito o no.

En aquella época, Meiji tenía dieciséis años. Tenía quince cuando se convirtió en emperador y esto ocurrió algún tiempo después…

Para nosotros era un niño. Para ellos no. Hay un poema suyo que me interesa mucho. Dice algo así: «Mi jardín está lleno de plantas y flores porque importé las semillas de Occidente». No significa que haya que destruir todas las plantas japonesas, sino que el jardín sería mucho mejor si tuviese plantas de otras partes del mundo.

¿Sabe de otro ejemplo en la historia de una cultura que, como ésta, haya mantenido contacto con el mundo exterior (con China, por supuesto) y luego se

haya cerrado? Conozco el de Paraguay y el paraíso de los Cheswick (Pensilvania). Hay algo allí, pero tiene más que ver con la utopía cristiana. ¿Se le ocurre algún otro ejemplo?

Corea es un caso similar, pero eso no nos ayuda. Los coreanos fueron mucho más lentos que los japoneses. De hecho, los japoneses reprendían a los coreanos por atrasarse y no alcanzarlos. Pero no se me ocurre ningún otro país que se cerrara después de saber acerca del resto del mundo. Me imagino que lo que habrá ocurrido muchas veces es que una cultura adopte la de otro país, como los ingleses adoptaron la cultura francesa. Eso sucede. Pero no levantan un muro en torno suyo.

Acerca del debate entre los tradicionalistas y los que querían la apertura, hay algo moderno que resuena en nuestros oídos, pues actualmente el mundo sostiene un debate entre los que quieren, digamos, la globalización y quienes buscan el desarrollo de su propia cultura. Entiendo que se dio una polémica muy rica, que incluso fue violenta en algunas ocasiones. ¿Puede decirme cuáles fueron los motivos por los cuales quienes favorecían la apertura finalmente triunfaron?

Los que favorecían la apertura, hasta cierto punto, le temían a Occidente; temían lo que podía suceder. Si decían que no, ¿qué ocurriría? ¿Serían aplastados en cuanto los otros se percataran de su inferioridad militar? Y al enviar una misión japonesa a Estados Unidos y a Europa, en 1873, vieron por primera vez cómo eran las ciudades occidentales. Vieron fábricas donde los obreros producían cientos de objetos en una hora, cuando en Japón una persona hacía uno en el mismo tiempo. Vieron la enorme riqueza que representaban los edificios. En el Japón, la residencia más palaciega no se parecía ni remotamente a la casa de un hombre acomodado de Europa. No les agradaba, preferían la simplicidad; pero entrar a un palacio italiano con pisos de mármol y techos decorados, pinturas al fresco y jarrones con listas de oro debió deslumbrarlos. Comprendieron que no podían enfrentar a Occidente, que debían fortalecerse.

Había un conflicto entre los que querían conservar el país como estaba, mejorarlo tal vez pero no propiamente modificarlo, y los que veían cómo eran las naciones europeas y sentían miedo y envidia, y querían tener el mismo estilo de vida. Creo que el debate entre estas personas duró mucho tiempo y sólo gradualmente se percataron los japoneses, todos los japoneses, de que tendrían que abrir el país. Incluso en 1880, y más tarde, había japoneses que preferían conceder la extraterritorialidad que abrir el interior del país a los extranjeros.

¿Qué significa la extraterritorialidad?

Hay extraterritorialidad cuando los extranjeros tienen derecho a que sus ciudadanos sean juzgados no por un tribunal japonés sino por un tribunal consular. Si un extranjero cometía un crimen, no podía ser juzgado por un tribunal japonés, y la postura de los ingleses fue muy firme. Todos los otros países accedieron. El primer país que dijo: «De acuerdo, ustedes pueden juzgarnos», fue México. Fue el primero en aceptar que los japoneses juzgaran a los ciudadanos mexicanos, sólo que no había mexicanos en el Japón… De cualquier manera, los japoneses le tenían tanto miedo a los extranjeros que muchos de ellos, hasta finales de la década de 1880, pensaban: «Es mejor tolerar este ultraje, este insulto a los tribunales japoneses, que abrir el interior del país a los extranjeros». Creían que corromperían todo el territorio, que privarían a los japoneses de sus tierras.

Supongo que en la propia persona de Meiji, mucho más que en su padre, se conjuntaban elementos tradicionales y elementos a favor de la apertura. ¿Puede dar ejemplos de esa tensión? Lo más sorprendente para mí es el hecho de que parecía tener una relación cercana con su padre, ¿o no fue así?

Su padre lo veía todos los días y juntos escribían poesía, lo cual era importantísimo para un monarca japonés. Todo aristócrata japonés tenía que escribir poesía. Y Meiji no hizo lo mismo con sus hijos. Meiji veía a sus hijos en muy pocas ocasiones y se guiaba por un conjunto muy diferente de principios, que él consideraba confucianos. Por ejemplo: «Es muy malo que un padre mime a sus hijos. Dales demasiado afecto y se echarán a perder». Era una actitud confuciana que él llevó al extremo. Había leído que muchos regímenes chinos habían sido derrocados por culpa de la influencia de las mujeres. Por lo tanto, él era muy frío con sus hijas. Después de la muerte de once o quince de sus hijos, uno se imaginaría que sería muy feliz y afectuoso con los restantes, pero en una ocasión vio a sus hijas en enero y no volvió a verlas hasta el siguiente diciembre. Iban al palacio, solicitaban verlo y él respondía: «Estoy demasiado ocupado para verlas». Todos comentaban: «¿Por qué no es más afectuoso con sus hijas?» Pero creo que estaba convencido de que las mujeres a menudo eran la causa de la destrucción de un país, y por lo tanto decía: «Si soy demasiado bueno con mis hijas...»

Meiji tenía razón...

¿Tenía razón? Bueno, creo que se excedió.

Acuérdese de Troya.

Sí, es verdad. Ése es un buen ejemplo. Creo que la complacencia de Meiji hacia Occidente era curiosa. Por ejemplo, probablemente le gustaba la comida japonesa, y en particular prefería la comida de Kioto y no la de Tokio. Sin embargo, no tenía dificultad en aceptar la comida occidental cuando ofrecía una cena formal con japoneses, y, por supuesto, cuando los invitados eran occidentales la comida siempre era occidental. Nunca se quejó. Le gustaba la comida occidental. De acuerdo con el testimonio de un diplomático inglés que compartió una cena con él, comió mucho y no mostró señales de que le disgustara la comida. Le gustaba. Y algunos alimentos occidentales, como el helado y los espárragos, lo volvían loco. Le gustaba el sake, pero le advirtieron que no era bueno para él, así que lo cambió por vino y champaña, y parecían satisfacerlo. Siempre vestía ropas occidentales cuando se dejaba ver. Nunca usó ropas japonesas. A pesar de ello, nunca salió del país. Viajó mucho, sobre todo cuando era joven, dentro del Japón, y, aunque es curioso decir esto, probablemente fue el primer emperador japonés que vio el monte Fuji. Todos los emperadores japoneses anteriores a él habían vivido en la zona aledaña a Kioto,

Nara y sus alrededores; nunca habían llegado tan lejos. Ningún emperador japonés había visto el océano, tal vez en seiscientos o setecientos años. Jamás un emperador japonés había presentado sus respetos en el gran santuario de Ise, nunca. Él fue el primero en ir allí.

Me gustaría escuchar, a manera de bosquejo, los cambios políticos que la monarquía, su Restauración, experimentó en cuanto a la estructura política: los sogunes,[2] los daimios,[3] el ejército, el gabinete… ¿Fueron cambios esenciales?

Fueron esenciales, ciertamente. El grito de guerra de los opositores al sogunado había sido el derrocamiento del sogún y el regreso del emperador al poder. Ése era su reclamo y lo creían, pero no tenían idea de lo que implicaba en realidad. Ningún emperador había gobernado solo desde el siglo xiv, y aquello duró solamente tres años. Estalló una revuelta a los tres años de gobierno del emperador, y antes de eso ningún emperador había gobernado, digamos, desde el siglo xi, de manera que nadie sabía qué implicaba que un emperador gobernara solo.

Y una vez que al fin se libraron de los sogunes, y el emperador había asumido el mando definitivamente, hizo decir a todos los diplomáticos extranjeros que, a partir de ese momento, tratarían todos sus asuntos con él y con sus subordinados. Pero lo que sucedió fue que trataron de establecer un gobierno sobre las bases de lo que había existido, digamos, en el siglo xii: un gobierno de nobles y personas de alto rango. Esta gente no tenía experiencia política en absoluto, de modo que durante algún tiempo en realidad no hubo gobierno. En tanto daban tumbos en busca de un gobierno, algunos miembros de la clase de los samuráis, que tenían conocimientos de política, comenzaron a pensar cómo debía establecerse un nuevo gobierno. Lo primero era que el emperador sería la figura principal (no hace falta decirlo). Pero, por debajo de él, ¿cómo sería el gabinete? ¿Cómo se llamaría el gabinete? ¿Se llamaría gabinete o emplearían una palabra moderna para nombrarlo? El *daijō-kan*[4] sería el gran ministro central, y luego estarían

---

[2] Clase militar de samuráis.

[3] Señores feudales.

[4] Departamento de Estado. Suerte de ministerio de los asuntos internos del Japón.

el ministro de la izquierda, el ministro de la derecha, títulos todos ellos que habían dejado de tener algún significado. Pero ahora restituían el poder político al ministro de la izquierda y al ministro de la derecha y, por supuesto, éstos eran nobles cuyo mayor logro era escribir poesía y practicar algunos deportes. De modo que tenía que ocurrir una evolución del gobierno con la tutela de unas cuantas personas que conocían los gobiernos europeos, que hubieran leído sobre ellos. Y el progreso fue lento, paso a paso, hasta reunir a un grupo de personas que conformarían el gabinete: algunos nobles, pero otros samuráis, con conocimiento del resto del mundo.

Así se abrió paso el concepto de un consejo que asesoraría a estas personas, quienes se beneficiarían de su sabiduría. Aún no se hablaba de elecciones o de un parlamento; eso no sucedería sino treinta años después. Pero la idea era avanzar en esa dirección. Y luego, ¿qué pasaría con el emperador? ¿Seguiría siendo, como hasta entonces, un prisionero dentro de las paredes del palacio? El padre de Meiji salió de las paredes del palacio dos o tres veces en su vida. Una, debido a un incendio, y otra, porque tenía que visitar un santuario. La vida del emperador estaba dedicada a las minucias, y de pronto se suponía que debía ser un líder, poseer sabiduría, debía ser alguien que tomara decisiones, que en caso de conflicto supiera qué lado estaba en lo correcto.

Así, este emperador niño se convierte en la figura principal y tiene que depender del consejo de varias personas bastante versadas en los sucesos de Europa. Kido Takayoshi era uno de ellos, un hombre brillante. Por desgracia, murió muy joven. Pero había varios más como él, que podían guiarlo. El siguiente paso sería deshacerse de los daimios. Lo consiguieron aboliendo los territorios y creando prefecturas. La diferencia estriba en que, en una prefectura, alguien que no era el daimio podría ser el oficial en jefe, el gobernador. Y esto sucedió, en efecto. En algunos casos el daimio sencillamente se convirtió en el gobernador, pero en otros era alguien totalmente distinto: no era un miembro de la familia del daimio. Y gradualmente los daimios, y los demás, fueron privados de sus derechos. Los samuráis fueron privados de sus estipendios. Durante el antiguo régimen, un samurái recibía cada año cierta cantidad de arroz; y si no necesariamente el arroz, el valor del arroz. De pronto les informaron que ya no recibirían más arroz; les entregaron una cantidad de dinero y les dijeron que se ganaran la vida. Por supuesto esto provocó ira y desilusión, y creo que se incrementó cuando surgió la idea de tener soldados que no eran miembros de la clase de los samuráis. Soldados que eran conscriptos, hijos de campesinos ordinarios, a los que se les confiarían las armas, y, de hecho, ellos combatieron en las primeras batallas del régimen.

De manera que la transformación política se llevó a cabo gradualmente y la directriz era una máxima occidental: tener un brazo legislativo, un brazo ejecutivo y un brazo judicial. Al principio la distinción no era del todo clara, pero ése era el rumbo que tomaron quienes estaban al mando. Y luego la posición del emperador dejó de ser la del monarca secuestrado que nadie veía. Con toda probabilidad, al emperador Kōmei, el padre de Meiji, lo vieron cien personas en toda su vida. Nunca apareció ante el pueblo. Cuando hablaba con sus nobles, generalmente se encontraba detrás de un biombo para que no pudieran verlo. Y la mayoría no conocía su rostro. Pero cuando Meiji se convirtió en emperador, decidieron que tenía que familiarizarse con su país, y por eso lo recorrió. Y también el pueblo tendría que acostumbrarse a él. Antes que nada, tendrían que habituarse al hecho de que un emperador tenía un rango más elevado que el daimio; la mayor parte de los agricultores, de los habitantes del campo, no estaban al tanto de que había un emperador; sólo conocían a su propio daimio, a su pequeño emperador. Y no sabían que había alguien por encima de él.

¿Él decidió las dos guerras más importantes?

No, él se opuso a la primera guerra; a la principal guerra con China. Cuando le comunicaron que había comenzado, dijo: «No quiero una guerra, deténganla». Y le replicaron: «No podemos, ya la gente se está trasladando». Pero él se oponía. Una vez que las tropas se habían movilizado, no pudo hacer nada al respecto. No creo que hayan tomado su parecer siquiera en relación con la Guerra de Rusia; él no tuvo nada que ver, no hizo nada para apoyarla.

Hubo otra guerra, la guerra interna, con Satsuma, el territorio del samurái Saigo Takamori en Kagoshima, el extremo sur del Japón. El líder de los daimios, el personaje principal, Saigo, era un hombre muy popular en el Japón; incluso lo es hoy en día. Se le consideraba un benefactor noble y sociable, interesado sólo en su país, no en sí mismo. Pero hubo una guerra entre sus tropas y las del gobierno. El gobierno ganó esa guerra con soldados campesinos que combatieron a los samuráis que peleaban en el otro bando, lo cual fue una suerte de triunfo para el mundo moderno.

¿De qué manera la religión, o la mentalidad religiosa, ayudó en el proceso de asimilación y apertura? Me parece que existía en el Japón de entonces, en materia religiosa, una suerte de inclusión, que dista mucho de las religiones que vemos hoy en día.

Siempre hubo dos religiones en el Japón: el budismo y el sintoísmo. A comienzos del régimen de Meiji el budismo cayó en desgracia y hasta la fecha la mayor parte de la gente cree en ambas religiones, aun cuando son opuestas o contradictorias. El budismo sostiene que este mundo es un lugar de sufrimiento y esfuerzo y que lo que hacemos en este mundo nos permitirá ganar el paraíso en el otro. No es distinta la noción cristiana de que, si eres una buena persona, vas al paraíso, y si eres una mala persona te vas al infierno. Pero esto es típico del budismo. El sintoísmo dice que este mundo es un lugar hermoso, un lugar maravilloso, y cuando morimos vamos a un sitio fétido y putrefacto. Así, las dos son completamente diferentes. ¿Y qué hacen los japoneses? Creen en el sintoísmo para este mundo y en el budismo para el otro. Es muy conveniente. Y así es incluso hoy en día. Cuando nace un niño o se celebra una boda, siempre es ante los dioses sintoístas; un funeral se celebra ante Buda, porque los dioses sintoístas no están muy interesados en la muerte. Pero en los primeros años del régimen de Meiji había una intensa oposición al budismo, en parte porque decían: «Es extranjero, vino de la India y de China, no es originario del Japón». Y entonces eran vehementemente projaponeses; sólo querían lo que era japonés. Meiji tuvo muy poca relación con el budismo.

Dado que, durante tantas generaciones, sus antepasados mantuvieron al Japón aislado del mundo, ¿no había rastros de culpa o preocupación por la manera en la que estaba transformando las costumbres de su país?

Los había, sí; está usted en lo cierto. A algunos no les gustaba lo que estaba haciendo y decían que los dioses del sintoísmo no estaban contentos. Por ejemplo, cuando Meiji salió de Kioto la primera vez para ir a Edo —no el Tokio de antes—[5] la gente de Tokio trató de detenerlo y uno de ellos informó que un miembro de su comitiva, uno de sus invitados, se había caído. Esto era una señal de que los dioses no querían que se marchara. Y ocurrieron otros milagros, o lo que parecían milagros. A los dioses no les complacía que Meiji fuese a Edo, o no les agradaban los cambios que estaban ocurriendo en el Japón.

En especial, hubo una revuelta memorable en Kumamoto. Había un grupo que se hacía llamar los *shimpura*; *shimpu* es otra versión de la palabra *kamikaze*, «el viento de los dioses». Se decía que el kamikaze era el viento que los dioses le dieron a los japoneses para destruir la flota china, la flota mongola, que vino en el siglo XIII. Como usted sabe, Kublai Khan envió esa flota para conquistar el Japón. Y llegaron, pero un tifón repentino destruyó la flota y esto se atribuyó a la intervención de los dioses. La palabra *kamikaze* ha adquirido otros significados. Durante la Segunda Guerra Mundial, eran los japoneses que estrellaban sus aviones contra los buques estadounidenses. Durante algunos años también se les llamó así a los taxistas.

Los miembros del *shimpura* en Kumamoto se oponían a las ideas occidentales; se negaron a usar armas occidentales y sólo utilizaban espadas, arcos y flechas. Si tenían que pasar debajo de las líneas del telégrafo, se escudaban en su mala influencia sosteniendo un abanico blanco sobre la cabeza: así se protegían. Obedecían el principio de la lealtad absoluta a los dioses y actuaban sólo cuando los dioses se lo autorizaban; agitaban piedrecillas dentro de un tubo y entonces «salía» la respuesta, que podía ser «ataquen» o «esperen»; algo así. Esta gente combatía al gobierno y el gobierno tenía armamento. Los

---

[5] Hasta 1868 Tokio se llamó Edo.

arrasaron. Pero si va a Kumamoto, verá las fechas en las tumbas: todos tenían menos de veinte años. Esos jóvenes se enfrentaron a las tropas del gobierno porque tenían fe en los antiguos dioses. En ese sentido, Meiji, o el gobierno de Meiji, no le temía a los dioses. Creían que el progreso era más importante que la fidelidad a los dioses.

¿Ha hecho usted uso de la poesía como fuente histórica?

La poesía es lo único que sobrevivió. No de su puño y letra: nada de ese tipo se conserva de su puño y letra. Él escribía un poema y luego se lo entregaba a una dama de la corte célebre por su hermosa caligrafía; ella lo escribía en otra hoja de papel y entonces él destruía el original, porque no le gustaba o no se sentía cómodo con su propia caligrafía. Pero escribió poemas que en ocasiones hacen referencia a cosas como la que mencioné: lo hacía feliz que en su jardín hubiese plantas de países extranjeros que lo hicieran florecer. Hay cosas como esa. Pero muy pocas que digan: «No soporto a Fulano» o «Leí que ha sucedido tal o cual cosa». Todo lo que tenemos es indirecto, por ejemplo…

Testigos.

Testigos, sí. Cuando viajaba en tren y pasaba por Osaka, se emocionaba muchísimo. Le encantaba porque había numerosas chimeneas de las que salía humo. Decía: «Ésta es la ciudad del humo». Para nosotros, el humo es perjudicial; es malo para la salud, pero para él implicaba progreso. Y le fascinaba ver el humo negro que salía de las chimeneas.

Por cierto, las palabras progreso *y* retroceso *¿eran los términos que se empleaban en el lenguaje político?*

No. Conocían esos términos, pero me parece que habrían utilizado la palabra *ilustración*, no progreso.

La actitud hacia los otros países (China, Corea, Rusia, Estados Unidos, Inglaterra) era de simpatías y antipatías. Había buenos extranjeros y malos extranjeros. ¿Cuáles son los ecos de esa actitud en nuestra época?

Creo que, en lo que respecta al Asia, durante muchos siglos los japoneses consideraron a China y a Corea países superiores, pues habían aprendido mucho del continente. Pero después de la apertura del Japón, los japoneses comenzaron a despreciarlos.

Menospreciaban en especial a Corea, porque tardaba más en abrirse y modernizarse, y los japoneses que habían visitado Corea informaban que el país estaba desorganizado y era ineficiente y corrupto. También despreciaban a los chinos, sobre todo después de la primera guerra sino-japonesa de 1894-1895. Los chinos habían aceptado voluntariamente que los hicieran prisioneros. Habían huido durante los combates. Fue muy fácil conquistarlos. Cuando comenzó la guerra entre China y Japón casi todos los periodistas occidentales dijeron que «los japoneses podrán obtener una victoria o dos, pero en poco tiempo veremos que China, este país inmenso y poderoso, vencerá a los japoneses». Los japoneses ganaron toda la guerra; no hubo una sola victoria china. De manera que despreciaban a los chinos.

En lo que respecta a los países europeos, los occidentales, creo que tenían una actitud cordial con todos excepto, tal vez, con Rusia. Los rusos les inspiraban temor. Esto se volvió cada vez más un miedo porque los rusos eran el único país cercano. Siberia, las provincias marítimas de Siberia, estaban muy cerca. Cuando el zarévich, el futuro Nicolás II, vino a Japón, un policía japonés le pegó, le dio un golpe con la espada. Los japoneses estaban aterrorizados, creían que esto desataría una guerra con Rusia. Los japoneses tenían mucho miedo. Hay fotografías que muestran los obsequios que le dieron para hacerle olvidar el ataque que había sufrido. Su barco estaba repleto de arte japonés, pantallas, comida, de todo; tanto miedo le tenían los japoneses a los rusos. Creo que el sentimiento aún perdura; los japoneses siguen teniéndole miedo a los rusos.

¿Y Estados Unidos?

Estados Unidos es el más complicado de todos. Oscila de un lado a otro. En esta época prevalece la oposición a Estados Unidos, porque a los japoneses no les gusta su postura belicista. No conozco a un solo japonés al que le agrade la idea del ataque a Iraq. Y durante la Guerra de Vietnam no conocí a un solo japonés que pensara que los estadounidenses hacían lo correcto.

¿Qué puede decirme sobre la legendaria crueldad de los japoneses? Que no sólo fue leyenda: hubo crueldades… ¿Podría hablar del trato que dieron los japoneses a los chinos durante la segunda guerra sino-japonesa? Recuerdo cómo me impresionaron las escenas de 1937. ¿Aquello fue algo característico o sólo gajes de la guerra?

Es muy difícil saberlo. Los periodistas europeos fueron testigos oculares de los actos de los japoneses durante la segunda guerra sino-japonesa, y no hay duda de que ocurrieron. Actualmente también los japoneses los han aceptado… Es decir, se han publicado libros en los que se describen todos esos horrores, de modo que los japoneses están muy conscientes del hecho. Pero supongo que se podría decir que lo primero que vieron los japoneses, en el lugar donde ocurrieron las mayores crueldades, fue a los soldados japoneses que los chinos habían matado y mutilado, así que esto pudo haberlos llevado a desviarse de sus actividades normales para buscar venganza. Pero eso no disculpa lo que hicieron, que fue espantoso.

Hay narraciones, japonesas inclusive, en las que se describe la brutalidad de los japoneses con los chinos que habían sido capturados o con las mujeres y los niños que encontraban. Y esto es algo que no puedo responder. Yo mismo no lo entiendo, porque los japoneses, si se les conoce actualmente, son las personas menos violentas, menos agresivas que hay. Hasta hace poco tiempo, el crimen casi no existía en este país. Aún ahora puede caminar por la calle a las tres de la mañana sin sentirse tenso, sin preocuparse por alguien que viene…

Sé que Octavio Paz le mencionó que Tanizaki era su autor preferido. La razón es, justamente, que escribía sobre esta tensión entre tradición y modernidad.

Sí, es verdad. Que Octavio lo haya percibido y que lo haya preferido demuestra que sabía qué era la literatura, pues muchas personas, muchos japoneses (cuando vine a vivir a Japón, en la década de los cincuenta) habrían sostenido que Tanizaki era un buen narrador sin ideas, que no tenía un pensamiento original ni aspiraciones intelectuales. Me parece que no lo decían, pero sí lo escribían. Ahora la mayoría de los japoneses diría que fue su mejor escritor del siglo XX.

El escritor favorito, el escritor japonés más respetado entre los japoneses, sería en ese entonces Natsume Sōseki, que sin duda fue un escritor muy notable, pero que escribía sobre la angustia de la vida de los japoneses del siglo XX. Tanizaki, por su parte, escribió acerca de lo divertido que era vivir en el siglo XX, de todas sus maravillosas posibilidades. Bueno, eso es una exageración, pero creo que Tanizaki no da la impresión de haber vivido una angustia constante, de haberse preocupado siempre por el destino de los japoneses o por lo que significaba ser japonés. No creo que eso le importara. Le interesaban las relaciones con las personas; cómo vivía, cómo le gustaría vivir, cómo le habría gustado haber vivido.

¿Cuál es el lugar que ocupa la literatura en ese mundo político? Leí en su libro muchas frases como esta: «Y entonces escribió esta tanka…»

En el caso de un noble, un miembro de la corte, no sólo para el emperador sino para todos los cortesanos, escribir un poema en la rigurosa forma de una tanka, un poema de treinta y un sílabas, habría sido la manera normal de expresarse. La mayor parte de las tankas eran sobre la naturaleza: «Hoy es el primer día de la primavera, la niebla cubre las montañas y el hielo ha comenzado a derretirse en los arroyos». Así, de una estación a la otra. Pero también había otro tipo de tanka en la que se deploraba alguna situación. Nunca con un lenguaje directo, pues en treinta y un sílabas no se puede decir mucho; sólo puede sugerirse, puede insinuarse pero no decirse explícitamente, ya no se diga lamentarse. Pero ésta era la forma de expresión admitida y era casi la única forma de expresión en el idioma japonés. Algunas personas, en especial de la clase de los samuráis, habrían escrito en chino, que en ese entonces cumplía la misma función que el latín en Europa. Era un idioma culto que nadie hablaba, pero que los muy educados podían leer y escribir. Ésta era la función del chino clásico para los japoneses. Y cuando escribían en chino clásico, por supuesto que podían tratar en extenso el abuso del gobierno, el abuso de la sociedad. Pero cuando se trataba de asuntos del corazón, de los sentimientos, de las cosas que los conmovían hondamente, escribían en japonés, no en chino, porque el chino era un idioma extranjero.

De manera que, para los japoneses de aquella época, escribir un poema era normal. Incluso ahora esta usanza persiste, en menor escala. Cuando dicto una conferencia, suelo preparar un poema con antelación, para que, cuando termine y la gente se me acerque con una hoja de papel y me pida escribir algo, yo tenga listo un breve y tedioso poema.

¿A su juicio qué sobrevive del Japón eterno, el Japón anterior a la apertura a Occidente?

Hay muchas maneras de verlo. Depende de qué clase se trate. Para la clase más baja de la sociedad, tal como era entonces, los cambios han sido enormes. Ahora sólo hay cien mil personas en Japón que viven de la agricultura. Cien mil personas en una población de cien millones. Y la mayoría son labradores de medio tiempo; ahora tienen maquinaria que se encarga de la siembra y la cosecha; trabajan en una fábrica en el pueblo y van en automóvil a los campos. Por lo tanto, su vida se ha transformado enormemente. Ahora no son muy distintos de los habitantes de la ciudad.

Cuando llegué a vivir a Japón en los años cincuenta eso no era así, y por la ropa que la gente vestía se podía saber si venían del campo o de la ciudad. Pero ya no es posible distinguirlos. Todos visten a la moda. En cualquier pueblo del Japón hay una tienda de ropa con accesorios de moda, y en la aldea más pequeña encontrará un salón de belleza donde las mujeres pueden hacerse un rizado permanente. En cuanto a la clase alta, su estilo de vida ha cambiado mucho menos. Es menos artístico, menos dedicado a las distracciones del pasado, pero todavía viven en sitios cómodos, tienen amigos, un selecto grupo de personas con las que suelen relacionarse. Si pierden su dinero por algún motivo, pueden cambiar su estilo de vida y permitir que su hija se case con un hombre acaudalado con malos antecedentes: no tienen opción.

Pero creo que, para los japoneses en su conjunto, los cambios han sido tan enormes que es difícil calcularlos. Por ejemplo, este estilo de vida, vivir en un departamento como yo. Antes de 1965 o 1966 en todo Tokio había tal vez cinco edificios como éste. Todos los que usted ve fueron construidos a partir de los años sesenta. Cuando comenzó la guerra entre China y Japón, todos los habitantes de Tokio tenían una casa, pequeña, pero una casa. Vivían en la pobreza, con pocos aparatos eléctricos. Hoy en día todos tienen aparatos eléctricos. Cuando le digo a la gente que no tengo… ¿cómo se llama eso? Para calentar cosas…

Microondas.

No tengo microondas. «¿Cómo puedes vivir sin microondas?» Si va a comprar comida en una tienda departamental, está pensada para la gente que tiene microondas. Ese tipo de cosas han cambiado. Las mujeres solían pasar la mayor parte de su tiempo literalmente en la cocina, en la cocina o lavando la ropa, casi sin tiempo para ellas. Ahora, si usted va al teatro en Tokio, casi todo el público es femenino. Ahora tienen tanto tiempo libre que pueden ir al teatro, al cine, a jugar tenis, a hacer de todo; toda su vida se ha transformado. Si su pregunta es: ¿han cambiado psicológicamente?, probablemente la respuesta es que no. Pero en su estilo de vida externo han cambiado totalmente. No conozco la psicología de los jóvenes; es posible que haya cambiado, pero creo que actualmente en el Japón la gente todavía siente, digamos, que deben ser buenos con sus padres, que tienen que cuidarlos. Hasta cierto punto podrán hacer lo que sea para enfadarlos; pelean con ellos, pero luego se dan cuenta de que ésa es la responsabilidad de aquéllos, después de todo. Y cuando en el Japón se sabe que una persona mayor vive sola, de inmediato provoca compasión. En Nueva York debe haber un millón de ancianos que viven solos.

Donald Keene

Para terminar. Los grandes sinólogos que recuerdo no vivían en China; los especialistas en la India no vivían en la India. Su caso me parece excepcional por el mero hecho de dedicarse al conocimiento del Japón. Pero vivir aquí… ¿Cuál es la respuesta? ¿Dónde están las raíces de su afición por el Japón?

Antes que nada, cuando llegué a Japón por primera vez, en 1953 (ya había estado aquí una semana después de la Segunda Guerra Mundial, pero realmente me establecí en 1953), los japoneses me trataron con la mayor cortesía posible. En algunas ocasiones esa gentileza me irritaba; me sentía decepcionado, por ejemplo, cuando la gente se preocupaba acerca de si podía o no comer comida japonesa, e insistía en darme comida occidental, que yo no quería. Esa gentileza no me daba ningún placer. Pero era cortesía, no malicia; no trataban de hacerme sentir a disgusto. Los japoneses han sido realmente maravillosos y gentiles, así que me siento en casa. Y mi naturaleza no es agresiva: no me agrada discutir con las personas, no me interesa hacer hincapié en mis derechos. Aquí es mucho más sencillo que, digamos, en Nueva York. Cuando voy a Nueva York cada año, es sólo para chocar. Lo primero que hago, comprar un periódico, da lugar a una crisis. No sé cuánto cuesta un periódico y el vendedor adopta una actitud desafiante: «¿Qué está esperando? ¿Qué le pasa?» En el Japón la gente le da las gracias cuando usted compra algo, siempre, sin excepción. Incluso si no compra nada, alguien le dará las gracias. O cuando va a un restaurante le dan la bienvenida; le agradecen, intentan hacerlo sentir contento de estar allí. Esto me viene muy bien. Pero, conflictos aparte, tengo una suerte de amor infantil por aprender, sigo aprendiendo: aprendo cosas que no son necesariamente importantes; sólo disfruto discernir algo más acerca del Japón. Y éste es el único lugar donde puedo tener la experiencia de averiguar cuál es el color adecuado de las flores para regalar a determinada persona.

V

Orbe hispánico

Miguel León-Portilla

Humanismo indigenista

Miguel León-Portilla fue el primer gran maestro que tuvo mi generación en el Centro de Estudios Históricos de El Colegio de México, hacia 1970. Nos impartía la asignatura de historia del México prehispánico, en la que se ponía especial énfasis en la literatura náhuatl. Utilizábamos los gruesos volúmenes compilados y editados por uno de sus maestros, el padre Garibay, especie de profeta bíblico o un san Jerónimo moderno, que lo mismo traducía los salmos de David que las canciones de Ayocuan. León-Portilla combinaba las más diversas cualidades: la erudición más admirable y un extraordinario sentido del humor —era irónico, juguetón, festivo—, una fina sensibilidad literaria y una intensa pasión moral. Nos enseñaba mucho más que la historia fáctica del México prehispánico (sus batallas, gobernantes y costumbres): nos transmitía un amor cristiano —compuesto de simpatía y piedad— al legado indígena mexicano. «Si de verdad quiere estudiar este periodo, aprenda náhuatl», me dijo, al calificar un rudimentario ensayo mío de fin de ciclo. No seguí su consejo, pero su cátedra me reafirmó en la creencia de que nuestro pasado (sobre todo el indígena) no ha pasado: puro o modificado, sigue vivo, latente, pendiente.

Miguel León-Portilla no es un autor: es una institución. Maestro, investigador, académico, conferenciante, ha merecido un gran reconocimiento dentro y fuera de su país. Ha escrito varios libros clásicos, traducidos a otras lenguas (*La filosofía náhuatl, Los antiguos mexicanos, Visión de los vencidos, Literaturas indígenas de México, Toltecáyotl. Aspectos de la cultura náhuatl*, entre muchos otros). Ha compilado, prologado y editado la obra de cronistas e historiadores fundamentales de la Nueva España. Ha traducido textos indígenas invaluables. Se ha aventurado por territorios poco conocidos, como el estudio de la antigua California. Es, además, un espíritu sensible a los problemas de la vida nacional.

Hasta el último día de 1993, el objeto de sus afanes parecía enteramente académico. Pero la madrugada del primer día de 1994 ese objeto se volvió —de nueva cuenta— sujeto, no de la historiografía, sino de la historia. Quinientos años después del «encuentro entre dos mundos», la rebelión neozapatista de Chiapas entró en erupción como un volcán histórico en tierra de volcanes. Aquella lava de identidad cambió muchas ideas equivocadas de los mexicanos. Seguían existiendo los indios de México, había millones de ellos, y reclamaban un lugar y una voz en el destino del país. Se trataba de una auténtica *revuelta* en el sentido que desarrolló Octavio Paz, un movimiento telúrico originado en las entrañas del país, integrado no por pueblos con pasado indígena, como los zapatistas originales, sino por indígenas estrictos, aunque capitaneados por intelectuales revolucionarios de origen urbano, universitarios, en cuya cúpula figuraban también algunos indígenas que, de todos modos, no habrían podido concebir un movimiento así.

El movimiento neozapatista se desvaneció un poco del horizonte, pero no se ha resuelto. Todas las variables imaginables —étnicas, sociales, religiosas, políticas, económicas, demográficas— intervienen en aquella región en la que floreció la civilización maya y donde el mestizaje —fenómeno esencial de la sociedad y la cultura mexicanas— no tuvo cabida. León-Portilla intervino en el debate sobre Chiapas no sólo con lucidez sino con la *pasión* justiciera de un moderno Bartolomé de las Casas en defensa de los indios, de su cultura, de sus lenguas, de su identidad. Nadie puede objetar su justificación moral. Abreva del humanismo indigenista que dentro de poco cumplirá quinientos años. Las diferencias que tengo con él se centran en algunas medidas radicalmente autonómicas que el indigenismo neozapatista propuso y que, a menudo, redundan en un atropello a las libertades esenciales y los derechos humanos universales.

A partir de aquella reveladora mañana de 1994, me ocupé con frecuencia del tema chiapaneco en ensayos, artículos y reportajes. He visitado la zona en dos ocasiones. Creo que se trata de un fenómeno sumamente complejo, en el que incide el viejo espíritu revoluciona-rio de los años sesenta (representado por el subcomandante Marcos), pero en el que cuentan, sobre todo, la Teología de la Liberación y el neoindigenismo. El protagonista fundamental de este entramado fue el obispo Samuel Ruiz, cuya fuerza profética proviene también del fondo de los siglos. En él radicó, a mi juicio, la clave más profunda del neozapatismo: se trataba de un movimiento mesiánico.

Al cabo de casi una década de aquella erupción de la historia, quise conversar con mi antiguo maestro, pero sin abordar de lleno los punzantes asuntos políticos de Chiapas, sino ampliando la perspectiva hasta remontarnos a los fundadores del indigenismo, los humanistas españoles del siglo XVI. Porque, con todos los pecados de su historia, España tiene el inmenso y extraño mérito de haberse preocupado —y ocupado— de los pueblos que conquistó, procurando su tutela y pro-tección, buscando incluir su cultura en la cultura occidental. El amor intelectual y el compromiso moral de aquellos humanistas es uno de los capítulos más extraordinarios de la Europa renacentista, y aun del cristianismo en todas sus épocas. Pero lo más notable es que se trata de un esfuerzo continuado a través de los siglos, una cadena que arranca de fray Bernardino de Sahagún y ha llegado al nuevo milenio en la obra de humanistas como Miguel León-Portilla.

ENRIQUE KRAUZE: *Comienzo, Miguel, por preguntarte algo provocador. Aunque se utiliza mucho la fórmula «el tribunal de la historia», la histo-ria, lo sabemos, no es un tribunal, y el historiador no un juez. Pero imagi-nemos que te encuentras en ese papel en este instante. ¿Cuál es tu razonado veredicto —llamémosle así— sobre la responsabilidad moral de España en la conquista de México?*

MIGUEL LEÓN-PORTILLA: Es una pregunta difícil de responder; sin embargo, quiero abarcar, en torno al concepto de *conquista*, otra serie de hechos que deben tomarse en cuenta. La Conquista, si la reducimos a los enfrentamientos bélicos, a la destrucción de la ciudad de México, a la sujeción de los indígenas, al hecho de que quedaron ellos en encomiendas y corregimientos, todo aquello que nos dice Bernardino de Sahagún —el primer antropólogo— de que «a los indios no les quedó sombra de lo que fueron», la opinión inevitablemente tiene que ser negativa. Pero si abarcamos en ese concepto otra serie de hechos y de personas, entonces el juicio puede matizarse. Me refiero a la presencia de ciertos individuos que influyeron decisivamente en lo que siguió a los hechos bélicos y a la «destrucción de las Indias», para utilizar la expresión del padre Bartolomé de las Casas. Esas presencias fueron las que yo denomino «humanistas españoles en el Nuevo Mundo». Estos humanistas, a diferencia de otros que hubo en la Península, tuvieron que luchar en un campo mucho más difícil: en una trinchera cultural.

Merece la pena, sobre todo para los lectores de España, que a veces parecen haber olvidado esa huella benigna, que menciones algunos de ellos.

Voy a comenzar con uno del que casi no hay recuerdo: Sebastián Ramírez de Fuenleal, oriundo de un pueblecito de la provincia de Cuenca. La reina Juana le dice en una carta: «Os ruego que partáis de inmediato a la Nueva España»; la tierra estaba toda revuelta y en peligro de perderse. Ramírez de Fuenleal llega en 1531 y lo primero que hace es tratar de conocer cómo es esa tierra, cómo son esos indios. Él inspira las primeras investigaciones sobre la cultura indígena. Es él quien concibe la creación del Colegio Imperial de Santa Cruz de Tlatelolco, que fue importantísimo; yo me atrevo a compararlo, en cierto modo, con la escuela de traductores de Toledo.

Exacto. Alfonso X el Sabio reunió a los árabes, los cristianos y los judíos mediante la lengua y la tradición. El Colegio de Tlatelolco hizo lo mismo con los indígenas y los españoles. Pero, para hablar de ese tema tan importante, el del «humanismo hispánico», me gustaría saltar unos siglos y que nos cuentes cómo entraste en él.

Entré en este humanismo porque me formé en el humanismo clásico, y así pude recibir su presencia más pronto. Debo decir que también el maestro Ángel María Garibay, el gran indigenista y traductor de la literatura náhuatl, me ayudó mucho. Además, yo tenía a mano las obras de Gabriel Méndez Plancarte, estudioso de los humanistas mexicanos del siglo XVI. Mencionaré también a otro humanista español transterrado, el padre José M. Gallegos Rocafull, hombre importantísimo. Gallegos Rocafull destaca la presencia de los que llama también humanistas y filósofos españoles del siglo XVI.

Gallegos Rocafull, en la estela de los humanistas del siglo XVI, escribió obras capitales sobre el tema. Nos hallamos ante una verdadera genealogía renacentista. Sigamos con el recuento de los humanistas hispánicos de antaño…

Fray Andrés de Olmos, por ejemplo. Su investigación es un antecedente directo de la obra de Bernardino de Sahagún. Estuvo en varios lugares de la Nueva España, aprendió por lo menos tres lenguas, escribió gramáticas. Una de esas gramáticas es del náhuatl, obviamente, y se terminó el 1° de enero de 1547, una gramática admirable; solamente le he encontrado un error. Era un gran humanista, hombre de una mirada amplísima. En los últimos años de su vida viajó a Tampico y pretendía ir ampliando una misión que comunicara esa región del Pánuco nada menos que con la Florida.

Por esos años llegó también otro gran humanista: don Vasco de Quiroga, que había leído y admiraba la *Utopía* de Tomás Moro. Quiso hacerla realidad en Michoacán, que fue su obispado. Creó allí los famosos «hospitales» y dejó tal huella que hasta el día de hoy los indios lo recuerdan y le llaman «Tata Vasco».

Cada humanista tuvo su misión y su perspectiva, pero compartieron un mismo amor hacia el mundo ignoto y misterioso que encontraron y que los encontró. Tengo la impresión de que, en esta genealogía remota, el personaje que te ha conmovido más es Bernardino de Sahagún…

Pues sí. ¡Sahagún llegó a México con veintinueve años! Había estudiado en la Universidad de Salamanca, que estaba entonces en su esplendor. Aprendió la lengua náhuatl de manera admirable, enseñada tal vez a través de Alonso de Molina (otro humanista), y va a dar a Tlatelolco. Es uno de los fundadores del Colegio de Tlatelolco, que abre formalmente sus puertas en 1536. Y ahí es donde tiene lugar el encuentro de *dos mundos* en su mejor versión. Por un lado, están allí Olmos, Sahagún, Gaona. Y por otro, una serie de sabios indígenas, médicos, conocedores de los códices, gente que conocía la tradición, y jóvenes estudiantes. Pensemos que sólo habían transcurrido quince años desde la caída de la ciudad de México-Tenochtitlan. El virrey de Mendoza da entonces su apoyo. Es allí donde, a raíz de la terrible epidemia del *cocoliztli* —que afectó, por cierto, a Sahagún—, empieza (es una hipótesis) a recoger estos testimonios de la «antigua palabra» que hoy llamamos *huehuetlahtolli*,[1] probablemente inspirado por lo que había escogido unos años antes su amigo Andrés León. Imagino que Sahagún, en medio de la epidemia, sin saber qué hacer, le preguntó a alguno de los viejos sabios: «¿Qué hacían ustedes cuando se declaraba una epidemia?» «Bueno, pues aplicamos tal hierba, tal otro medicamento.» «¿Y qué otra cosa hacían?» «Rezábamos al dios omnipotente, al dueño del ser y del culto, al dador de la vida, al gran Tezcatlipoca.» Y entonces viene la oración a Tezcatlipoca, una oración preciosa —yo la traduje—, y, a partir de ahí, Sahagún se empeña más y en 1545 comienza su magna investigación.

Bueno, estudié filosofía en Los Ángeles, con los jesuitas. En esa época, los jesuitas todavía seguían estrechamente las pautas de la escolástica. (Te confieso que llegué a sentir una verdadera repugnancia por aquello, porque me parecía una especie de momia en formol, para dar la impresión de que estaba viva.) Y más o menos por esa época —a comienzos de los años cincuenta— cayeron en mis manos algunas traducciones del náhuatl del padre Garibay. Quedé impresionadísimo, porque ya había leído a los presocráticos, ya había leído los diálogos de Platón, y me dije que esa poesía sonaba similar. Allí estaban los temas

---

[1] Discursos, dichos o palabras de los ancianos.

últimos de la conciencia. Además, me carteaba con Manuel Gamio, que era mi tío.

Ahora entiendo: ahí está el hilo directo, porque Gamio es el fundador de la moderna antropología mexicana.

Con él aprendí mucho del mundo prehispánico. De niños salíamos de excursión a lugares como Teotihuacán, que él estudió profundamente. Desde entonces quedé fascinado por ese mundo. Ya estaba plantada en mi interior la semilla indígena. Había leído a Clavijero y también, como supongo que te pasaría a ti (o quizá ya no tanto, porque eres bastante más joven), en mi época leíamos a Julio Verne, a Salgari… Los devorábamos. Libros interesantísimos porque con ellos viajabas a los Mares del Sur o dabas la vuelta al mundo en ochenta días…

Tus viajes también eran viajes en el tiempo, hacia una isla aún más misteriosa: Mesoamérica. Lo cual me lleva al título de uno de tus libros más célebres, traducido a decenas de lenguas: Visión de los vencidos. *¿Cómo fue tu acercamiento a la literatura náhuatl?*

Me cautivaban las preguntas que se planteaban en los cantares nahuas, me recordaban a los presocráticos, y llegué a caer en lo que entonces parecía una locura: hablar de un pensamiento filosófico indígena. Entonces le dije a Garibay que quería estudiar eso. Y me contestó que, si no sabía náhuatl, tenía que aprenderlo. Entonces me metí de lleno, y en unos ocho o diez meses aprendí algo de náhuatl. Lo cierto es que no era nada, comparado con lo que ahora sé de náhuatl. Pero en mis lecturas me topé con el relato que Sahagún conservó acerca de la Conquista. Lo recogió allá por 1553 o 1554, antes de que empezara su gran investigación. Todo eso me fascinó. Y luego, maravillado, fui descubriendo que había otros relatos en los Anales de Tlatelolco, y que existían muchos códices e imágenes. Recordé entonces lo que Vasconcelos afirmó: «Estos indios estaban tan mal que ni siquiera se dieron cuenta de lo que les pasó con la Conquista». Y le dije a Garibay: «Pues vamos a publicar esto, vamos a publicarlo pensando desde "la visión de los vencidos", en el sentido de que no son sólo los vencedores quienes escriben la historia». Y en verdad, como dice José Emilio Pacheco, es toda una epopeya.

Clavijero, el historiador jesuita del siglo XVIII, equiparaba la civilización prehispánica con la griega y la latina. ¿Cuál es tu concepto actual de esa cultura, sus luces, sus sombras, sus alcances, sus limitaciones?

A veces mi mujer me dice, en broma: «Tú escribes sobre los antiguos mexicanos, más que como fueron ellos, como querrías que hubieran sido». No llego a ese grado. A menudo nos fijamos solamente en los aspectos negativos: los sacrificios humanos, las guerras, la antropofagia. Cosas discutibles, sobre todo esto último. Admito que consumían algo de la carne de las víctimas pero era una especie de comunión. Para un católico, cuando le dicen «el cuerpo de Cristo», «la sangre de Cristo», tiene que creer, porque de lo contrario es un hereje.

Ahora recuerdo que Bartolomé de las Casas los defendía aun en ese caso de los sacrificios humanos: para él se trataba de una forma extrema, exacerbada, de la adoración a Dios.

Así lo dice Las Casas: «No hay otro pueblo más religioso que éste».

Son «religiosísimos», decía Sahagún. Y creo que este rasgo sigue siendo característico del mexicano en general.

Lo dice. Y «aun a su costa —escribe, refiriéndose a los sacrificios— los indios rinden culto a su Dios». Para mí, Mesoamérica, no solamente los pueblos nahuas, es una de las grandes civilizaciones originarias que ha creado la humanidad. Al decir *originarias* quiero decir que no recibió el impulso de otra cultura. No son muchas en la historia; calculo que sólo hay seis focos, y éste es uno. Eso le confiere una significación enorme. Por algo en el mundo cada día hay más centros de investigación en torno de Mesoamérica; los hay aquí en México, los hay muchísimos en Estados Unidos, Canadá, Francia, Alemania, Inglaterra, Italia,

España, Japón; los hay en Israel... También en la antigua Unión Soviética, sobre la escritura maya. Lo interesante es el estudio del hombre en aislamiento, cuando crea una civilización con memoria y con libros.

Octavio Paz, que reflexionó sobre la cosmogonía y los tiempos prehispánicos, me dijo alguna vez: «Es imposible conocerlos, la verdad es que no sabemos nada de ellos». ¿Es posible llegar a entender ese mundo, o hay límites de comprensión infranqueables?

Bueno, estamos hablando del conocimiento histórico. Desde luego, pienso que hay límites infranqueables: jamás podré pensar y sentir como un *tlamatine*[2] prehispánico; es imposible. Tengo alumnos en la universidad que son de espíritu nahua, como yo digo; son de aquí cerca, de la zona de Milpa Alta, donde todavía se habla un náhuatl bastante cercano al que llamamos clásico, y siempre les digo, cuando tenemos un problema: «Imagínate que entra un *tlamatine* ahora, ¿cómo haríamos para preguntarle algo?» Tendríamos que preguntarle desde nuestro punto de vista del siglo xx, y entonces él no nos entendería, y lo que nos dijera sería como otro texto más. En ese sentido, creo que hay límites infranqueables. Pero también creo que, en cierto sentido, yo puedo, por ejemplo, llegar a saber mucho más que Sahagún, porque él no tenía un cuadro de todas las creaciones mesoamericanas, no tenía idea de lo que había en Yucatán, ni de que en Casas Grandes, Chihuahua, había vestigios de una irradiación cultural de Mesoamérica. Sahagún ignoraba muchas cosas que nosotros conocemos hoy.

El horizonte de los siglos...

Claro, con el horizonte adquirimos una riqueza acumulada de conocimientos. Por ejemplo, hoy, aunque sea en facsímil, puedo acceder a muchos códices y los puedo estudiar: códices mixtecos, mayas, zapotecas, otomíes. Además, he buscado siempre contrastar los textos que estudio o los códices coloniales con los elementos que la arqueología

---

[2] Sabios nahuas.

descubre: inscripciones en piedra, que son piedra de toque para nosotros. Por ejemplo, trabajé un tiempo con el arqueólogo Eduardo Matos Moctezuma cuando se descubrió el Templo Mayor, el templo donde *nació* Huitzilopochtli. Y mientras contemplábamos el templo fuimos comprobando todo lo que decían los textos: «La hermana trató de subir al cerro para matarlo; él la descuartiza y cae rodando hasta abajo». La arqueología ha descubierto muchas cosas y en cada etapa constructiva del templo —fueron seis— aparece una conexión diferente. Por lo demás, en toda traducción literaria se pierde algo. Eso ocurre con cualquier literatura, no solamente con la náhuatl.

Hemos hablado del pasado. Observemos, desde el mirador del pasado, el presente. Un tema central es la supervivencia de las culturas indígenas en el curso de los siglos: murieron, sobrevivieron, se transformaron. ¿En qué sentido, en qué proporción?

Hubo pueblos indígenas que desaparecieron, y no necesariamente porque los mataran. En realidad, la Corona española, mediante las Leyes de Indias, realmente atendió muchos requerimientos indígenas. Muchos indígenas conocieron el derecho español y ganaron pleitos, es cierto.

Funcionaba el Tribunal de Indios...

Sí, funcionaba. Casos de supervivencia son los yaquis, los tarahumaras, los mayos, los guajiros, los coras y los huicholes, todos ellos pueblos indígenas un tanto marginales. Ahora bien, ¿qué ocurre con los mesoamericanos? Muchísimos de ellos sobreviven; en la actualidad se cuentan treinta etnias, desde los purépechas en Michoacán hasta los mayas de Yucatán. Solamente en México hay unos ocho grupos mayences diferentes. Subsistieron a pesar de los muchos casos de explotación por parte de los encomenderos, de los corregidores; pudieron defenderse con el bagaje jurídico de las Leyes de Indias. Así conservaron, al menos parcialmente, sus lenguas y muchos rasgos de su cultura. La visión del mundo que numerosos grupos mesoamericanos sustentan hoy en día en esencia es la misma: conciben la divinidad suprema como dualidad, nuestra Madre y nuestro Padre; mucha gente en México sigue pensando así: nuestra Madre, Guadalupe, y nuestro Padre, Jesús. Y no le dan mayor importancia a eso de la Trinidad. ¿Qué pasó con la República, en el siglo XIX? Es dolorosísimo decirlo, pero resultó sumamente adversa para las comunidades indígenas. El liberalismo los dejó en la desprotección total. Ya no tenían leyes que invocar, la «república de indios» desapareció. Aquí, en la ciudad de México, hubo gobernantes indígenas prácticamente hasta la víspera de la Independencia. Dice Bustamante, el gran cronista de la Independencia: «Oigo un rintintín que en México ya no hay indios. Nada más que los veo por todas partes».

Y sigue habiéndolos, aunque no en esa proporción. Además, el régimen de la Revolución mexicana corrigió en muchos sentidos el liberalismo del siglo XIX y volvió, parcialmente al menos, a las instituciones protectoras virreinales. Pero déjame introducir un paréntesis, que viene al caso: ahora que se discute tanto sobre el español como lengua impuesta, ¿cuál es tu opinión?

Las lenguas indígenas, en la época de los Austrias, fueron objeto de una legislación ambivalente. Algunas grandes cédulas indicaban que debía saberse la lengua del lugar donde se trabajara con los indios; en otros casos, decían que los indios debían aprender el castellano. Una cédula de Carlos V, de 1550, dice: «Tenemos entendido que aun la lengua más desarrollada de estos naturales es incapaz de expresar los misterios de nuestra santa fe». Yo le respondo: tenía razón y no la tenía; tenía razón en cuanto que podemos decir que una lengua es incapaz de expresar muchos conceptos, como le ocurre ahora al español con los inventos tecnológicos, y por eso utilizamos las palabras *hardware*, *software*, etcétera. Tampoco los españoles podían expresar los misterios de la religión mesoamericana. Y no tenía razón si pensaba que aquellas lenguas eran imperfectas, porque ninguna lengua es imperfecta.

Hablando de palabras, hay en la historia mexicana una palabra capital, la palabra mestizaje, porque, si bien hubo supervivencia —y durante los siglos del

Virreinato subsistieron en una medida importante esas dos repúblicas separadas—, también hubo confluencia, convergencia. Los indios permanecían en sus comunidades, pero también salían y hasta escapaban de ellas para dirigirse a los obrajes, las haciendas, las villas españolas, no tanto porque allí fueran más «felices», sino porque disfrutaban allí de mayor libertad. La historia demográfica mexicana demuestra que, ya en el siglo XIX, esa franja mestiza había crecido tanto que se volvió dominante. Y no sólo me refiero al mestizaje biológico, que existió desde el primer día de la Conquista, sino al cultural, que es lo característico de México: esa mezcla que se halla en todo: en el lenguaje, en la cocina, en la toponimia, en la religión. ¿Cuál es tu opinión acerca de la importancia del mestizaje en la historia mexicana?

Indudablemente es un proceso que se fue desarrollando desde la época novohispana, pero que —como tú lo notas— se incrementó de una manera tremenda en el siglo XIX, y se sigue incrementando hoy día. Por desgracia, esta manera de escapar a la que te refieres se sigue reproduciendo en muchísimos indígenas. Pueblos enteros vienen a las grandes ciudades. En el Distrito Federal hay, según creo, dos millones y medio de indios. Conozco, por Ciudad Nezahualcóyotl, y también en Iztapalapa, numerosas comunidades de mixtecos y zapotecos. Y hasta en Los Ángeles, California. En todas partes. Es un mestizaje intensísimo, un proceso irreversible. Mesoamérica existe ahora mucho más allá de Mesoamérica. Mesoamérica llega hasta Chicago.

Admitirías entonces que, si este proceso de mestizaje ha durado siglos y ha sido crucial —más allá del juicio moral que nos merezca—, es ocioso imaginar que esas culturas habrían podido conservarse intocadas, como una especie de Arcadia.

Sí, es una quimera, imposible además, e indeseable, porque en la vida todo cambia. Hay cosas que se «positivizan», como, por ejemplo, lo que llamamos la indumentaria indígena. Los indígenas de Chiapas, los tzotziles, usan una indumentaria española del siglo XVI fosilizada, porque tienen su casaca, un sombrero con listones (no había nada de eso antes) y pantalones (tampoco usaban pantalones). Creo que hoy no hay ningún pueblo indígena que pueda decir que posee una cultura mesoamericana pura.

Por eso los experimentos de aislamiento total —los indígenas y los frailes en una Arcadia— fracasaron, salvo en Paraguay. ¡Y a qué precio! El propio Bartolomé de las Casas fracasó también.

Así es, en Verapaz.[3]

No le salió muy bien el experimento, pero su nombre me lleva directamente a la historia actual de México. Pienso que, si bien empezaste tu trayectoria como un seguidor humanista de Sahagún, recientemente, ante la irrupción del neozapatismo, te has acercado a Las Casas...

Creo que en México y en América Latina nos habíamos acostumbrado a pensar que los indios tenían por destino permanecer marginados, no participar en la vida del país, estar fatal en todos sentidos. Se necesitaba algo así como un aldabonazo terrible, porque es falsa la idea de que México se va a insertar en la globalización, que vamos a ser un país del Primer Mundo. Suena maravilloso, pero resulta que hay diez millones de mexicanos en la peor situación...

Y muchos más, pero mestizos.

Exactamente, y están igual o peor.

Imagino la escena de 1994. Estás en tu gabinete de historiador, en tu aula de maestro y conferenciante y, en fin, en todas tus actividades de índole intelectual y académica. Pero poco a poco adoptas una actitud política mucho más abierta, legítima, respetable. Y cuando surge el tema de la autonomía de los pueblos indígenas abogas por ella. Hay una obvia justificación en el asunto; estoy de acuerdo, pero se trata de un concepto problemático —no se te oculta— porque también acarrea el riesgo de volver a una indeseable separación de las dos repú-

---

[3] Actual Guatemala.

blicas, a la perpetuación de un estado de aislamiento que tú mismo has seña-
lado como insostenible e indeseable. Yo, en lo personal, abogo por la autonomía
cultural y lingüística, social; pero cuando se lleva esa autonomía a sus límites,
cuando ese nosotros *se vuelve demasiado imperioso, se convierte en algo opre-*
sivo, violento, problemático. ¿Qué piensas?

Creo que este problema no es exclusivo de México. Yo diría que en casi todo el mundo perduran minorías culturalmente diferentes, a veces también lingüísticamente. En España vemos sobre todo a vascos y catalanes; en Francia tienes varias minorías: los bretones, los alsacianos; en el Este las ha habido: aprendimos que había chechenos; en Inglaterra sigue la lucha y los escoceses y los galeses ya tienen su parlamento, y sigue el problema en el Úlster. O sea que no hay país en la Tierra que no tenga esta cuestión.

Las identidades insurgentes, llamémoslas así. Pero fácilmente pueden volverse
fanáticas. Un nosotros *que aplasta al yo.*

Las identidades insurgentes. ¿Cómo debe tratarse ese asunto? Para mí, tratar de someter por la violencia esos brotes de la identidad únicamente produce más violencia. El mejor ejemplo es Yugoslavia. Yo diría que la diversidad cultural es fuente de creatividad, si se lleva bien. El que haya muchas lenguas significa que hay un coro de posibilidades de ver el mundo, lo cual es algo maravilloso. Cuando muere una lengua, la humanidad se empobrece.

Esa diversidad es un valor humano y enriquece a las culturas. Pero ¿qué ocurre
cuando, entre los «usos y costumbres» de las comunidades, existe una tendencia
a la opresión y aun la supresión de sus propias minorías internas (miembros
de otras etnias, otras religiones, disidentes)? Entonces la legislación autonómica
se complica. En otras palabras, la nación mexicana, mestiza en su mayoría,
debe reconocer los derechos autonómicos, culturales, lingüísticos de las minorías
indígenas; pero las mayorías en esas mismas comunidades tienen que respe-
tar, a su vez, a sus propias minorías internas. Lo cual nos conecta directamente
con los valores universales de la libertad y el respeto a los derechos humanos.

En Oaxaca, por ejemplo, hay numerosos grupos étnicos que están muy mezclados entre sí (puede darse el caso de que, en una comunidad mixteca, vivan cierto número de triques). ¿Qué hacer entonces? ¿Otra autonomía dentro de la autonomía mixteca? Por eso pienso que éste es un problema que solamente puede atenderse caso por caso. Manuel Gamio lo dijo: son «muchos Méxicos». Hay que estudiar cada una de las regiones en su peculiaridad. Así puede ejercerse el buen gobierno. Ésa es la idea.

Una interesante conclusión. Porque México es una constelación, un mosaico: el mosaico mexicano...

John H. Elliott

El desengaño del Imperio español

Hacia el siglo XVI, los ingleses difundieron por los siete mares la *leyenda negra*, pero siglos más tarde otros compatriotas dedicarían su vida a desterrar esa leyenda a fuerza de estudiar y comprender la historia de España y las diversas culturas que integran este país. Entre ellos, uno de los más ilustres y prolíficos es Sir John Huxtable Elliott, cuya obra, muy conocida, incluye libros como *La España imperial, La rebelión de los catalanes, El Viejo Mundo y el Nuevo* o *El conde-duque de Olivares*.[1]

Conocí a Elliott en Sevilla en 1997. El año anterior había sido galardonado con el Premio Príncipe de Asturias de Ciencias Sociales. Acudíamos como ponentes a un encuentro conmemorativo del 450 aniversario de la muerte de Hernán Cortés. Aproveché para invitarlo a que acudiera a México para hablar de la historia comparativa entre las «dos Américas» en la que estaba trabajando. Durante su breve estancia «llevé el agua a mi molino» y conversamos sobre los determinismos culturales o de mentalidad que impidieron el acceso natural y oportuno de España y sus dominios al mundo moderno. Octavio Paz insistía en que las causas fundamentales de ese desencuentro fueron de

---

[1] *Imperial Spain, 1479-1716*, Londres, Edward Arnold, 1963 (existe una versión en español de Círculo de Lectores); *The Revolt of Catalans. A Study in The Decline of Spain, 1598-1640*, Nueva York, Universidad de Cambridge, 1963 (existe una versión en español de Siglo XXI); *The Old World and The New, 1492-1650*, Cambridge, Universidad de Cambridge, 1970 (existe una versión en español de Alianza Editorial); *The Count-Duke of Olivares. The Statesman in an Age of Decline*, New Haven, Universidad de Yale, 1983 (existe una versión en español de Crítica).

índole cultural y, entre todas, resaltaba la falta de una Ilustración plena en el orbe hispánico, consecuencia, a su vez, del legado de la Contrarreforma. ¿Podría decirse que España se cerró al mundo al tiempo que Inglaterra se abría a él?

Quería saber la opinión de Elliott. Había leído su libro *Spain and its World*[2] y me había llamado la atención su insistencia en el uso del término *desengaño* en la etapa crepuscular del Imperio español. La palabra resuena en la obra de Góngora, Cervantes, Gracián y llega a ser equivalente a *verdad*. Es decir, la vida es el error, el engaño o el sueño. Caer en la cuenta, percibir de pronto con claridad, salir del sueño, es *desengañarse*. En algún soneto, Quevedo aconseja persistir en el engaño y evitar la crueldad del desengaño; pero Quevedo, que todo lo sabía, sabía también que el engaño es insostenible y por eso encuentra «incierto el bien y cierto el desengaño». En la vida de los imperios (y en la de las personas) suele llegar el momento de la verdad. ¿Cómo vivió España ese desengaño y cómo lo transmitió a sus dominios de ultramar? Ésa fue, en suma, la pregunta que le formulé a Elliott.

Poco a poco la conversación abordó diversos aspectos de ese desengaño: la perplejidad ante un mundo que desdeñaba valores tradicionales como el honor, el renombre, la reputación, y concebía el trabajo como fuente principal de riqueza. Aquel bloqueo cultural que influyó para mal en el desarrollo político y económico de España y su mundo suponía, a su vez, paradójicamente, una actitud más abierta, piadosa y tolerante con respecto a otras culturas (salvo en el ámbito religioso). De ahí la pregunta seminal que Elliott plantea: ¿por qué no hubo en la América anglófona un Bartolomé de las Casas?

Ahora el tronco ibérico y sus ramas americanas han adoptado muchos de los valores de la modernidad, entre ellos, y sobre todo, la democracia. Pero el pasado gravita aún sobre nosotros. Inadvertidamente nos dicta pautas de conducta. De ahí la importancia de reflexionar sobre el pasado para desentrañar sus códigos secretos. Para esa tarea, la obra de John H. Elliott es una piedra Rosetta.

[2] New Haven, Connecticut, y Londres, Universidad de Yale, 1989.

ENRIQUE KRAUZE: *Se dice que usted advirtió cierto paralelismo entre la historia española posterior al auge imperial y la historia británica después de la Segunda Guerra Mundial, como si ambas hubiesen vivido una decadencia similar. ¿Podría abundar en esto?*

JOHN H. ELLIOTT: Es un tema triste para mí. Tal vez mi interés por la historia de España en el siglo XVII surgió de mis propias experiencias juveniles en la Inglaterra del final de la Segunda Guerra Mundial, cuando, a pesar de la gran reputación de mi país, ya se vislumbraba el ocaso del Imperio.

Cuando empecé a estudiar la España del conde-duque de Olivares, percibí enseguida ciertas similitudes entre lo que veía en la documentación del siglo XVII y lo que sucedía en mi propio país: la gente comenzaba a hablar de la decadencia. Y aún más en los años sesenta cuando preparaba mis libros. Fue muy interesante, porque me di cuenta de que los españoles del siglo XVII eran muy conscientes de lo que sucedía en aquel momento, y analicé a fondo los problemas de Castilla, buscando, frenéticamente, una solución para lo que sucedía en Inglaterra. Mientras estudiaba al conde-duque de Olivares, un hombre con grandes proyectos para frenar la decadencia, los estadistas ingleses emprendían sus proyectos para detenerla, y descubrí ciertos paralelismos. Tal vez eso generó en mí una mayor empatía con lo que había sufrido la España del XVII y, al mismo tiempo, me aclaraba lo que estaba ocurriendo en mi propio país.

Lo más curioso es que algunos estadistas británicos de los años sesenta y setenta, después de publicarse mi libro sobre la España imperial, decían que teníamos que evitar la situación de la España del siglo XVII. Es curioso porque, mientras escribía mi libro, también pensaba en el diálogo y en el discurso político de mi país en aquellos años.

De modo que el interés fue un puente de dos vías. Me doy cuenta de que es imposible abarcar todos los resortes del declive del Imperio británico en una sola pregunta. Usted ha escrito todos esos libros para responderla, pero de cualquier manera merece la pena saber cuáles fueron finalmente las razones fundamentales de ese declive. Me pregunto si usted ha reflexionado sobre la presencia de algún eco de ese declive en otros imperios posteriores o anteriores, y si de ello usted ha extraído alguna lección, alguna moraleja...

Bueno, me parece que es, sobre todo, un problema de adaptación. Cada sociedad se propone ciertos objetivos, determinadas metas. Por ejemplo, para España, la medida del criterio para el éxito lo da principalmente la guerra. La fama o la reputación son palabras que aparecen continuamente: «Por nuestra reputación, no podemos dejar los Países Bajos», por ejemplo. Y esto se ve incluso en el conde-duque de Olivares, quien, pese a todos sus proyectos reformistas, no podía abandonar esas antiguas metas. Así se llega a lo que Paul M. Kennedy, en su famoso libro *Auge y caída de las grandes potencias*, denominó *imperial overstretch:* cuando una sociedad intenta abarcar demasiado y luego le es muy difícil corregir el rumbo.

España, con sus grandes objetivos y su vasto Imperio, no logró adaptarse al Nuevo Mundo, donde países más pequeños, como hizo Holanda, que tenían nuevas ideas para organizar la riqueza, el poder y el comercio. Cambiar conllevaba un costo excesivo, porque a las clases gobernantes les resultaba difícil variar el rumbo. En mi opinión, lo mismo le ha sucedido a la Inglaterra del siglo XX: todavía conservábamos una pulsión imperial, cuando ya no teníamos la fuerza para soportar o defender un Imperio, o ni siquiera pretensiones imperiales de ese tipo; de ahí, por ejemplo, el desastre del canal de Suez.

En el fondo, estamos hablando de cierta propensión a la irrealidad. ¿Cuáles son las razones de esa propensión? ¿Podemos hablar un poco de la obsesión española con el «carácter nacional»?

Es muy difícil contestar a eso. En parte se relaciona con la mentalidad del siglo XVII, es decir, con el problema de distinguir lo real de lo que no lo es. España aportó al barroco la idea de que, en el fondo, la vida es sueño. Esta idea sin duda influyó, y más cuando uno comprueba que aquello que creía era la riqueza —el oro, la plata— no lo es, y que la riqueza —como dice González de Cellorigo— la genera, por ejemplo, el trabajo.

Desengaño es la palabra clave para el siglo XVII español porque se había llegado a la conclusión de que nada es lo que parece. Los gigantes resultaron ser molinos de viento. Cuando llegó el momento de despertar, ya era demasiado tarde para los españoles.

Lo cual nos lleva al hecho de que, para comprender la historia de España, quizá haya que tener en cuenta dos extremos ilusorios. Uno, el que viene de fuera, la leyenda negra, *y otro, que procede de dentro, la postulación de una especificidad española, una peculiaridad que hace único al español. ¿Cuál ha sido, a través del tiempo, el impacto en la historia (o en la historiografía) de España de esa* leyenda negra *y de esa postulación de una especificidad?*

Los reveses del siglo XVII han marcado la historia de España: una sociedad acostumbrada al éxito se vio condenada al fracaso, y ese fracaso ha pesado tanto en estos últimos tres siglos que, como resultado, se ha reforzado aquella *leyenda negra* que el resto del mundo había forjado. Se fue instalando una tendencia a denostar lo propio que pervive todavía incluso en la España posfranquista, aunque se va superando poco a poco.

He vivido la transición de la España de Franco a la España actual, y por eso me resulta muy interesante que la historia española, escrita siempre como la historia del fracaso, se reescriba ahora prestando más atención a los éxitos. Se nota que una nueva generación de historiadores ha tomado el relevo. Sin embargo, los españoles siguen siendo muy críticos consigo mismos, tal vez, precisamente, debido a aquellos fracasos.

Por otro lado, es muy difícil hablar de «los españoles» en general. En el siglo XVI, los castellanos, por ejemplo, se veían a sí mismos como seres escogidos por Dios para cumplir una misión, y ese sentimiento providencial de la misión de Castilla fue muy importante. Creo que ha sucedido siempre así con los grandes países imperialistas, e igual les ocurrió a los británicos: durante el siglo XIX nos sentimos superiores, y este sentimiento ha sobrevivido a la pérdida del Imperio: siempre permanece cierta ambigüedad.

Me parece que a un país que ha logrado grandes éxitos, y cometido algunos errores, le queda después esa pulsión imperialista, de superioridad, de providencialismo, y, al mismo tiempo, la sensación de que, al final, «Dios nos ha abandonado». Pero Dios no es español ni inglés, y hay que adaptarse a eso y superarlo; a mi modo de ver, ahora la España actual, a tres siglos de su gloria, empieza a superarlo.

Un paréntesis: ¿qué piensa de la biografía de Gregorio Marañón sobre el conde-duque de Olivares?, ¿a qué atribuye la falta de biografías en la cultura española?

El libro de Marañón es muy interesante, pero no es el libro de un historiador, sino de un gran médico, muy interesado en cuestiones psicoanalíticas. Sobre todo, es un estudio psicoanalítico, que no ha sido superado, del conde-duque de Olivares. Tal vez lo más flojo sea el análisis del trasfondo histórico.

En cuanto a la ausencia de biografías, en mi opinión, no es un defecto español; ese interés por la biografía es más bien una cualidad que poseen los ingleses, y tal vez también los estadounidenses; lo cierto es que no sé de dónde viene, pero en mi país hay una gran tradición de biografías de políticos y de hombres de Estado. Se considera un modo valioso de estudiar la historia.

Cuando se analizan los problemas de una sociedad desde el punto de vista de un político que se haya enfrentado a ellos, se forma uno una idea de esos problemas y, al mismo tiempo, de las dificultades que han tenido que superarse para encontrar las soluciones. Es muy interesante, porque uno sabe que, al observar una época o una sociedad desde un punto de vista particular, la perspectiva siempre será parcial; sin embargo, piense usted en cuántos documentos importantes pasan por la mesa de un hombre de Estado; además, esos documentos quedan para la historia, de modo que uno puede ver lo que ha sido importante para esa generación o para los hombres de esa época. Considere, por ejemplo, aquella «reputación» de los hidalgos españoles, que aparece tantas veces en los documentos del siglo XVII: ahí se da uno cuenta de la importancia que ese concepto tiene en el enfoque elegido para solucionar los problemas.

Esto me lleva a la pregunta sobre la atracción de los historiadores ingleses por España; se me ocurren muchos nombres, y al mismo tiempo tengo la impresión, a lo mejor equivocada, de que durante una o dos generaciones no hubo verdaderos historiadores españoles. En otras palabras, los ingleses llenaron un vacío: Hugh Thomas, Carr, Preston, etcétera, son muchos nombres para ser una casualidad... ¿Nos hallamos ante un «imperialismo historiográfico inglés» sobre España?

Sí, hubo un vacío durante el franquismo, en parte debido al exilio de los grandes historiadores —por ejemplo, a México— y también por la historiografía oficial de la época franquista, con ese estribillo permanente sobre los valores trascendentales de España; eso no era historia, sino mitología del régimen. También debemos tener en cuenta la falta de recursos económicos con la que se encontraron los jóvenes historiadores. Sin embargo, había dos o tres muy buenos cuando llegué a España: Jaume Vicens i Vives, Antonio Domínguez Ortiz y José Antonio Maravall. Los tres se esforzaron por renovar la historia de su país, aunque con muchísimas dificultades: Vicens i Vives, en parte por la beligerancia de los nacionalistas catalanes y en parte por problemas políticos; Domínguez Ortiz porque estaba marginado; Maravall porque en ese momento estaba en París, si no recuerdo mal.

Hubo un vacío. Yo he tenido éxito porque nadie, salvo los tres que he mencionado, trabajaba en serio; tuve la gran suerte de pasar un año entero con Vicens i Vives en Barcelona, cuando estaba formando su propia escuela y luchábamos por renovar la historia de Cataluña, salvarla del nacionalismo catalán del siglo XIX y de su interpretación romántica. Empecé a aprender el catalán con una familia; tenía simpatía por esa nacionalidad sofocada por el régimen, y cada día me sentía más catalanista. Al mismo tiempo, frente a la documentación del siglo XVII sobre la rebelión de los catalanes, vi que su historia tradicional era mitológica, romántica, y que no casaba bien con los documentos. En ese momento empecé a entender la fuerza del nacionalismo;

me atraía, pero al mismo tiempo me daba cuenta de que un historiador tiene una misión que cumplir: *explicar*, en la medida de sus posibilidades, lo que ve en los documentos, y si los mitos y la verdad no
coinciden, tiene que decir la verdad.

Eso me colocó en una situación difícil con mis amigos; no obstante, llegué en un buen momento y empecé a formar una nueva
generación de historiadores. Y los responsables de los archivos nos
acogieron con amabilidad y fueron muy generosos con nosotros. En
parte, todo se debió a un cúmulo de casualidades; en parte, a que supimos aprovechar la oportunidad. Tal vez la generación inglesa anterior a la mía no quiso ir a la España de Franco; en cambio yo —que
no había vivido la Guerra Civil española— fui porque me parecía un
territorio nuevo por conquistar para un historiador.

No puedo evitar preguntarle sobre lo que opina acerca de la influencia que la
historia intelectual española, en particular la teología de los siglos XVI y XVII,
ha ejercido en el destino de esa nación. Sé que es una pregunta vastísima, pero
todas esas generaciones de teólogos, todo este gran desarrollo de los estudios esco-
lásticos, ¿cómo inciden en la realidad de la que hablábamos al principio? Unas
veces, esos teólogos parecen plenamente vigentes, y otras veces parecen anacró-
nicos con respecto a su propia época.

Se dieron las dos cosas, porque, si uno piensa en la Universidad de
Salamanca en el siglo XVI, los estudiosos se enfrentaban con problemas
muy actuales: la fe, los indios o las sociedades indígenas, etcétera, y llegaban a conclusiones muy importantes que, además, en muchos aspectos resultaron benéficas y favorables para aceptar al fin la viabilidad
de estas sociedades. Sin embargo, junto a tanta agudeza y reflexión,
también hubo mucha ceguera y, desde luego, desempeñaron un papel
fundamental ciertos viejos valores trascendentales, como la idea de
que existía una relación entre el fracaso y el pecado. Cada vez que se
sufría una derrota militar, se atribuía a los pecados, los del rey o los
de quien fuera.

Es un tema que parece sacado del Antiguo Testamento.

No sólo se dio en la España del siglo XVII; también puede hablarse de este tema en relación con los puritanos de Inglaterra. Es una percepción del mundo y lo sobrenatural que combina esta agudeza, bajo ciertos aspectos, con unos límites muy estrechos. Cuando esa idea se impuso demasiado, surgió el gran problema de España del siglo XVII: la falta de pluralidad.

A pesar de todas las tensiones entre los órdenes y las doctrinas, en el fondo la sociedad era demasiado monolítica; la gran ventaja de Inglaterra y de los Países Bajos, por ejemplo, fue precisamente que se vieron obligados a convivir con sectores muy diversos. A mi juicio, ésa es la gran clave del éxito histórico: si en una sociedad hay pluralidad, cuando en el camino surgen obstáculos siempre habrá gente que proponga otro camino.

Estados Unidos cuenta actualmente con tales recursos, y con una gran capacidad de recuperación, de virar el rumbo en muchos aspectos, de renovar la industria, etcétera, y eso se debe precisamente a su pluralidad.

Quisiera que me describiera cómo es que la historiografía europea ve el tema de los indios, que ahora se ha vuelto un asunto muy delicado en México y en toda Hispanoamérica (y creo que también en la América sajona y Canadá).

El gran logro de los españoles del siglo XVI fue, sencillamente, y a pesar de todo, su deseo de incorporar a los indios —de un modo u otro— a la sociedad que estaban creando, porque, como dijeron los escolásticos de la escuela de Salamanca, consideraban a los indios como hombres con almas susceptibles de salvarse, y de ahí el gran empeño por incorporar. A pesar de los malos tratos, las matanzas, etcétera, siempre hubo una política de protección a la república de los indios, y a su vez los indios fueron capaces de utilizar esa protección —por decirlo así— para salvarse y preservar algo de su herencia.

En las sociedades del norte del continente, donde había una menor densidad de población, ocurrió algo muy distinto. Los ingleses llegaron, como los españoles, con la voluntad de salvar las almas, pero como la población era menor y no existía un empeño por parte de la Iglesia anglicana por salvar a esa población autóctona, hubo mucho menos interés desde el punto de vista de la evangelización; y, al mismo tiempo, los indios del norte no se prestaban al trabajo en el campo, no estaban hechos para eso, y los ingleses aportaron negros para que trabajaran en lugar de los indios.

En mi opinión, influyó mucho el tema de los irlandeses en el comportamiento de los ingleses del siglo XVII porque éstos trataron del mismo modo a los irlandeses y a los indios. Es muy peculiar: hablaban de los indios en los mismos términos con que se referían a aquéllos. Al igual que en Irlanda —donde desde el siglo XIII hubo leyes que prohibían el matrimonio entre ingleses e irlandeses—, con la población india de la América británica hubo muy poca cohabitación o ninguna en absoluto. Llama la atención, sobre todo si se compara con lo que pasaba en México. En las zonas británicas expulsaron a los indios a las márgenes de las colonias y cada vez que llegaban nuevos inmigrantes de Inglaterra las fronteras avanzaban hacia el oeste, mientras los indios, a su vez, eran expulsados aún más allá. Además, el exterminio fue inclemente durante el siglo XIX, cuando los estadounidenses llegaron a la costa de California. De modo que nunca se dio ese esfuerzo para incorporarlos, ni tampoco para evangelizarlos. Por eso los indios tuvieron menos oportunidades para salvar sus sociedades en el norte que en la América española.

Ahora bien, en la América española asistimos a la recuperación de la herencia de las sociedades indígenas, a su incorporación por vía del mestizaje y de la política, mientras que en el norte se intenta salvar lo poco que queda. Pero ya es muy tarde. Hay que decir que, por lo que concierne a los indios, la política estadounidense ha sido desastrosa.

¿Cuál es, y cuál debería ser, el lugar de la Nueva España en la historia española? Tengo entendido que, entre sus discípulos, usted ha propiciado que también empiecen a estudiar la historia novohispana y de la América española.

Desde mi primera visita a Iberoamérica, en 1964, cuando pasé nueve meses en el resto del continente y tres en México, me quedó muy clara la importancia del intercambio entre España y el Nuevo Mundo.

Uno no podía estudiar una sociedad sin tomar en cuenta a la otra: las relaciones económicas, culturales e intelectuales eran de gran importancia para explicar la sociedad no sólo del Nuevo Mundo sino también de España. Siempre he sido muy consciente de la importancia de establecer y estudiar los lazos entre estos dos mundos, porque no se puede entender nada de la historia mexicana sin entender la española.

Para mí, la historia de México es, al mismo tiempo, una historia de ruptura y de continuidad: ya existía una gran estructura en las sociedades precolombinas, cuya herencia en parte pervive, a la vez que los españoles buscaron su conservación. Hay una continuidad, a la que se suma toda la nueva orientación que dio la Conquista española. Es necesario dar igual importancia y peso al mundo indígena y al mundo español.

Hugh Thomas

Guerras ideológicas

En *Vuelta* conocíamos la obra del historiador inglés Hugh Thomas. Hacia 1977 apareció en la revista *Encounter* un feroz artículo suyo sobre «el cocodrilo barbudo», es decir, Fidel Castro. De inmediato le escribimos para pedirle los derechos del texto, que concedió gentilmente sólo para enterarse de que, a final de cuentas, no podíamos publicarlo. La razón era comprensible: a *Vuelta* se le consideraba una publicación «reaccionaria» que se atrevía a poner en entredicho los logros de la Revolución rusa, pero hacer lo mismo, de un modo frontal, con la Revolución cubana, parecía un suicidio. Thomas reaccionó con humor y flema británica a las curiosas explicaciones que le dimos. Diez años más tarde visitó México. «Quien sólo conoce España no conoce España», había sido su divisa. Ahora quería escribir un libro sobre el vértice que faltaba en su triángulo hispánico: México.

Nacido en 1931, formado en la Universidad de Cambridge y en la Sorbona, había sido profesor en la Universidad de Reading (cerca de la cárcel donde estuvo Wilde) y trabajó en el servicio diplomático del Reino Unido hasta 1956, año en que renunció como protesta por la invasión franco-británica del canal de Suez. Se afilió entonces al Partido Laborista y se dedicó a la cátedra. Aunque su primer libro importante versó sobre la crisis de Suez, la reputación de Thomas como historiador se estableció a raíz de la publicación de dos obras monumentales: *La guerra civil española* y *Cuba: la lucha por la libertad*.[1]

---

[1] *The Spanish Civil War*, Londres, Eyre & Spottiswoode, 1961 (existe una ver-

La primera apareció en Inglaterra en abril de 1961 y, poco tiempo después, en español, editada por Ruedo Ibérico, empresa de exiliados republicanos radicados en París. Circuló ampliamente en la España franquista, si bien de manera clandestina. En aquel momento no existía ningún estudio histórico general sobre la guerra civil y sus orígenes, si exceptuamos las obras, muy anteriores, de Salvador de Madariaga y de Julián Zugazagoitia. Thomas abordó estos temas con la imparcialidad, objetividad y erudición propias de la escuela historiográfica inglesa.

Su trabajo sobre Cuba, una mina de información, abarca de manera detallada la historia de la isla desde la ocupación de La Habana por los ingleses (1762) hasta la consolidación del gobierno comunista durante la década de 1960. Años más tarde, la puso al día incluyendo una historia integral (equilibrada, sólidamente fáctica) del régimen de Castro. El día en que, en Cuba, los cubanos puedan leer verdaderos libros sobre su pasado mediato e inmediato, la obra de Thomas (cuya consulta en la Biblioteca Nacional de Cuba requiere permiso oficial) introducirá una sana perspectiva en esa historia tan apasionante como trágica. Después de aquellos dos libros seminales, Thomas publicó otros como, por ejemplo, *Historia del mundo*, *La paz armada* y *Madrid: una antología para el viajero*.[2] Desde 1979 formaba parte del Center for Policy Studies, institución muy cercana al gobierno de Margaret Thatcher. Este era el hombre que llegó a México en el umbral de las elecciones presidenciales de 1988.

Me interesaba entender el trasfondo intelectual de la historia moderna de España e Iberoamérica. ¿Qué papel desempeñaron las ideas políticas en nuestros grandes conflictos del siglo xx? Pensé que Thomas era la persona idónea para ayudarme a rastrear esos paralelismos del pasado. La elección de sus dos asuntos centrales —España y

sión en español de Grijalbo); *Cuba: The Pursuit of Freedom*, Nueva York, Harper & Row, 1971 (existe una versión en español de Debate).

[2] *An Unfinished History of the World*, Londres, H. Hamilton, 1979; *Armed Truce: The Beginnings of the Cold War, 1945-1946*, Nueva York, Atheneum, 1987; *A Traveller's Companion to Madrid*, Londres, Constable & Robinson, 2008. Los tres volúmenes existen en español editados por Grijalbo.

Cuba— me parecía, en sí misma, una clave maestra. La guerra de 1898 fue la partera de la historia contemporánea, tanto en España como en América. Lo fue, sobre todo, por el agravio histórico que esa guerra representó para la civilización occidental en la vertiente nuestra, la vertiente ibérica. A partir de ese momento, España y América, el tronco y la rama, entraron en una profunda introspección histórica y se propusieron construir una modernidad distinta y aun opuesta a la estadounidense. Lo lograron, con creces, en el ámbito de la cultura y de las artes, pero no en el de la economía y la política. Sin duda, Thomas tenía mucho que revelar al respecto.

Nuestra charla transcurrió bajo una sombrilla en la azotea del hotel Ritz de la calle de Madero, en el centro histórico de la ciudad de México. Había una claridad inusitada en la atmósfera. Thomas ponderaba el escenario. Era obvio que la historia remota de México (viva y presente en sus edificios y su cultura) lo hechizaba. Conocía a la perfección la ciudad virreinal: allá, me señalaba, está la iglesia de la Profesa, más allá los campanarios de la Catedral; aquí, casi enfrente, la portada de San Francisco. Thomas no sólo era un *lord* (había ingresado a la Cámara de los Lores con el título de *lord* Thomas de Swynnerton), sino que lo parecía, hasta en el cuidadoso descuido de su indumentaria: la gran melena plateada, un poco desarreglada, sus magníficos *tweeds* y sus corbatas, y unos escandalosos calcetines de color subido a veces rojos. Pero, pese a ser un *lord*, circulaba por el mundo como el más común de los *commons*. Supe de sus exploraciones en la plaza Garibaldi (donde abundan los cuchillos, el tequila y los mariachis), me enteré de sus comilonas en las humildísimas loncherías del centro histórico y también de sus caminatas por la Alameda, el viejo paseo del siglo XVII. Poco después de nuestra entrevista recorrería buena parte del país en ferrocarril y camión, y leería varios libros sobre México, pero —en la buena tradición de la literatura de viajes que empezó con Heródoto— su técnica consistía en escribir sobre lo visto, más que sobre lo oído o leído. Me dijo que prefería llegar a una estación camionera de México, como la Central del Norte, que a Victoria Station en Londres: «It is a very pleasing experience». (Yo apenas conocía la Central del Norte.)

Un domingo por la mañana lo acompañé a Xochimilco, esa minúscula Venecia ultramarina hecha de flores, único vestigio de la ciudad lacustre de Tenochtitlan. Él iba con su hija Isabella (presumiblemente llamada así en recuerdo de la española) y lo vi casi extasiado con la alegría, la música, la comida y la vistosidad de las familias que circulaban sobre las casitas flotantes, las trajineras. No mucho tiempo después, Thomas me confió su borrador sobre el México contemporáneo. Impresionaba la vasta información que había recabado y asimilado, pero para entonces ya había tomado una decisión editorial absolutamente sabia: archivar el manuscrito. En vez de tratar de entender el volátil panorama del México moderno, había decidido irse mucho más atrás, al «momento eje» de la historia de México que cambió la historia del mundo: la Conquista. Tal vez fue entonces, navegando sobre los canales de Xochimilco, ensoñando con el tiempo de los mexicas, cuando concibió la idea de su obra capital, el libro de un nuevo Prescott del siglo XX: *La Conquista de México*.

ENRIQUE KRAUZE: *Hablemos de su primera escala. ¿Cómo se acercó a la historia española?*

HUGH THOMAS: Como en todas las cosas, el azar desempeñó un papel importante. Mi interés nació durante una visita a España en el invierno de 1955 o 1956. En aquel tiempo yo trabajaba en el Foreign Office. Acababa de regresar de Nueva York, donde había presenciado la entrada de España a las Naciones Unidas. Visité El Escorial y Ávila; fui al sur, a Málaga, Sevilla y Córdoba. La riqueza del paisaje español fue una revelación, como lo fue también el encanto algo inocente de la gente que conocí. El Prado me impresionó profundamente. No había estudiado la historia española y comencé a darme cuenta de que no existía un libro satisfactorio sobre la Guerra Civil. Había, eso sí, recuentos parciales. Decidí emprender ese proyecto y a partir de 1957 le dediqué cinco años. Pasé muchas horas en las bibliotecas españolas. El tema se consideraba prohibido y cerrado. Para el régimen de Franco, las historias militares que había propiciado eran la última palabra. Trabajé también en Londres, donde me las arreglé para conocer a muchos miembros de las brigadas internacionales. Paulatinamente en España fui ampliando mi círculo de entrevistados, primero republicanos, y por último franquistas. Todos terminaron por pensar: «Es mejor ayudarle que obstruirlo».

¿Con qué dificultades se encontró durante su investigación? ¿En qué sentido halló insatisfactorios los libros publicados hasta entonces sobre la Guerra Civil?

La mayoría —como dije— eran historias militares escritas por franquistas. Había algunas útiles, como las de Aznar, Luis María Lojendio, y aquella *Historia de la cruzada española*, buena, útil, aunque desequilibrada.[3] Yo solía consultar la prensa y confrontar los datos con los sobrevivientes. Para mi sorpresa, la prensa resultó una fuente de poca utilidad: era el recuento de lo que parecía ocurrir, no de lo que en verdad ocurría. Por aquel tiempo se abrieron al público algunos archivos, los alemanes, por ejemplo, y algunos privados de España. No hice más que compilar todo.

¿Cuál ha sido, desde entonces, la evolución de la historiografía sobre la Guerra Civil española?

El mayor cambio, por supuesto, ha sido el inicio de una producción historiográfica muy seria en España. Cuando mi libro apareció, quizá porque desintoxicó el ambiente, el régimen lo rechazó. Franco había utilizado el recuerdo de la Guerra Civil como una señal de alarma y un aviso al pueblo español: «Miren, esto es lo que volverá a suceder si regresa la democracia». Se decía que España era incapaz de ajustarse a las reglas de la libertad política y que la Guerra Civil era la clara lección de los excesos a los que conduce la libertad. Al principio —como he dicho— el régimen rechazó mi libro. Luego, con la creciente discusión internacional del libro y su éxito en España (había una edición

---

[3] Manuel Aznar, *Historia militar de la Guerra Civil de España*, 3 vols., Madrid, Editora Nacional, 1940; Luis María Lojendio, *Operaciones militares en la guerra de España, 1936-1939*, Barcelona, Montaner y Simón, 1940; Joaquín Arrarás, *Historia de la cruzada española*, 8 vols., 36 tomos, Madrid, Ediciones Españolas, 1939-1943.

de Ruedo Ibérico), las cosas empezaron a cambiar. Un hombre inteligente del régimen —Ricardo de la Cierva— auspició a varios autores jóvenes para que escribieran historias opuestas a la mía, pero historias fundadas, documentadas. Aquél fue el comienzo de una serie de libros —algunos muy buenos— escritos en España que terminaron por aceptar, explícitamente o no, varios de mis planteamientos.

Mencionaré un ejemplo sorprendente: hacia 1970 apareció el libro *Arde Guernica*,[4] en el que por primera vez se menciona el bombardeo de Guernica por las fuerzas franquistas. Cuando Franco murió, existía ya una interesante historiografía sobre la Guerra Civil. Al desaparecer la censura, los editores españoles percibieron el interés general por el pasado inmediato y promovieron la redacción y publicación no sólo de historias sino de autobiografías y memorias. Mi libro apareció por primera vez en 1976, y tiempo después fue publicado en fascículos. Tuvo un gran éxito. Mi reconstrucción quiso ante todo ser objetiva, y por ello cumplió un papel importante, creo, en la transición democrática. Un escritor busca siempre influir en la sociedad. Mi aportación fue, quizá, la de mostrar que, en la historia, las cosas no son ni blancas ni negras; que algunos jóvenes falangistas —para mencionar un caso— eran realmente idealistas. Gente del bando republicano comenzó a entender que José Antonio Primo de Rivera tenía en verdad una visión de España, una visión no necesariamente buena o benéfica, pero una *visión* al fin y al cabo. Del otro lado, recuerdo haber dicho en una conferencia que García Lorca pudo salvarse en casa del poeta fascista Luis Rosales, pero que fue entregado a la muerte por un diputado católico

Una acotación incidental: no era usted el primer escritor objetivo. Está, por ejemplo, el Homenaje a Cataluña *de Orwell.*

Es un libro hermoso, pero parcial. Más que un homenaje a Cataluña, es un homenaje al POUM.[5] Bien o mal, el gobierno catalán tomó una posición contraria a la de Orwell. En aquel entonces buscaban cen-

---

[4] Vicente Talón, *Arde Guernica*, Madrid, Ediciones G. del Toro, 1973.
[5] Partido Obrero de Unificación Marxista (España).

tralizar —militar y políticamente— al gobierno. En tiempos de guerra esa actitud parece lógica. El POUM fue una víctima y se le trató con extrema crueldad. Orwell describió lo que vio. No creo que «romantizara» la historia —por así decirlo— pero no aportó un lienzo completo. Mi opinión puede parecer demasiado realista —casi de *Realpolitik*—, pero sinceramente creo que, al margen de lo que los comunistas planeasen o de lo que a fin de cuentas realizaron, en 1937 eran moderados y en aquel momento actuaban en estrecho acuerdo con el ala derecha del socialismo y los liberales. El libro de Orwell trata con acierto los atropellos cometidos por los soviéticos contra el POUM, pero creo que no aprecia la necesidad republicana de contar con una maquinaria efectiva para resistir a Franco.

Dejemos, si le parece, la historiografía, y vayamos a un capítulo más reciente. ¿Cómo se dio ese extraño y exitoso triángulo entre la monarquía, el socialismo y la democracia?

Es una pregunta interesantísima. La prensa europea dudó siempre que fuera posible. Muchos pensaron que, a la muerte de Franco, el país explotaría. Esta gente desconocía los cambios que España había experimentado. En 1975 existía ya una amplia clase media que tenía mucho que perder. El país no contaba ya con un movimiento anarquista viable. La propia Guerra Civil había mostrado a los anarquistas la contradicción fundamental de su postura: que los anarquistas se hubiesen incorporado al gobierno era una interesante contradicción en los términos. Otro cambio importante: la Iglesia. No era ya la corporación supersticiosa e intolerante de los años treinta. Por lo demás, aun antes de la muerte de Franco se percibía un cambio de mentalidad: la experiencia histórica pareció de pronto menos relevante que la experiencia por venir.

¿Cómo ocurrió esta mutación?

Fue obra de la prosperidad y de una virtud que se menciona poco (porque España sigue siendo un país incomprendido): la virtud de la cordura. Los españoles comprendieron que el choque de opiniones extremas conduce al desastre. Porque la vieja leyenda negra no acaba de morir, la gente tiende a creer que los españoles son apasionados y violentos, pero la historia toda de España —y aun la del siglo xx— demuestra algo distinto. No en balde España se mantuvo al margen de las dos guerras mundiales. El punto podrá rebatirse quizá, pero creo que en este siglo han muerto de modo violento menos españoles que ciudadanos de cualquier otro país europeo. En sus comienzos, el régimen de Franco, es verdad, fue excepcionalmente cruel, pero no así el de Primo de Rivera ni los varios y azarosos gobiernos del siglo xix. En los siglos anteriores hubo menos revueltas campesinas que en el resto de Europa.

Usted habla del papel de la sociedad, pero supongo que la imaginación política de los líderes tuvo también su importancia.

En efecto, las circunstancias ayudaron, pero algunos individuos tuvieron un papel clave. Sobre todo el rey Juan Carlos entendió que el sistema de Franco no podía sobrevivir ni aun con su apoyo. El rey tuvo siempre una idea clara del camino que convenía seguir, una idea sencilla pero que, a su vez, era la única posible. Deliberadamente escogió a personas jóvenes que no pudieran hablarle por encima del hombro, gente de su generación. Una excepción fue Torcuato Fernández de Miranda, un hombre algo mayor que fungió como tutor del proceso. Aunque el rey no es propiamente un intelectual, posee un juicio claro de la gente y sabe que, tratándose de política, cuentan más el carácter y la fuerza que las inciertas y dubitativas actitudes intelectuales.

Y sin embargo, vista a la distancia, la Guerra Civil sigue sorprendiendo por la intensidad de sus querellas ideológicas y religiosas. ¿Cuáles fueron, en definitiva, las causas fundamentales de aquel drama?

No creo que quepa hablar de la Guerra Civil española en términos exclusivamente religiosos. Creo, más bien, que ocurrió lo siguiente: España despertaba apenas del año 1898. En aquel año había culminado un largo periodo de decadencia y fracaso. Todos entendían que España entraba al siglo XX como una nación que, al menos potencialmente, podía volver a ser grande. Y así ocurrió, por principio, en el ámbito intelectual. Al despuntar el nuevo siglo, España se colocó a la vanguardia del arte y la literatura. Entre 1900 y 1936 la cultura española vivió un renacimiento comparable sólo al Siglo de Oro. Aquel renacimiento no se confinaba a Madrid. La historia de Barcelona en los primeros tres años del siglo siguió una trayectoria fascinante de efervescencia nacionalista y cultural. Ahora bien, uno esperaría un desarrollo paralelo en la vida política. En cierta forma esto ocurrió, pero el problema residía en la competencia irreductible de demasiadas ideas —buenas o malas— en torno al futuro deseable para España. La pregunta central era: ¿cómo revivir a España? Para responderla surgieron muchas ideas en conflicto. La catalana, por ejemplo, que ponía a Cataluña en el centro de una nueva república federal. Había la idea republicana, básicamente jacobina y anticlerical, que atribuía todos los problemas de España a la posición histórica de la Iglesia. Estaba también la idea falangista, extraída parcialmente de movimientos fascistas europeos, pero a la que no faltaban elementos propios. Estaba el carlismo, que, con libros como *El nuevo Estado*, de Víctor Pradera, devolvía la discusión política a los orígenes históricos de la monarquía con los Reyes Católicos. En la izquierda prosperaba la idea anarquista con su imagen de una recreación total de la sociedad sin Estado ni propiedad privada, una sociedad organizada en comunas relacionadas entre sí pero sobre la base de una vaga anexión al Estado. Estaba la idea socialista, creyente en la centralización, la reforma educativa y el nacionalismo. Estaba, en fin, la idea comunista. Todas estas ideas y tendencias competían entre sí. Todas eran básicamente extremistas. Muchas carecían de realismo, pero sus defensores creían sinceramente que sólo ellas salvarían a España. La fórmula «Salvar a España» resonó innumerables veces en aquellos días. Todos se sentían salvadores de España. Esta competencia de ideas irreductibles y extremas fue lo que, a mi juicio, condujo al país a la Guerra Civil.

Demos ahora un paso adelante, a su siguiente estación: Cuba.

Había concluido mi libro sobre España. Recibí entonces una propuesta de Penguin Books para escribir un libro breve sobre Cuba. Visité la isla y advertí que las cosas eran mucho más complicadas de lo que parecían, que el proyecto de Penguin era demasiado simple. Les propuse en cambio intentar una historia de Cuba. Pasé ocho años escribiéndola. Se publicó en 1971. Resultó un libro voluminoso en el que me remonté, quizá excesivamente, a los siglos XVIII y XIX. Con todo, sigo pensando que la historia de Cuba es aún más interesante que el régimen de Castro. Descubrí, por ejemplo, que la exitosa colonia del siglo XIX era un objeto de estudio tanto o más digno que el presente revolucionario.

¿Por qué ese título? Pensando en Castro, Cuba: la lucha por la libertad, *parece ahora casi una ironía. Por otro lado, suena perfecto como epígrafe biográfico para Martí.*

Martí es el teórico por antonomasia de la política cubana. Y la historia cubana es, en efecto, la lucha por alcanzar la libertad, una lucha tan continua como frustrada. A lo largo del siglo XIX, muchos cubanos soñaron con alcanzar una independencia de España similar a la que México había logrado en 1821. Utilizaron la palabra *libertad* como sinónimo de *independencia*…

Y no en su acepción interna, como libertad política…

No, porque este aspecto fue posterior. Buena parte del siglo XIX cubano se consumió en la discusión sobre los beneficios y los costes de una posible anexión a Estados Unidos, país que por entonces se hallaba en plena expansión. Florida acababa de desprenderse del tronco cubano; durante siglos había sido la colonia cubana de ultramar (como, de algún modo, lo es ahora). Siempre hubo exiliados cubanos en Nueva Orleans, Florida y Nueva York conspirando contra las autoridades españolas de la isla. Hubo dos guerras revolucionarias, la segunda de ellas muy cruenta, a finales de siglo. Nació la idea de establecer una democracia ideal basada en la independencia con respecto a los demás países y en la libertad en el interior de la nación. Este proyecto se frustró con el retorno de las tiranías. Machado y Batista revivieron las viejas actitudes caudillistas del siglo XIX. El problema de los liberales cubanos de aquella hora fue la ilusión —típicamente española— de creer que existía la libertad en estado puro. Si lo que se busca es construir una comunidad próspera, no hay más remedio que vincularla a las economías de otros países; con mayor razón en el caso de Cuba, cuya economía depende tanto de un cultivo único: la caña de azúcar. El azúcar había traído beneficios indudables, pero también grandes restricciones. Cuba dependía de sus clientes y esto limitaba su libertad. Todas las libertades son, por supuesto, limitadas, incluso la libertad de Inglaterra, que depende, en treinta o cuarenta por ciento de su PIB, de sus exportaciones. Cuba estaba en esa misma situación, pero su dependencia era más extrema.

Con qué rapidez se volvió Cuba un Estado totalitario. ¿Qué efecto causó este cambio en usted?

Castro entró a La Habana en enero de 1959. Un hecho muy significativo ocurrió en marzo de ese mismo año. Ciertos pilotos estaban siendo juzgados por crímenes de guerra en Santiago de Cuba. El juez dictaminó su inocencia. El régimen se indignó y ordenó un nuevo juicio con nuevos jueces que, como es obvio, revocaron la primera sentencia y los hallaron culpables. Aquélla era una señal inequívoca. Es cierto que hasta mediados de 1959 se mantenían algunos ministros liberales. Desde fuera parecía posible la permanencia cubana en la órbita occidental. Con todo, creo que a esas alturas Castro y su pequeño grupo habían tomado la decisión de trabajar por fuera de esa órbita. Le pondré un ejemplo: supongo que hacia junio de 1959 uno podía declararse anticomunista en Cuba. Hacerlo un mes más tarde entrañaba riesgos. El presidente Urrutia fue destituido por esta razón. En octubre, Huber Matos fue encarcelado por oponerse a «comunizar» la Revolución. Esa oposición le costó veinte años de cárcel. Todos en la isla lo sabían.

¿Todos?

Todos los que dentro y fuera se molestaban en averiguar la verdad.

O sea, pocos…

O sea muchos. Curiosamente, el proceso no se ocultaba. El juicio de Matos fue abierto y público. Fidel y Raúl Castro pronunciaron grandes discursos frente al tribunal. Estaba perfectamente claro lo que ocurría. Todo esto, sin embargo, no afectó mi investigación. Yo me tomé el trabajo de averiguar muchas cosas. Viajé mucho. Me movía el impulso de descubrir. Sentí que los cubanos eran gente maravillosa, cosa que, en efecto, son. Me es difícil precisar ahora mis reacciones al ver lo que estaba ocurriendo en la vida política, pero debo decirle que aunque por entonces yo pertenecía al Partido Laborista, era también, ante todo, un demócrata. Para la mayoría de los integrantes del laborismo inglés, la democracia era más importante que el socialismo. Si había que escoger entre ambas ideas, uno escogía la democracia. De modo que yo no me hice mayores ilusiones con los comunistas en el poder. Quizá llegué a pensar que Castro utilizaría al Partido Comunista por un tiempo, cosa que ocurrió, pero no —como yo esperaba— para liberalizar la vida política de Cuba, sino como palanca en la adopción del sistema comunista. Todavía ahora creo que, antes de llegar al poder, Castro no era un marxista-leninista convencido. Le interesaba el poder y le interesaba la relación con la URSS, porque de esa manera podía desafiar a Estados Unidos. A mi juicio, ése era el fondo de su actitud.

En 1922, en La Habana, un periodista dijo: «El odio al yanqui será la religión de los cubanos». ¿Podríamos hablar un poco sobre este punto?

La tragedia de la historia cubana reside en el hecho de que el nacionalismo cubano se define sólo en términos de desafío frente a Estados Unidos. La relación entre ambos países siempre ha sido ambigua, profundamente ambigua. Estados Unidos asumió un papel determinante en la independencia cubana de España. En los primeros años del siglo xx invirtió fuertemente y propició largos años de prosperidad. Aunque no fue el padre de la idea, introdujo los cambios médicos necesarios para erradicar, por ejemplo, la fiebre amarilla. Estados Unidos fue siempre un refugio para los exiliados cubanos, para los demócratas cubanos. Los ataques contra los tiranos de Cuba solían partir de playas estadounidenses. Comprendo perfectamente que, para muchos cubanos, aceptar todos estos aspectos positivos resultó intolerable. Y, claro está, hay que admitir también que la peor cara de Estados Unidos aparecía a menudo en Cuba. El actor Errol Flynn llegó a decir que La Habana era «el sitio ideal para emborracharse». Al decir esto, expresaba una actitud generalizada entre los estadounidenses que visitaban Cuba. Había poco turismo, pero era ruidoso e impertinente. A veces me pregunto si todo el nacionalismo cubano —incluido el de Castro— no ha sido sino el último dique para preservar la cultura cubana con todos sus componentes hispánicos y africanos de la «coca-colonización». Tengo la sensación de que, en suma, la Revolución cubana tuvo como resorte básico el nacionalismo cultural.

¿Conoció personalmente a Franco… y a Castro?

No: sólo vi a Franco una sola vez. Y a Castro lo vi en varias ocasiones, pero sólo lo vi, no lo traté. Al principio quise tratarlo, pero era elusivo. Lo veía de lejos, en los mítines. Luego decidí que era mejor no conocerlo, porque advertí la poderosa influencia que ejerce en los que lo rodean. Su personalidad y su encanto subyugan. Eso le ocurrió a aquel periodista estadounidense, Herbert Matthews, que veía en Castro a un hijo. Por lo demás, Castro es muy susceptible a la crítica. René Dumont, por ejemplo, pasó largos días junto a él. Con el tiempo, Dumont escribió un libro crítico sobre la economía agraria en Cuba. Castro no se lo perdonó. El fenómeno ha ocurrido antes. Con Stalin, por ejemplo. Los poderosos atraen y, si son inteligentes, logran que el interlocutor comparta sus teorías conspiratorias. Son amables, lo invitan a usted a sentarse a conversar privadamente y le transmiten la impresión de estar auténticamente interesados en usted, sólo en usted. Hitler cautivó a personas tan inteligentes como Toyn-bee, Lloyd George y Neville Chamberlain. Los grandes hombres, dice Popper, cometen grandes errores. Uno debe apartarse de los grandes hombres al hacer historia.

¿Reconoce en la historia revolucionaria de Cuba algunas etapas? ¿Cuál es su teoría sobre Cuba?

Tengo una teoría sobre Cuba. No creo, como algunos afirman, que Castro fuera un comunista independiente que buscaba establecer en Cuba un régimen independiente de la URSS y que, debido a ciertas cir-cunstancias, en 1969 o en 1975, tuvo que cambiar su actitud. Si cabe hablar de etapas, es sólo en la política económica. El primer impulso de Castro fue iniciar una revolución económica. Se hizo un esfuerzo por industrializar la isla, por alcanzar la siempre anhelada diversifi-cación agrícola y otras innovaciones. Sin embargo, la desaparición masiva del funcionariado y la influencia creciente de la URSS acaba-ron con ese impulso a finales de los años sesenta. A partir de enton-ces me parece que Cuba ha debido incurrir en el monocultivo de un modo y en una dimensión sin precedentes, por lo que ha abandonado los esfuerzos de diversificación. Yo diría incluso que las exportaciones de azúcar representan, en los años ochenta, una porción mayor de la que representaban en los cincuenta. No deja de ser paradójico. A veces dudo de que en Cuba se haya dado una revolución económica. En cambio, es evidente que hubo una revolución política.

¿No olvida que Cuba ha resuelto en gran medida los problemas de salud y analfabetismo?

Es verdad. Con respecto a los años cincuenta, la política social mues-tra un avance en lo que se refiere a salud y educación. Pero usted debe preguntar por fuerza: educar, ¿para qué?; preservar la salud, ¿para qué? Los líderes revolucionarios dirán que la educación y la salud sirven para crear hombres que sirvan al Estado; ellos dirían: «a la Revolu-ción». En este sentido, Castro ha pedido prestado algo importante a

266

México. Antes de la Revolución mexicana, las revoluciones simplemente ocurrían, se consolidaban y, finalmente, se transformaban. Después de la Revolución mexicana, al menos en la versión oficial, las revoluciones no sólo ocurren sino que siguen ocurriendo. Lo mismo sucede en Cuba: a pesar del evidente estancamiento de los últimos diez años, cuando menos, la revolución «continúa».

Cambiemos un poco de escenario. En el preciso momento en que Castro accede al poder y a la historia, un demócrata venezolano llega al poder. Es el contrapunto exacto. Me refiero a Rómulo Betancourt. Usted lo conoció y admiró. Uno de sus libros, Una historia del mundo,[6] *está dedicado a Betancourt. A la distancia, ¿cuál de los dos gobernantes, Castro o Betancourt, tuvo la razón?*

Betancourt, por supuesto. Betancourt entendió que su país había llegado a un nivel de madurez histórica que reclamaba la plena institucionalización de la democracia.

Ahora hablemos de otro país. Usted estuvo en Chile en tiempos de Allende...

En efecto. Fue en 1971 o 1972. Mi buen amigo Claudio Véliz me invitó a impartir unas conferencias en un instituto que él dirigía. Al llegar, me topé con la extraña nueva de que Véliz había sido depuesto. La razón: no era lo bastante radical. Los porteros y los cocineros del instituto querían utilizarlo como barricada de la Revolución. El asunto me pareció alarmante. No faltó quien me preguntara: «Oh, míster Thomas, ¿no advierte usted ciertas similitudes entre la situación chilena y los albores de la Guerra Civil española?», casi como incitándome a contestarle: «Sí». De regreso a Inglaterra, resentí el apoyo indiscriminado del Partido Laborista al régimen de Allende. En términos puramente democráticos, este apoyo mostraba una falta de sensibilidad política frente a los chilenos. Si un régimen semejante al de Allende hubiese alcanzado el poder en Europa —ya no digamos que en Inglaterra—, la actitud del Partido Laborista habría sido muy distinta; más

---

[6] Nueva York, Harper Collins, 1979 (existe una versión en español de Grijalbo).

aún si se recuerda que Allende había llegado al poder con apenas un tercio de los votos. Varias personas del Partido Laborista, con las que me entrevisté en Londres, decían entonces que los candidatos Frei y Alessandri eran fascistas contrarrevolucionarios. Nada más lejos de la verdad. Aquél fue un momento clave de definición personal, no sólo para mí, sino para muchos de los mejores miembros o simpatizantes del Partido Laborista. Algunos se apartaron: David Owen, por ejemplo. Con el tiempo, Roy Jenkins dirigiría el Partido Liberal en la Cámara de los Lores. Yo empecé a votar como conservador.

Toquemos un punto sensible para un inglés: la Guerra de las Malvinas. ¿Cuál fue su opinión en aquel momento? Debió de ser difícil...

Particularmente difícil. Coincidió con la publicación de mi libro *Una historia del mundo*. Viajé a España y, en cada presentación, me decían lo mismo: «Está bien, míster Thomas, hemos oído suficiente sobre los egipcios, pero, díganos, ¿qué piensa de las Malvinas?» Para mí, la solución habría sido la cesión plena de la soberanía a cambio de un contrato de arrendamiento por cincuenta años. La idea se topó con la oposición acérrima de la extrema izquierda y la extrema derecha. Había en todo ello un fuerte ingrediente de nacionalismo inglés. El asunto se archivó. Nadie imaginaba entonces que el general Leopoldo Galtieri utilizaría la querella del modo en que lo hizo. En mi opinión, pensó en la recuperación de las Malvinas como un salvavidas para su gobierno. Perón no habría hecho otra cosa. El ministro de Galtieri, Nicanor Costa Méndez, que había vivido en Inglaterra, fue quien seguramente le dio alas. Creyó —yo me imagino— que los ingleses armaríamos un gran escándalo, pero que no nos atreveríamos a intervenir. En aquel momento yo ya estaba asociado al gobierno. Después de la invasión, confieso que no vi alternativa a lo que ocurrió. Pudo haberla si Galtieri hubiese sido más inteligente, si hubiera aceptado algún tipo de compromiso: la presencia conjunta de los británicos, los argentinos y las Naciones Unidas, por ejemplo. Estoy seguro de que por parte de los británicos existía voluntad de arreglar las cosas, pero que la intransigencia de Galtieri lo frustró todo.

Aquello, en suma, ¿fue el choque de dos nacionalismos?

No. Fue el choque entre un gobierno democrático que había sido atacado y un régimen militar ineficaz e indeciso. A propósito de esto último, recuerdo una frase de un ministro de la época, Francis Pym: «Es una lástima que Galtieri no sea un auténtico dictador fascista, porque, de serlo, no tendría que consultarlo todo con sus coroneles».

He sabido que planea escribir un libro sobre México, ¿de dónde proviene la idea?

Hacía tiempo que quería escribir un libro sobre otro país hispanohablante. Pensé en Venezuela, como le dije, pero finalmente acabé inclinándome por México. De tiempo atrás, por mis lecturas y por mis visitas ocasionales a este país, sabía que México posee una historia, una literatura y una geografía muy ricas y de una variedad inagotable. Pensé que, si iba a escribir de nuevo sobre Latinoamérica, debía escoger la más antigua, la más compleja, la más interesante de sus culturas.

Para terminar: ¿de qué está hecha, en pocas palabras, la actitud sajona con respecto al mundo hispánico?

De tres palabras: ignorancia, prejuicio y fascinación.

¿Cuál de las tres prevalece?

Me temo que la primera.

VI

Pasados de México

Charles Hale

CONTINUIDADES Y DISCONTINUIDADES DEL LIBERALISMO

Conocí a Charles Hale hacia 1976; nuestro encuentro fue para mí memorable. Había publicado años atrás el primero de sus tres libros sobre *El liberalismo mexicano en la época de Mora*.[1] Fuimos a comer, si no recuerdo mal, al Círculo del Sureste, y dimos inicio a una larga y bella amistad, que no sólo incluyó nuevas comidas en nuestro sitio favorito sino al menos una estancia mía en la Universidad de Iowa, hospedado por Charlie y Lennie, su inteligente y gentil esposa. Lo vi en Nueva York, en Chicago, en Iowa, en México. Fue una amistad itinerante.

Hale escribió dos libros más, ambos clásicos: *Las transformaciones del liberalismo mexicano* (publicado en español inicialmente por editorial Vuelta en 1991) y una biografía intelectual de Emilio Rabasa.[2] Era tan extraordinariamente riguroso, que tardaba un decenio en escribir cada libro. Sus investigaciones, ejemplo supremo de su género —la historia de las ideas—, se fincaban no sólo en libros y folletos (a menudo inéditos o muy raros) sino en una vasta documentación hemerográfica. Desde ese piso cotidiano de las ideas Hale construyó sus tres libros memorables. Fue también un acucioso y sabio historiador de las ideas en América

---

[1] *Mexican Liberalism in the Age of Mora, 1821-1853*, New Haven, Universidad de Yale, 1968 (existe una versión en español de Siglo XXI).

[2] *The Transformations of Liberalism in Late Nineteennth Century Mexico*, Princeton, Universidad de Princeton, 1990 (existe una versión en español de Vuelta) y *Emilio Rabasa and the Survival of Porfirian Liberalism. The Man, his Career, and his Ideas, 1856-1930*, Stanford, Universidad de Stanford, 2008 (existe una versión en español del Fondo de Cultura Económica y el CIDE).

Latina (como prueba su amplio estudio sobre el tema en la *Cambridge History of Latin America*)[3] y —cuando quería— un excelente biógrafo. Escribió un insuperado perfil de su maestro Frank Tannenbaum.

Siguiendo la obra pionera de Jesús Reyes Heroles,[4] Hale creía en la continuidad histórica del liberalismo mexicano: del liberalismo original al porfiriano, del porfiriano al revolucionario. Aunque encontraba simpatías y diferencias con esa idea (el liberalismo tiene muchos aspectos sociales y culturales, étnicos y económicos), mi concepto era distinto. Siguiendo una obra capital de Cosío Villegas —*La Constitución de 1857 y sus críticos*—[5] creí entonces (y sigo creyéndolo ahora) que el liberalismo esencial del siglo XIX, el liberalismo político, quedó truncado por la dictadura porfirista y la priísta. De ahí que nos sea tan difícil, aún ahora, asumir los valores de una sociedad liberal: civilidad, tolerancia, respeto a las opiniones ajenas, armonía entre las libertades y las responsabilidades. En ese sentido, la remota conversación que sostuve con mi amigo Hale es vigente. En México, la alternativa liberal sigue abierta, inédita. Por momentos parece que lo seguirá estando siempre.

Más allá de las diferencias, siento una nostalgia profunda por Charlie Hale. Era tímido y discreto. Tras su formalidad académica (corbata, *tweed*) había un joven universitario que hacía ejercicio y usaba zapatos de goma. ¡Cómo gozamos compartir en el campus de Iowa largas travesías en bicicleta! Tenía una sonrisa casi infantil. Hablaba con adoración de sus cuatro hijos desperdigados por la Unión Americana. Tenía una letra chiquita y perfecta. Era preciso, clarísimo, sabio. Guardo sus cartas. México le concedió el Águila Azteca pero los mexicanos (sobre todo sus colegas antiguos, actuales y futuros) le debemos el homenaje de la relectura y el debate.

ENRIQUE KRAUZE: *¿Cuáles son los rasgos históricos fundamentales del liberalismo político mexicano?*

---

[3] «Political and Social Ideas in Latin America, 1870-1930», en *Cambridge History of Latin America*, vol. 4, Cambridge, Universidad de Cambridge, 1984.

[4] *El liberalismo mexicano*, 3 vols., México, Universidad Nacional Autónoma de México, 1957-1961.

[5] México, Hermes, 1957.

CHARLES HALE: Dentro del liberalismo político mexicano, desde 1820 y a través de la Reforma, hubo una tensión constante entre dos tendencias clásicas: la que buscaba el fortalecimiento del Estado para lograr la igualdad —o igualdad ante la ley— y la que trataba de limitar al Estado para lograr la libertad individual, lo que en el siglo XIX se llamaba «garantías del individuo frente al despotismo del Estado». Se trataba, a un tiempo, de fortalecer al Estado y, además, instituir un sistema constitucional frente al despotismo heredado de los Habsburgo, los Borbones, la época imperial de Iturbide y, en general, el prepotente Estado colonial. En el marco de esa tensión, el fortalecimiento del Estado en nombre de la igualdad ante la ley fue la nota dominante, por encima de la libertad individual. Hacia los años veinte José María Luis Mora trataba de establecer un sistema constitucional con el propósito inicial de limitar el poder del Estado por medio del federalismo y de la autonomía de los municipios y del sistema judicial. En 1833, Mora y la gente que estaba cerca de él —Gómez Farías entre otros— se dieron cuenta con dolor de que el problema fundamental no era alcanzar la libertad individual sino acabar de alguna manera con la sociedad colonial para que el individualismo tuviera algún significado. El mismo drama se volvió a representar durante la Reforma. Los constituyentes de 1857 buscaron limitar el poder del Estado, al que identificaban como heredero de la dictadura de Santa Anna. Los primeros debates del Congreso Constitucional están cargados de la obsesión por Santa Anna. Los congresistas redactaron una Constitución que postulaba un Ejecutivo esencialmente débil y un régimen parlamentario. Pero continuaba existiendo el problema de la Iglesia, por lo que el régimen juarista (1858-1872) comenzó a adquirir poderes dictatoriales para acabar con esa sociedad institucional y continuar la obra de los reformistas de 1833. Juárez se comportaba como un dictador en los años sesenta y como tal se le conocía.

Este conflicto interno me parece básico. Volvió al primer plano —y para aclarar esto la obra de Cosío Villegas es muy importante— durante la Restauración de la República (1867-1876). Uno puede decir que, en cierto modo, con la Revolución de 1910 se volvió a repetir el ciclo. La ideología de Madero era constitucionalista. Era una ideología que daba la espalda a un largo periodo de autoridad central. Era el restablecimiento de la Constitución de 1857 y de su tentativa de liberar al municipio, limitar el poder del Ejecutivo y restablecer la libertad judicial. Con todo, la obra social de la Revolución y la oposición interna a ella tuvieron como consecuencia que en tiempos de Carranza el constitucionalismo acentuara cada vez más la autoridad del Estado. En suma: el liberalismo político mexicano ha sufrido esta tensión, este conflicto interno, característico del mundo occidental y particularmente visible en Francia y en España.

¿Qué otros rasgos caracterizan a nuestro liberalismo aparte de esta tensión?

Sobre todo, pienso en uno: la oposición al clero. Puede decirse que en la entraña del liberalismo mexicano existió siempre un elemento anticlerical. El liberalismo en México puso el acento en un Estado fuerte y laico que mantuviese la igualdad ante la ley en detrimento de las entidades tradicionales, sobre todo la Iglesia y el ejército. Los liberales no tuvieron mucho éxito en la limitación del ejército como institución pero sí lograron, en cambio, limitar severamente a la Iglesia. Por lo demás, las ideas anticlericales y el ideal de un Estado fuerte y laico no eran privativos de México: tenían raíces en la Revolución francesa y guiaron a los reformistas españoles en Cádiz y durante el resto del siglo.

Nuestro liberalismo es entonces más mediterráneo que nórdico…

Como doctrina política, el liberalismo mexicano tiende menos hacia Inglaterra y Estados Unidos que hacia Francia y España, ya que estos países encararon problemas similares a los de México y elaboraron teorías y políticas comparables. Por ejemplo, la conquista de la igualdad ante la ley fue uno de los objetivos principales del liberalismo mexicano, como lo fue para el de Francia y España, porque en los tres casos los liberales se enfrentaron a un orden institucional sólidamente establecido, en cuyo corazón estaba la Iglesia católica de Roma. Esta solidez institucional, que existía por supuesto en Inglaterra y Estados Unidos, se había visto mermada, sin embargo, con la aparición gradual de los cambios económicos en Inglaterra, o bien había sido tradicionalmente más débil, como en el caso de Estados Unidos.

Hay otros apellidos para el liberalismo. El económico, por ejemplo.

En México la Revolución de 1910 no rechazó totalmente el liberalismo económico. Había —y hay, es cierto— una tendencia constante a favorecer la intervención del Estado en nombre de la reforma social: la reforma agraria, el nacionalismo económico, la expropiación del petróleo, la adquisición del capitalismo extranjero. Todo esto se alejaba del liberalismo económico. Pero al mismo tiempo se conservó la propiedad privada y la «pequeña propiedad» rural, se fomentaba una industria nacional en manos de particulares y se veía con buenos ojos, sobre todo a partir de 1940, la llegada del inversionista extranjero. Esta tendencia, en mi opinión, no ha dejado de existir. Probablemente el Estado es más fuerte todavía en la vida política que en la vida económica.

Lo cual no lo vuelve más liberal en esta esfera; pero probemos aún otro apellido: cultural.

En cierto sentido, el liberalismo cultural podría significar una tradición de libertades civiles y de libre expresión, de libertad de prensa… Esta tradición siempre ha estado presente en México, con más fuerza en algunos periodos que en otros, por supuesto. Durante el Porfiriato hubo una tendencia creciente a la censura, que coincidió con el desarrollo de una filosofía oficial de la educación. Pero al mismo tiempo había una fuerte tradición de libertad civil, una incisiva prensa de oposición y muy pocas restricciones a la expresión cultural en las artes y en la literatura.

Ahora la situación es, en cierta forma, menos liberal. Es evidente que el Estado desempeña un papel importantísimo en la cultura. Pocas actividades culturales hay —en la vida académica, en la vida universitaria o en el periodismo— que puedan conducirse con independencia del Estado. La literatura es quizá la única excepción. Me impresiona, por ejemplo, la medida en que el Estado determina, con los alicientes económicos o académicos que ofrece, la dirección del trabajo y las obras de los investigadores, sobre todo en el caso de los investigadores que prometen y han terminado su tesis o su primera obra considerable y lista para su publicación. Entiendo que lo mismo vale para la investigación científica. El poder y el patrocinio del Estado son muy fuertes. Creo que en este sentido, al influir en la dirección de la vida cultural, por muy sutil o abiertamente que lo haga, el Estado se separa de algo que podríamos llamar el ideal liberal.

La continuidad entre el liberalismo del siglo XIX y la Revolución de 1910 es más incierta de lo que la leyenda oficial quisiera. Hay versiones opuestas...

Creo que la posición oficial es la que ha tenido más influencia en México y quizá también en el extranjero. Es la de Jesús Reyes Heroles en su magistral obra en tres volúmenes sobre el liberalismo mexicano. Las tesis básicas de esta obra son, en primer lugar, que existe una continuidad del liberalismo desde el siglo XIX hasta el XX y, en segundo lugar, que ni la Revolución ni sus mecanismos, como él dice, pueden llamarse hijos de sí mismos sino de las profundas tradiciones liberales del siglo XIX.

Lo interesante de esta tesis es que, si uno examina los tres extensos y bien documentados volúmenes de Reyes Heroles, observará que su historia comienza con la Revolución de Independencia, o con el periodo inmediatamente anterior, a principios de 1800, y termina intempestivamente en 1867. Entonces, cuando habla de continuidad está hablando de una primera fase que culmina con la Reforma y que continúa sólo después de 1910. El periodo que va de 1867 a 1910 —la República Restaurada y, en particular, el Porfiriato— es, según él, una alteración, una aberración de la tradición liberal mexicana. Para Reyes Heroles la Reforma se caracterizó también por su preocupación social, su interés por la población india, la reforma agraria, etcétera. Reyes Heroles consideraba que éstos eran los antecedentes directos de lo que sucedió después de 1910 y por ello omite explícitamente al Porfiriato, que en su opinión no forma parte de la tradición liberal. Su concepción coincide en gran medida con las propias interpretaciones de los revolucionarios, desde Madero hasta Carranza.

Por otro lado, está la opinión que se identifica más con Daniel Cosío Villegas y los que colaboraron con él en su *Historia moderna de México*.[6] Si bien no ataca directamente a Reyes Heroles ni discute con él —trabajaron independientemente y no creo que haya existido diálogo entre ellos—, Cosío Villegas prefirió estudiar minuciosamente el periodo específico que omitió Reyes Heroles. Lo que interesó particularmente a Cosío Villegas fue encontrar las raíces de lo que, a su juicio, era la verdadera tradición liberal. Para Reyes Heroles esa tradición es muy amplia: un movimiento que cambia gradualmente, que abarca desde Madero hasta la reforma económica y social de Cárdenas, y que más tarde incluye la promoción industrial de Alemán. En cambio, Cosío Villegas consideraba que el liberalismo revolucionario se limitó al impulso político y constitucionalista de los primeros años: los de Madero.

Al principio Cosío Villegas no se interesó en el estudio del Porfiriato, sino que comenzó por estudiar la República Restaurada, porque de alguna manera sentía que en los años cuarenta, cuando inició su obra, México estaba alejándose de los verdaderos ideales de la Revolución, a la que él definía, por cierto, en términos liberales. Lo que encontró durante el periodo de Juárez y Lerdo fue algo muy cercano a un modelo liberal; un modelo no tanto de sociedad liberal ideal como de sistema político liberal. Fue un periodo de libre expresión en la prensa; el sistema judicial funcionaba libremente, como nunca antes ni después lo ha hecho. A pesar de la necesidad de fortalecer al Estado contra la disensión interna o los desafíos regionales, México gozaba de las más amplias libertades políticas. Cosío encontró que éste era un periodo ejemplar en la historia de México. Sentía que podía servir de inspiración al presente.

Más tarde, como buen historiador que era, entendió que el periodo del Porfiriato debía estudiarse en sus propios términos. Su trabajo sobre la dictadura fue muy analítico. En el transcurso de la obra el término *autoritarismo* remplazó al de *dictadura*. Con el tiempo, ganó algo de simpatía por el Porfiriato, aunque no creo que llegara a decir que hubo continuidad entre éste y la Revolución por el solo hecho de estudiarlo tan escrupulosamente.

---

[6] Obra que dirigió Daniel Cosío Villegas, publicada durante los años 1955-1974 en diez tomos por la editorial Hermes, México.

Una de sus tesis principales fue que, después de 1940, México entró en un nuevo Porfiriato. Creo que esto fue algo que mantuvo hasta su muerte. Una continuidad en el antiliberalismo. La distinción fundamental entre Reyes Heroles y Cosío Villegas —si hay que establecerla— está en su acercamiento implícito o explícito al periodo de Díaz. Para aquél se trata de una aberración del *continuum* liberal-revolucionario. Para éste es un antecedente casi orgánico de la Revolución hecha gobierno y tan ajeno como ella —con excepción de Madero— al liberalismo.

Esto pensaban dos de los grandes historiadores del liberalismo en México. ¿Qué piensa Hale, el tercero?

Desde luego no negaría la existencia de una continuación en la tradición liberal. Puede haberse transformado, no ser lo que era antes, pero continúa. Basta observar todo el pasado para ver en cada periodo los elementos de esta continuidad. Mi punto de vista se aleja del de Reyes Heroles pero también del de Cosío, porque encuentro que hay liberalismo entre los partidarios de Díaz y no sólo entre sus opositores. Lo que me ha impresionado en mis estudios del periodo 1867-1910 es que con la victoria de Juárez sobre Maximiliano el término *liberal* se convirtió en un término oficial. Los conservadores eran los vencidos y los liberales los vencedores. De manera que a partir de entonces quien tuviera participación en el gobierno o tuviera aspiraciones políticas tenía que ser liberal y proclamarse así abiertamente. Además, me parece que después de 1867 el liberalismo empezó a dejar de ser una ideología en lucha contra una sociedad tradicional y un grupo de instituciones, para convertirse en un mito unificador. Con el creciente consenso político, en particular después de 1877, se desarrolló lo que podría llamarse un *establishment* liberal. Hacia 1890 circulaba una frase que decía que el Partido Liberal se había vuelto «un partido de gobierno».

Un pre-PRI...

Juárez y Lerdo fueron decididamente los personajes liberales de la Reforma. Pero Díaz también fue un liberal en el sentido prístino de la palabra. Ascendió al poder en 1876 porque él y sus partidarios decían que Lerdo estaba volviéndose un líder autoritario. Él mismo, a su vez, se hizo autoritario; sin embargo, nunca dejó de emplear el término *liberal* para designarse.

Además de la explotación oficial del término *liberal*, lo que vuelve tan confuso al periodo —y no sólo en México, sino también en Francia o en España— es el tono menor de los viejos conflictos ideológicos entre conservadores y liberales. De alguna manera, quienes estaban en el poder —en Francia los republicanos, en España la monarquía restaurada— tenían la impresión de que los ideales del liberalismo se habían realizado. Fue esencialmente un periodo de consenso político. Los conflictos entre los diferentes partidos eran poco profundos: en Francia, durante la Primera República, los partidos se llamaban a sí mismos «liberales conservadores». La misma tendencia surgió en México en el grupo que simpatizaba con Porfirio Díaz y que en 1878 fundó el periódico *La Libertad*: Justo Sierra, Francisco Cosmes y Telésforo García. Su periódico era «liberal conservador»; se llamaban «nuevos liberales». Desarrollaron una doctrina de «política científica», parcialmente inspirada en ideas positivistas; la política nacional y la Constitución se basarían, de forma realista, en los hechos, en la experiencia, y no en la aplicación de teorías abstractas o «metafísicas». Para ellos, «política científica», «nuevo liberalismo» y «liberalismo conservador» se vuelven sinónimos. En cierto modo, estaban justificando el régimen de Díaz al decir que los ideales de 1857 se habían desgastado y que eran demasiado abstractos para aplicarse apropiadamente a la historia de México. Podrían considerarse apologistas del régimen. Creo que ésta es la opinión de Cosío Villegas. Pero aun así se consideraban «liberales». El problema, repito, es que este término llegó a significar muchas cosas diferentes.

Que se llamaran a sí mismos liberales no los hace liberales. Por mi parte creo que el libro que discierne con claridad este problema es La Constitución de 1857 y sus críticos. *Liberales puros fueron los hombres de la Reforma y la República Restaurada, los opositores al régimen de Díaz y los maderistas. Creían más en la «libertad de», no en la «libertad para».[7] En cambio los*

---

[7] Ambos términos provienen de la distinción de Isaiah Berlin descrita en su

*porfiristas —como su descendencia revolucionario-institucional— escamotea-
ron, digámoslo así, el sentido liberador de la palabra* liberal.

Cosío Villegas ve la continuidad de la tradición liberal del Porfiriato
esencialmente en la oposición, es decir, en quienes se opusieron al
poder autoritario de Díaz y defendieron la Constitución de 1857 contra la extralimitación del Ejecutivo. Documenta esta oposición muy
cuidadosamente. Cosío Villegas no llamaría a Justo Sierra liberal, en
ese sentido, pero sí, en cambio, a alguien como José María Vigil o los
editores de *El Monitor Republicano, El Diario del Hogar* y otros órganos
menos conocidos de la prensa «liberal», «independiente» o «no oficia-
lista». Según él, esta oposición continúa con Vázquez Gómez en 1892,
con la facción moderada del Partido Liberal después de 1900, y culmina con Madero en 1908.

Por mi parte he encontrado que el grupo de Justo Sierra, el grupo
de *La Libertad,* aunque difería marcadamente de quienes habían hecho
la Constitución de 1857, mantenía con firmeza su vocación constitucionalista. Sentían que la Constitución debía ser reformada de modo
que permitiera un gobierno más fuerte. Aquí es donde uno puede
acusarlos, en efecto, de socavar la Constitución, de volverse apologistas de un régimen autoritario.

Pero importa recordar que para 1893 el mismo grupo (antes que
nadie, Justo Sierra, con otros que luego adoptaron el nombre de «científicos», por ejemplo Francisco Bulnes) propuso un plan para limitar el
poder de Díaz, en particular el control del Poder Judicial por el Ejecutivo. Al hacerlo, Justo Sierra recurrió en 1893 a los mismos argumentos «científicos» que había utilizado para fortalecer el poder en
1878. (Quienes se oponían al grupo de Sierra los llamaron «científicos», nombre que desde entonces ostentaron con orgullo.) Pero en
realidad eran constitucionalistas.

El corolario de todo esto es la clara existencia de antecedentes constitucionalistas no sólo en la oposición abierta a Díaz, sino también en

---

conocida conferencia «Two Concepts of Liberty», dictada en la Universidad de
Oxford en 1958. Publicada en forma de ensayo, se puede leer en *Cuatro ensayos sobre
la libertad,* Madrid, Alianza Editorial, 1988.

estos «científicos», miembros del *establishment* del Porfiriato. Cuando hablamos de continuidades tenemos que hacerlo en varios niveles. Ha existido una pasmosa renuencia de parte de muchos intérpretes a seguir las diversas formas de continuidad que cruzan a todo lo largo del periodo de Díaz y lo enlazan con el periodo inmediato posterior. Cosío Villegas ha trazado hilos de la continuidad antiliberal al hablar de un Neoporfiriato, pero lo que no creo que haya hecho con claridad es mostrar la forma de continuidad positiva desde la edad madura de Díaz hasta el periodo posterior a 1910; por ejemplo, las ligas posibles entre el constitucionalismo «científico» de 1893 y el Constituyente de 1917.

Resaltar los elementos de oposición constitucional a Díaz entre sus propios partidarios es importante. Desvanece, entre otros mitos, el del Porfiriato monolítico. Pero ¿no sería acaso que en 1893 los «científicos» comenzaban a revalorar los ideales de los «venerables abuelos», desechados quince años antes? Por lo demás, la liga posible entre 1893 y 1917 no es, necesariamente, de carácter liberal. La Constitución de 1917 fue todo menos un código liberal.

Permítame añadir algunos detalles. En mi trabajo sobre las ideas políticas del periodo que va de 1867 a 1910, una de las cosas que más me intrigaron fue el problema de cuáles eran exactamente las ideas del grupo encabezado por Sierra, que fundó el periódico *La Libertad* y apoyó a Díaz. ¿Cuáles eran sus ideas antes de 1878? Entonces eran hombres muy jóvenes, por supuesto. El grupo de Sierra se consideraba una nueva generación; tenían entre veinticinco y treinta y cinco años, de modo que eran todavía más jóvenes durante el régimen de Lerdo (1872-1876). Cuando uno estudia los primeros años de esta gente no hay indicios de un rechazo a la tradición de la Constitución de 1857 o de un futuro apoyo a Díaz. Creo que el año decisivo fue 1876, cuando eran francos simpatizantes de José María Iglesias en contra de Lerdo. Entonces fundaron un periódico titulado *El Bien Público*. Eran constitucionalistas a la enésima potencia. Pero dos años más tarde, en 1878, los encontramos apoyando a Díaz y pidiendo cambios a la Constitución en nombre de la ciencia. Existen algunos documentos muy interesantes de 1877 que no son conocidos y que muestran las angustias de Sierra, en particular al tratar de justificar este cambio de iglesista a porfirista. Se le criticó duramente por ello y dio justificaciones muy elaboradas, no siempre convincentes aunque mostraban una considerable tensión interior.

En esencia creo que particularmente Sierra y algunos otros se desencantaron del legalismo exagerado del periodo de Iglesias y que llegó a su fin con el arribo de Porfirio Díaz en 1876. Consideraban que el país necesitaba algo más flexible —y más en armonía con las realidades de la sociedad— que las interpretaciones legalistas de Iglesias. Se hicieron a la idea de que la Constitución, antes que algo impuesto, debía ser algo que surgiera de las realidades de la nación. Esto se justificaba por la aplicación de una nueva doctrina política influida por el positivismo, en el cual el gobierno se vio como algo que debe brotar naturalmente de la realidad social.

Con todo, quince años después descubrieron que la nueva doctrina política conducía a la dictadura. El caso nos lleva de regreso a la sugestiva respuesta inicial de esta entrevista: lo característico del liberalismo mexicano es la tensión —política, ideológica, moral, biográfica— entre la libertad negativa y la positiva, entre la idea de límite y la idea de intervención. A mi juicio, los liberales de la Reforma, Madero y su tenue genealogía del siglo XX se inclinaron naturalmente por la primera vertiente, y quizá por hacerlo perdieron, muchas veces, el poder. Otros, Sierra sobre todo, habitaron aquella contradicción y sus tormentos, pero dudo que en la mayoría de los «científicos» —Bulnes, Macedo, etcétera— la tensión fuera profunda. Una tercera categoría —en la que se incluyen lo mismo Calles o Díaz, Cárdenas o Alemán— prefirió abiertamente, como ahora, el fortalecimiento del Estado como premisa y palanca de liberación social e individual. Pero no veo por qué llamar liberal a esta tendencia, al menos no a partir de mediados del siglo XX, cuando el poder de la Iglesia y el ejército, los dos cuerpos por vencer en nombre de la libertad, estaban vencidos.

Desde luego, la tradición constitucionalista clásica, es decir, la tendencia a limitar el poder del Estado para aumentar la libertad individual y civil, ha sido muy frágil y fue ahogada en México desde la victoria de los carrancistas en 1917 y el establecimiento de la Constitución. Basta recordar el olvido del movimiento a favor del municipio libre, que había sido una tendencia marcada a lo largo de la Revolución. Lo cierto es que es muy difícil encontrar pruebas de movimientos políticos hacia el liberalismo constitucional después de 1917. En 1968 afloraron varias de estas ideas. Por ejemplo, uno de los mensajes de *Posdata*, de Octavio Paz, en 1971, es la necesidad de recuperar la democracia pura, el liberalismo constitucional, la libertad para la acción política fuera del gobierno y del partido en el poder. Aunque ésta es una tendencia débil, creo que a Reyes Heroles le era difícil sostener como historiador que este aspecto del liberalismo haya tenido una sólida continuidad. Lo sostuvo implícitamente, pero creo que al hacerlo defendió el mantenimiento de las instituciones constitucionales en un sentido jurídico; esto es, la existencia de un sistema parlamentario, un sistema federalista, un sistema judicial, todos los cuales, formalmente, fueron parte de la limitación constitucional al poder del Estado. Pero no creo que penetre en la realidad. Con todo, es impresionante que Reyes Heroles, en su papel de político y hombre de Estado, haya dirigido el reciente intento de implantar una «reforma política» que en cierto sentido fue un esfuerzo por demostrar la continuidad del constitucionalismo liberal. Es una lástima que sus esfuerzos no hayan fructificado todavía.

Es que Reyes Heroles, como Sierra, sí vivió seguramente la tensión de que hemos hablado. ¿Iluminaría en algo una comparación del liberalismo argentino y chileno con el mexicano?

Una de las diferencias básicas entre el liberalismo político de Argentina y Chile y el de México es la debilidad del poder de la Iglesia. De ahí que la tradición anticlerical de orientación estatal fuese mucho más débil. En Argentina y Chile aquella tensión entre la tradición liberal, fuertemente apegada al Estado, y la esencialmente constitucionalista, fue más tenue que en México. Supongo que en este sentido el liberalismo sudamericano era de orientación más anglosajona, aunque me negaría a llevar demasiado lejos está generalización.

Estoy pensando en modelos de liberalismo. Creo que la obra clave, la que establece una distinción básica entre estas dos corrientes de liberalismo político —la francesa y la inglesa—, es *A History of European Liberalism*, de Guido de Ruggiero.[8] Creo que el liberalismo

[8] Londres, 1927.

chileno, por lo menos el del siglo xix, se consideraría dentro de la tradición inglesa. Uno podría decir lo mismo del liberalismo argentino. Esta influencia inglesa se ha desvanecido en el siglo xx.

Cuando uno estudia la historia de Argentina y Chile en el siglo xix y la compara con la de México, lo que más destaca es que falta este momento histórico de la Reforma, que sirvió de inspiración a México en 1910 y que, aunque desvirtuada, continúa vigente. La Reforma no sólo representó la secularización y el fortalecimiento del Estado, sino también, gracias a la Constitución de 1857, el mantenimiento de las libertades políticas. Los argentinos han sido incapaces hasta hace poco de encontrar esta forma heroica de la tradición liberal. La encontraron en la Revolución de mayo de 1810, pero no fue tan sólida. Tampoco los chilenos pudieron encontrarla en el siglo xix; no había modo de que esta tradición tuviera una base popular. En México, en cambio, la tradición liberal contó con esta base popular que más tarde le serviría de inspiración. Desde luego, ni Argentina ni Chile tuvieron una revolución que reviviera estos viejos ideales de alguna forma, por lo que entraron al siglo xx con muchos problemas heredados.

Es muy difícil ver todo esto en términos de una especie de liberalismo comparativo, dado que en realidad nos movemos en sociedades muy diferentes; no sólo en diferentes situaciones étnicas, sino que también está el gran problema de la identidad nacional en Argentina, y en Chile, el problema de un pequeño grupo de terratenientes sólidamente establecido y que continuó en el poder hasta bien avanzado el siglo xx. Problemas muy diferentes de los de México. La situación actual induce a pensar con cierto optimismo en el renacimiento del liberalismo en Argentina, a pesar de la falta de una tradición liberal heroica. El mismo renacimiento podría ocurrir en Chile.

A final de cuentas sostiene usted una continuidad liberal en México mucho más amplia y profunda que la de Reyes Heroles. ¿Cuál es, en suma, su concepto del Estado mexicano con respecto al liberalismo?

A costa de una tradición constitucional sólidamente sostenida, el Estado mexicano aumentó su poder desde la Revolución de 1910 debido a su interés activo en el proceso de la reforma social. Las urgencias de reforma y de desarrollo económico señalaban la necesidad de aumentar los campos de actividad del Estado, aunque fuera a costa de algunas de las bases del sistema constitucional. Sin embargo, cuando uno establece alguna comparación, aunque sea implícita, entre el Estado mexicano y cualquier otro tipo de Estado totalitario, sea fascista o comunista, creo que es injusto afirmar que no existe una continuidad del liberalismo, una base para las libertades civiles e incluso políticas.

México sí cuenta con una tradición de libertades civiles, libertad de prensa, sostén —en alguna forma— del sistema parlamentario… y también un proceso electoral. Desde luego, ninguna de estas cosas se apega a la idea pura del liberalismo constitucional del siglo XIX, pero, con todo, proporcionan medios para la defensa del individuo frente al Estado. Esto es lo que uno observa en México cuando lo compara con un sistema totalitario. El Estado permea la vida del país, pero lo hace de manera sutil y, con frecuencia, benigna; generalmente no es represivo. La reacción del gobierno a los acontecimientos de 1968 es quizá la excepción más notable.

Todo lo cual recuerda al «ogro filantrópico». El problema es que su filantropía, en los últimos años, ha sido más imaginaria que real. Uno puede conceder que hasta los años cuarenta y quizá cincuenta, las actitudes antidemocráticas y antiliberales eran un mal menor frente a los hechos filantrópicos de un ogro que, por lo demás, como apunta usted, respetaba las libertades civiles e individuales (no tanto las políticas).

Pero la soberbia extravía al ogro. Olvidando las ideas liberales con que había doblegado a los poderes corporativos de la Iglesia y el ejército, el ogro acrecentó su poder sobre los individuos y la sociedad creando nuevas estructuras corporativas aún más opresivas e ineficientes. En vez de resolver la tensión interna del liberalismo mexicano abriendo por fin —como en la España actual— la opción de liberalismo constitucional, el ogro siguió una inercia que lo ha llevado a la inmovilidad y que podría desembocar en extremos de represión violenta. Aquel largo conflicto histórico entre las dos tendencias clásicas del liberalismo se aclara ante nuestros ojos: el Estado igualó a la sociedad ante la ley, pero sólo la democracia liberal iguala al Estado ante la sociedad.

Octavio Paz

MÉXICO, ¿HISTORIA O ESENCIA?

El año 1984, año en que Orwell situó su profecía, fue significativo para Octavio Paz. Cumplía setenta años y se hallaba en la cúspide de su «pasión crítica». Ejercía esa pasión sin respiro y sin cuartel. Su adversario principal era el mismo de su contemporáneo Orwell, el totalitarismo, y su credo, como el del inglés, una fina y compleja mezcla de liberalismo y socialismo. La opresión lo indignaba tanto como la mentira. Su crítica era múltiple: contra las dictaduras del Cono Sur, contra la «democracia imperial» estadounidense, contra el vacío hedonismo europeo, contra el fanatismo religioso, contra la «ideocracia» totalitaria soviética y sus cómplices: «los compañeros de viaje» en Occidente y en Latinoamérica. Pero el sujeto y objeto permanente de su pasión y de su crítica era México, su país, al que había vuelto en 1970, y en el que vivió, a partir de entonces y hasta su muerte, desplegando una extraordinaria creatividad literaria, intelectual, editorial y política.

A mediados de aquel año, Paz publicó un importante libro de reflexiones sobre la política y la vida internacional, *Tiempo nublado*;[1] desplegó una intensa actividad pública, en la que destacó una serie de televisión titulada *Conversaciones con Octavio Paz*. Su director, Héctor Tajonar, me invitó a participar en un programa sobre la imagen histórica de México en la obra de Paz. Se me ocurrió entonces iniciar la enésima lectura del libro de cabecera del siglo XX en México:

---

[1] Barcelona, Seix Barral, 1998.

El laberinto de la soledad.[2] Revisé cronológicamente las líneas principales del *Laberinto* y las comparé con las ideas posteriores de Paz. El resultado fue una suerte de historia oral paralela: por un lado, la biografía de Paz; por otro, la biografía de México según la visión de Paz. Y, enmarcando ambas, el turbulento siglo xx.

Heidegger dice en algún lugar que el hombre no puede saltar sobre su propia sombra. Paz fue, en muchos sentidos, un profeta, pero se movió dentro de los paradigmas vigentes durante su larga y fructífera existencia. Fiel a la estirpe orteguiana (derivada en parte del historicismo alemán), se empeñó en buscar la «naturaleza histórica» de los países y, dentro de ella, la significación o el «ser» de cada etapa, de cada movimiento. La historia como un libreto que no sólo admite una indagación de sus significados últimos, sino que, de hecho, la reclama para liberarse de sus fantasmas, para ser libre, salvarse. Esa visión de la historia —y *en* la historia— convoca naturalmente a la poesía: «Sin visión poética —decía Paz— no hay visión histórica».

Esta forma de acercarse a la realidad histórica (de parcelarla, evocarla, nombrarla) arrojó diversas interpretaciones a través del tiempo. A veces parecía haber cierta inconsistencia en zonas de su pensamiento histórico, pero se trataba de afinarse y corregirse. Paz fue el primer objeto de su propia crítica, de ahí su vitalidad. Otro aspecto permanente fue la fascinación por la dualidad. Lo atrajo siempre esa noción, no sólo en el mundo prehispánico, sino en el género humano. Es una idea rectora de *El laberinto de la soledad*; por eso eligió como epígrafe una frase de Antonio Machado sobre «la esencial heterogeneidad del ser». En esta conversación con Paz (sostenida en el riguroso trato de *usted* que nunca pude, ni quise, romper) se dio una amistosa esgrima en torno a la dualidad: él la asumía como el hecho más natural; yo intentaba sugerir el riesgo de que, aplicada al conocimiento histórico, la dualidad podía convertirse en ambivalencia o en algo más grave: en contradicción.

Al pasar por la lente de Paz, cada periodo histórico de México es uno... y es otro, su doble y su contrario. Otredad esencial: la Con-

[2] Publicado por primera vez en Cuadernos Americanos, México, 1950.

quista es un suicidio y una salvación; el periodo virreinal, un orden opresivo y armónico a la vez; el liberalismo del siglo XIX, una hazaña y una máscara; el Porfiriato, un primer intento de modernización y una «simulación» colectiva. Sólo la Revolución mexicana parecía salvarse, disolver la otredad en unidad: era la comunión de México consigo mismo. Pero ¿cuál revolución, de todas las que estallaron? ¿Cómo conciliar la fe en esa revolución con el régimen autoritario que engendró? ¿Y dónde, en fin, colocar la democracia, tan ajena al ser histórico de México, que Paz apenas si se refirió a ella en *El laberinto de la soledad*?

Un pensamiento más lineal y empírico —más liberal— habría subrayado no la dualidad sino la pluralidad de causas y significados en la historia. Sin rechazar las paradojas u oposiciones reales. «Las contradicciones, si son auténticas, pueden ser fecundas.» Paz no escribió una historia de México, pero con esa clave concibió una anatomía poética del país.

La visión de Paz recuerda la de otro poeta, Robert Graves, enamorado de una historia cuya sustancia última es la verdad, no necesariamente la realidad. La verdad, en ambas concepciones, tiene que ver con una coherencia de símbolos antes que con los hechos. En el caso de Graves, la verdad eran los mitos bíblicos o griegos; en el de Paz —como en la pintura de Tamayo, cosmos de jaguares y serpientes— son los mitos prehispánicos. Una verdad más allá de la historia. Ésa es la verdad que subyace y se esconde tras la realidad que, a su juicio, revela la Revolución mexicana. Me pareció entonces, y me ha parecido siempre, una visión muy sugerente y poderosa, pero limitada al zapatismo y, por eso mismo, arraigada en la biografía personal de Paz. (Recordemos que su padre fue secretario de Emiliano Zapata.) En esta conversación traté de tocar estas fibras personales. Esa verdad ¿es *la* verdad? Lo era para Octavio Paz en 1984.

Cuando, diez años después, el neozapatismo surgido en Chiapas tomó esa misma idea —como si el subcomandante Marcos fuera un guerrero y su biblia *El laberinto de la soledad*—, lo asaltó la perplejidad: esa verdad estaba bien en las páginas de su libro (como recurso de la imaginación o llamado moral), pero no como bandera revolucionaria en un México que, a finales del siglo XX, necesitaba modernizarse con urgencia. Paz, con toda razón, veía demasiados resabios marxistas en el movimiento neozapatista y en sus simpatizantes. Y, sin embargo, los rebeldes de Chiapas vindicaban la vuelta a la tradición que Paz había defendido tanto y —punto central— eran indígenas mayas, indígenas puros, no sólo campesinos mestizos como los zapatistas de 1910. Fue así como Octavio Paz, al final de su vida, se enfrentó con el rostro cruel de la dualidad. «Hay que corregir el liberalismo con el zapatismo», apuntó en nuestra conversación. Murió en 1998... pensando: «corregir el zapatismo con el liberalismo».

ENRIQUE KRAUZE: *México ha para sido usted objeto de pasión, contemplación, reflexión y crítica. Pero su obra no es la de un historiador que registra o recrea una época, sino la de un poeta que se pregunta por el sentido de la historia. Para usted la historia es un texto por descifrar; cada etapa esconde un signo, un significado, una clave. Su historia no es una historia: es una visión de la historia. La obra de Octavio Paz —podemos decir— no es estática, porque no piensa ahora lo que pensaba en 1950... Y por momentos parecería incluso que piensa cosas opuestas a las de entonces.*

A mi juicio su obra de reflexión histórica tiene la misma consistencia profunda y apasionada de su poesía. Las ideas pueden cambiar, pero no las creencias. A mí me gustaría que esta plática fuese una suerte de historia paralela: su historia personal, por un lado, y, por otro, su visión de la historia de México así como las mutaciones que dicha visión ha sufrido con el tiempo.

OCTAVIO PAZ: En realidad, se trata de dos evoluciones paralelas. Yo nunca aspiré a ser un historiador sino que, como mexicano, me pregunté qué hacía yo en este país, en este siglo; lo cual me llevó a otra pregunta: ¿qué significa México en nuestra época? Siempre pensé que la reflexión sobre uno mismo colinda de alguna manera con la reflexión sobre la historia del país al que pertenecemos. A su vez, la historia de la nación de la cual somos miembros es parte de la historia universal. Nunca he creído que haya historias nacionales; siempre he creído que la historia es universal. Y por eso, cuando escribí aquel librito, *El laberinto de la soledad*, la palabra *soledad* tenía una significación claramente histórica: estar solos en el tiempo es estar solos en la historia. Por lo demás, éste es, quizá, el destino de todos los hombres y de todas las naciones.

Justamente lo contrario de la soledad es la comunión. Leyendo El laberinto de la soledad *después de muchos años encuentro que para usted la Nueva España es el lugar histórico de una comunión, el lugar donde dice usted que «todos los hombres y todas las razas encontraron sitio, justificación y sentido». El pueblo crea entonces formas religiosas, estéticas, éticas, es decir, una cultura que le ha dado fuerza en siglos de penuria. Tiene usted en ese momento una visión positiva del orden colonial como una vida congruente y auténtica. Para usted, me parece, ése es el momento de nuestro origen.*

Continúo glosándolo, ahora con respecto al siglo XIX: «La Independencia se define como un nacimiento de espaldas y la Reforma es la culminación de la Independencia en que se funda a México mediante una triple negación: la negación del pasado indígena, la de la herencia española y la del catolicismo. Lo que afirmaba esa negación: los principios del liberalismo, la igualdad y la libertad, son ideas de una hermosura precisa, estéril y, a la postre, vacía. Ideas sin contenido histórico concreto». Entonces parecería que la Independencia y la Reforma se refieren a una etapa en que la historia mexicana fuese ya como un río fuera de cauce. Lo que me gustaría —como dije al principio— sería cotejar esta visión de 1950, que me parece que es explicable y natural, con la que tiene usted ahora. ¿Cuál es, finalmente, su visión del siglo XIX?

Vamos por partes. Usted me pregunta algo complejo… difícil. En primer término tendría que explicarle por qué vi en la Nueva España la imagen del orden y por qué el orden me pareció un valor que había que rescatar. Desde un punto de vista puramente biográfico, es muy simple. Después de todo yo soy un liberal. Nací en el liberalismo, soy hijo de liberales y mis primeras lecturas fueron los enciclopedistas franceses y los liberales mexicanos. Así es que por fatalidad familiar, pero también por origen y por vocación histórica, soy liberal. Pero nací en el gran desorden que fue y ha sido el siglo XX: guerras mundiales, conflictos civiles, quiebras del capitalismo y la democracia. Nací *en* y *con* la crítica moderna —la de los revolucionarios y la de los conservadores— al mundo moderno. Por todo esto, los de mi generación sentimos nostalgia por lo que he llamado, sin mucha precisión, el *orden*. Nostalgia a veces llena de horror porque ese orden fue muchas veces el orden de la injusticia y el despotismo. En la Nueva España fue una ortodoxia y una Inquisición. Así que en mi relación con ella había nostalgia por un orden vivo, social y espiritual, y también reserva ante una sociedad jerárquica, con un sistema de privilegios y ausencia de libertad y de crítica. Por una parte, comunidad de creencias y valores; por otra, una sociedad cerrada. No habría sentido esa nostalgia reticente y mezclada de aprensión si no hubiera sido un liberal... Pero un liberal decepcionado por las sucesivas crisis del primer tercio de este siglo XX. Ésta es la explicación de orden psicológico de mi ambivalencia frente al liberalismo y frente a la Nueva España. Aparte de esto, está el punto de vista histórico.

Sí, creo que el liberalismo fue una triple negación: negación del pasado indígena, negación del pasado español y negación del catolicismo. La síntesis precaria e injusta de la Constitución de 1857 no podía, por sí sola, suscitar el nacimiento de un nuevo orden, una nueva sociedad y una civilización. El proyecto liberal demolió muchas instituciones del pasado, casi siempre con razón. Inauguró la separación de la Iglesia del Estado, suprimió muchos privilegios y quiso establecer la igualdad política de los hombres. Eso es admirable pero México había tenido antes una *revolución* bastante más profunda que la del liberalismo. En el siglo XVI México cambia de civilización con ese gran hecho terrible que fue la Conquista; con ella, comienza la evangelización, la introducción del cristianismo. El cambio del politeísmo al cristianismo fue no menos sino más profundo que la revolución liberal de Juárez. Abandonar a los dioses por el monoteísmo cristiano fue un cambio mucho más radical que cambiar el orden católico por el liberal. El cristianismo penetró profundamente en la conciencia de los mexicanos. Fue fértil. Y si negó al mundo indígena, también lo afirmó, lo recogió, lo transformó; creó muchas cosas. Fue muy fecundo en el campo de las creencias y de las imágenes populares. Una de las grandes creaciones de la imaginación poética mexicana es la Virgen de Guadalupe. Y eso fue posible gracias a esta síntesis del mundo prehispánico y del cristianismo… Yo no encuentro esta fertilidad en los liberales. Fueron admirables pero su revolución fue la de una minoría de la clase media y de sus intelectuales. Cambió las leyes y las instituciones, pero no logró cambiar al país profundo.

Sin embargo, supongo que no hay que espantarse de las contradicciones o de las incongruencias, o examinarlas, si es que son eso. Por una parte usted ha predicado continuamente la necesidad de una vuelta a nuestras raíces novohispanas; por la otra lamenta usted —como un pecado capital o como un gran pecado— la falta de una tradición crítica y liberal: no tuvimos, ha dicho usted, un Voltaire o un Doctor Johnson. A mi juicio, estas dos afirmaciones son, o pueden ser, contradictorias.

Creo que las fallas de nuestra tradición liberal —teñida de dogmatismo y jacobinismo— se deben a que nuestra Ilustración, hablo de la española, fue débil y derivada. El siglo XVIII de la cultura hispánica no fue un gran siglo, como lo fueron el XVIII inglés, o el francés y el alemán. Tuvimos antes un Cervantes, un Calderón, una Juana Inés de la Cruz, pero en el siglo XVIII no tuvimos un Kant, un Hume, un Voltaire, un Rousseau… ¿Por qué la negación de los liberales no logró recrear mitos ni crear imágenes ni una cultura nueva?

La Revolución en Francia fue la heredera de una tradición intelectual propia. Esa tradición no existió en la cultura española. Nosotros la adoptamos, nos apropiamos de ella por un acto de conquista intelectual. No hubo un Voltaire, un Rousseau, un Hume ni un Kant porque tampoco hubo una sociedad moderna. La ideología de la Enciclopedia correspondía a la ideología de una nueva sociedad y de una clase social que estaba decidida a cambiar al mundo. Había una burguesía (hubo varias, hablar de una burguesía es simplificar), hubo varios grupos sociales y una voluntad de cambiar el mundo. Cuando se hizo la revolución política en Francia ya se había hecho la revolución económica, la revolución de las costumbres, la de la sensibilidad y la de la sexualidad. Piense usted lo que fue la sociedad europea en el siglo XVIII, piense en Sade, Laclos, Diderot. En realidad, la Revolución francesa es la consagración política de una profunda transformación social, cultural y económica. En Estados Unidos tenemos al otro gran modelo de los liberales mexicanos. Allá el fenómeno es mucho más claro; la Revolución de Independencia de Estados Unidos la hacen grupos modernos y que encarnan la modernidad. Realizan lo que estaba ya en el aire, el destino del país. En México, en cambio, los liberales son una minoría intelectual que debe luchar contra un pasado hostil y también contra una realidad económica, cultural, moral y social sin relación con la modernidad. En México no había verdadera burguesía.

Usted en sus escritos posteriores parece aproximarse a ese liberalismo.

Cuando escribí *El laberinto de la soledad* sentía la necesidad de rescatar a la Nueva España y lo que llamaba —de un modo inexacto, probablemente— el *orden*. Hay que pensar que en aquella época todos nosotros, hijos de la gran crisis del capitalismo en el siglo XX, sentíamos nostalgia por el orden. Algunos de mis amigos sintieron gran inclinación por el comunismo, porque la Unión Soviética era la imagen del orden. Otros hablaban de orden y pensaban en Mussolini, e incluso en Hitler. La palabra *orden* —en los años treinta y cuarenta— tenía una vibración especial. De nuevo: *orden* en el sentido de comunidad de valores. Orden: comunión: comunismo… Pero volvamos a nuestros liberales del siglo XIX, que se encontraban frente a un dilema terrible: estrellarse o admitir el triunfo de la realidad. El triunfo del «principio de realidad» se llamó Porfiriato…

Precisamente, usted habla de nostalgia del orden en El laberinto de la soledad, *pero si hay un momento de orden, paz y progreso en este país es el Porfiriato.*

Mi idea del orden era orgánica, una armonía entre las creencias, las ideas y los actos. Pensaba, como arquetipos, en los momentos del mediodía de las civilizaciones, esas épocas de armonía… En cambio, en el Porfiriato encontramos un divorcio absoluto…

*Entonces, si para usted la Reforma es el lugar histórico de una triple negación;
la Nueva España, el lugar histórico de una comunión, y la Conquista, el de
un suicidio, el Porfiriato ¿sería el lugar histórico de una simulación?*

Exactamente.

¿Cuál es ahora su visión del Porfiriato?

En cierto modo sigo pensando lo mismo que en aquella época aunque, claro, como en el caso del liberalismo, mi visión ha cambiado un
poco. Lo importante, creo, no es negar; lo importante es explicar. Sigo
pensando que el porfirismo fue el triunfo del «principio de realidad».
El Porfiriato no fue una dictadura de los conservadores mexicanos; fue
la dictadura de los liberales, de los herederos del liberalismo. Una frac-
ción del liberalismo tomó el poder y lo ejerció durante treinta años.
El Porfiriato, en el ámbito de las ideas, modificó de una manera sustancial al liberalismo porque cambió la doctrina clásica liberal por el
positivismo. De un modo mucho más profundo, más total que el liberalismo y, además, con la máscara de la ciencia, el positivismo negó al
mundo novohispano y al mundo indígena. O sea, a las dos grandes
construcciones que hoy enorgullecen a los mexicanos. Pero en el siglo
XIX parecía un infortunio haber sido primero indios y luego españoles. Después, el Porfiriato tiene una contradicción muy grande. Por
una parte busca la modernización y en esto es heredero no solamente
de Juárez sino también de los españoles ilustrados del siglo XVIII; por
otra parte, con la venta de los bienes de la Iglesia (que data de la época
de Juárez) y con la destrucción de la propiedad colectiva de los pueblos mexicanos, nace y se fortalece una clase de neolatifundistas. Hay
entonces una contradicción entre el propósito de modernización del
Porfiriato y la realidad del latifundismo. En la política exterior encontramos lo mismo: por una parte, Porfirio es nacionalista y se enfrenta
varias veces a Estados Unidos…

*A mi juicio, Octavio, el Porfiriato modernizó a México en todos los aspec-
tos, salvo en el político y el agrario. Esta modernización «coja» —diga-*

mos— *continúa en la Revolución y hasta nuestros días con el* PRI *y el ejido.*
Por otro lado, creo, en efecto, que lo más rescatable de la era porfiriana es su
política exterior.

Exactamente. Pero junto a eso está su política económica de entrega
al capital extranjero. Ésta es otra gran contradicción. Pero esas contradicciones son las contradicciones del país y las del mismo liberalismo
transformado en Porfiriato. La contradicción más grande fue política:
la existencia nominal de una república democrática gobernada por un
dictador durante treinta años. Sin embargo, yo no condenaría ahora
al Porfiriato. Creo que allí está el origen de muchas cosas buenas. Por
ejemplo, Teodoro González de León, el arquitecto, me decía que los
primeros intentos por rescatar y usar las formas indígenas en el dominio del arte moderno, sobre todo en la arquitectura, no están en el
periodo revolucionario, como se cree generalmente, sino en la época
porfiriana. Este y otros parecidos son temas que deberíamos volver a
pensar y a examinar… El Porfiriato es la primera tentativa en serio,
desde el poder, de modernizar al país. Sí, hay que recordar a los virre-
yes ilustrados de Carlos III y, después, a Juárez. Los primeros no lograron sino comenzar. En cuanto a Juárez: se encontró con un Estado
débil, terriblemente pobre. Un Estado que había sido…

Saqueado…

…saqueado y que, además, había sufrido mucho con la guerra civil
y las dos guerras extranjeras. Porfirio Díaz fortalece al Estado mexicano. El actual Estado mexicano, que es muy fuerte, está ya presente
en el Porfiriato.

Pero niega a los liberales…

Los liberales querían una sociedad fuerte y un Estado débil… relativamente débil. Así pues, Díaz fortalece al Estado y lo convierte en el
agente de la modernización. Aquí encontramos otra gran contradicción, pues al mismo tiempo él es un jefe, un caudillo. ¿Y qué hace?

Continúa el patrimonialismo de la Colonia. He hablado de la parte positiva de la Colonia, pero podríamos hablar de la parte negativa. Por ejemplo, la herencia del régimen patrimonialista. Maquiavelo dice que hay dos tipos de gobierno, dos maneras en las que un príncipe gobierna. Con los barones, con sus iguales en la sangre (esto se llama ahora feudalismo), y la monarquía absoluta, en la cual el príncipe gobierna a la nación como si fuera su casa y pone como ministros y ayudantes a sus parientes, a sus amigos, a sus esclavos.

Me suena familiar eso.

Esto fue una realidad en Europa en los siglos XVI, XVII y XVIII. El Estado moderno, en el siglo XIX, acaba con ello. En México ese patrimonialismo se prolonga, aunque Juárez intenta acabarlo, y Lerdo también. Porfirio Díaz lo resucita. Y el patrimonialismo sigue siendo uno de los aspectos más porfirianos de la Revolución mexicana.

Pasemos a otra cosa. Yo tengo una curiosidad biográfica. Su abuelo fue porfirista y antiporfirista...

Como tantos mexicanos.

¿Por qué una cosa y después la otra?

Creo que fue el dilema de su generación. Él era joven cuando la República retorna y todo un grupo de jóvenes, entre ellos Porfirio Díaz, no encontró acomodo en el nuevo régimen. Hubo un pleito de generaciones. Pero mi abuelo era liberal. Atacó a Juárez y a Lerdo porque le parecía que no eran bastante liberales y —he aquí la contradicción— terminó apoyando a Díaz durante años y años...

Para usted, la Revolución es, en México, el lugar histórico de una revelación. La historia de México es la de un pueblo que busca una forma que lo exprese. Con la Revolución el mexicano encuentra esa forma. Ahora permítame citar un párrafo de usted que es uno de los más hermosos de la literatura mexicana:

«Como las fiestas populares, la Revolución es un exceso y un gasto, un lle-
gar a los extremos, un estallido de alegría y desamparo, un grito de orfandad y
de júbilo, de suicidio y de vida, todo mezclado. Nuestra Revolución es la otra
cara de México, ignorada por la Reforma y humillada por la Dictadura. No
la cara de la cortesía, el disimulo, la forma lograda a fuerza de mutilaciones
y mentira, sino el rostro brutal y resplandeciente de la fiesta y la muerte, del
mitote y el balazo, de la feria y el amor, que es rapto y tiroteo. La Revolución
apenas si tiene ideas. Es un estallido de la realidad: una revuelta y una comu-
nión, un trasegar viejas sustancias dormidas, un sacar al aire muchas ferocida-
des, muchas ternuras y muchas finuras ocultas por el miedo a ser. ¿Y con quién
comulga México en esa sangrienta fiesta? Consigo mismo, con su propio ser.
México se atreve a ser. La explosión revolucionaria es una portentosa fiesta
en la que el mexicano, borracho de sí mismo, conoce al fin, en abrazo mortal,
al otro mexicano».

¿Qué piensa usted ahora de este concepto de la Revolución? Desde un
punto de vista psicológico ¿no le parece a usted demasiado cercano al zapatismo
de su padre? ¿Qué tiene que ver esta revolución con la de Obregón y Calles?
Y, hablando de la manera en que los románticos alemanes entreveraban poesía
e historia, como si tuvieran la misma sustancia, ¿no hay aquí, finalmente, una
suerte de distorsión poética de la historia, una subyacente visión surrealista?
Y en esta reconciliación de México consigo mismo ¿no hay además la visión
de un fin de la historia?

Usted me ha hecho tres preguntas y las tres son muy difíciles. La primera es de tipo biográfico: ¿que si no es demasiado zapatista mi visión
de la Revolución? No lo creo. La Revolución es el momento en que
nuestro pueblo busca la forma política e histórica que lo exprese. No
es el momento en que los mexicanos encuentran esa forma, sino en
el que se deciden a buscarla o a inventarla. ¿Y por qué? El orden de la
Nueva España fue un orden impuesto, un orden español, no un orden
nuestro. La negación del orden novohispano de los liberales tampoco
fue mexicana: fue la adopción de una filosofía universal en una circunstancia concreta: México en el siglo XIX. El Porfiriato y la filosofía
positivista fueron también la adopción de ideas universales. La crisis
revolucionaria mostró que el pueblo mexicano estaba huérfano de

esas ideas madres que simultáneamente fundan, alimentan y forman a una sociedad. Ante la petrificación o la invalidez de las ideas que le habían dado una *raison d'être*, el pueblo mexicano busca, instintivamente, y casi sin ideas, nuevas formas. No afuera, como antes, sino dentro de sí. Éste es el sentido profundo, para mí, de la Revolución mexicana. No las encontró pero se conoció a sí mismo... Veo que la explicación biográfica se mezcla en este caso con una explicación de orden general.

La relación entre poesía e historia: sí son dos cosas distintas, pero hay un momento en que se cruzan. Un gran historiador dijo que los historiadores son profetas del pasado.[3] Yo cambiaría un poco la frase: los historiadores son los poetas del pasado. Sin visión poética no hay visión histórica. Y esto se ve en todos los grandes historiadores, lo mismo en los griegos y latinos que en Vico y en Michelet. También Marx ve la historia con ojos de poeta y no solamente de economista o de historiador. En cuanto a mí: yo no soy historiador pero sí un hombre que vive profundamente la historia. Para los hombres del siglo XX la forma del destino, y aun de la poesía, es la historia...

Y finalmente: sí, la Revolución fue una fiesta. Ahora advierto algo que habría que añadir: las revoluciones son fiestas pero son también resurrecciones de lo más antiguo de una sociedad. En general se piensa en la Revolución como un proyecto de futuro. Sin embargo, en las revoluciones hay la aparición de lo *otro:* la revelación del rostro escondido de un pueblo.

Por esto mismo subrayo su visión zapatista de la Revolución: una especie de rebelión y de revelación de la realidad mexicana en el estado de Morelos. Y lo que allí se rebela y se revela no es sólo la realidad colonial, sino algo incluso anterior, ¿verdad?

Anterior, claro: la realidad del mundo prehispánico.

[3] Jules Barbey d'Aurevilly, *Les Prophètes du Passé*, París, 1851. En un sentido muy diferente al de Barbey d'Aurevilly, Friedrich Schlegel dijo: «El historiador es un profeta vuelto hacia atrás» (fragmentos del *Athenaeum*, 80; existe una versión en español de Marbot Ediciones).

Esto es la revolución zapatista. Pero ¿y las otras revoluciones mexicanas? La de Villa, la de Obregón, la de Calles...

Creo que la revolución de Villa también es fiesta: revelación de lo escondido y enterrado. El villismo es, como aquel capítulo de *El águila y la serpiente* de Martín Luis Guzmán, «la fiesta de las balas». También en la Revolución francesa y en todas las grandes revoluciones aparece ese trágico elemento de la fiesta, en el sentido más profundo de la palabra *fiesta:* resurrección de lo más antiguo.

La Revolución nunca es una. No nos dábamos cuenta antes pero hoy lo perciben cada vez con mayor claridad los historiadores modernos. François Furet ha mostrado que hubo varias revoluciones francesas: la de los intelectuales y la de los burgueses, la de los pobres (los *sans-culottes*), y una revolución anticapitalista, antimoderna y antiliberal: la de los campesinos monárquicos en contra de la Revolución, la *Vendée*. Y así como hubo varias revoluciones francesas, hubo varias revoluciones mexicanas. La revolución democrática de Madero, que trata de rectificar el Porfiriato con un régimen liberal y que en el fondo quiere volver a la Reforma (y ésa es una revolución que todavía los mexicanos no hemos realizado, que está por hacerse y que tal vez estamos en vías de hacer). Después tenemos la gran revolución de la modernización de México, es decir, la revolución de Obregón y Calles. La de Carranza, la del nacionalismo. (No en balde Carranza fue senador porfirista.) Y por último hay la antirrevolución, la revuelta de los que no quieren cambiar el país sino volver al principio, al origen, permanecer: los zapatistas, la gran revuelta mexicana...

Yo quisiera dejar así, como congelado, el hecho de que en 1950, cuando publica usted El laberinto de la soledad, *ésta es su imagen de la Revolución mexicana: una imagen básicamente zapatista.*

Una imagen que es una interrogación. Un escritor siempre adivina a medias. Nunca es dueño de lo que escribe. Lo que vamos escribiendo nos va iluminando, por lo menos en mi caso. No sé lo que voy a decir sino una parte de lo que voy a decir. Y cuando leo lo que acabo de escribir me doy cuenta de que, sin saberlo, fui más allá; la pluma me va guiando y así llego a conclusiones diferentes de las que, acaso, preveía al principio. En lo que entonces escribí sobre México está la idea de la vuelta al origen: el zapatismo. Y enfrente está la idea de la modernización. Dos ideas contradictorias pero que son la contradicción misma de México y de cada uno de nosotros. Las contradicciones, si son auténticas, pueden ser fecundas. Creo que en México sigue viva la herencia zapatista, sobre todo moralmente. En tres aspectos. En primer lugar fue una revuelta antiautoritaria: Zapata tenía verdadera aversión por la silla presidencial. Y esto es fundamental. Hay que rescatar la tradición libertaria del zapatismo.

En segundo lugar, fue una revuelta anticentralista. Frente a la capital, frente a dos milenios de centralismo (es decir, desde Teotihuacan), el zapatismo afirma la originalidad no sólo de los estados y las regiones sino incluso de cada localidad. Este anticentralismo es también muy rescatable.

Y por último, el zapatismo es una revuelta tradicionalista. No afirma la modernidad, no afirma el futuro. Afirma que hay valores profundos, antiguos, permanentes. Estos tres aspectos del zapatismo siguen vigentes en este final del siglo xx mexicano… La revolución que triunfó —la de Obregón y Calles— fue en realidad un compromiso histórico, como se dice ahora, entre el Porfiriato y la democracia. La invención del Partido Nacional Revolucionario, que hoy se llama Partido Revolucionario Institucional, fue un gran acto de imaginación política. Le dio al país la oportunidad de no caer en el cesarismo revolucionario y, al mismo tiempo, escapar de la guerra civil y los pronunciamientos, como ha ocurrido en el resto de América Latina. No tuvimos una dictadura sino el monopolio político de un partido, después convertido en «clase política». Este remedio a una enfermedad endémica nos dio un largo respiro y ahora quizá permitirá el tránsito hacia una auténtica democracia.

Quisiera volver al motivo biográfico. En un poema cuenta usted de su abuelo liberal que, en las sobremesas, hablaba de las batallas de la Reforma, y de su padre zapatista, que le hablaba de Soto y Gama. El poema termina con estas palabras: «¿Y yo, de qué puedo hablar?» Me pregunto: ¿cuál es el compromiso de Octavio Paz? Yo creo que hay en usted una doble raíz, liberal y zapatista. ¿De cuál de las dos raíces querrá hablar?

Yo creo que hay que corregir al liberalismo con el zapatismo.

¿Es posible esto?

¿Era posible que el pueblo francés tomase la Bastilla? Si a la gente de aquel siglo se lo hubieran preguntado… Nadie suponía lo que iba a pasar. Se ha dicho que la política es el territorio de lo posible. Yo pienso que la historia es el territorio de lo imposible…

¿Es decir que lo que es ilógico, incongruente y contradictorio en la esfera racional no lo es en la esfera de la vida?

En la historia hay elementos irracionales que, como en nuestra vida diaria, nos negamos a reconocer. Por ejemplo, el accidente, la fortuna. Los historiadores antiguos le dieron mucha importancia mientras que los modernos lo niegan tontamente. Además, la influencia de la locura en la historia. Hubo césares locos. En Stalin había un elemento de locura. También en Hitler. Olvidar el accidente, olvidar la locura, es olvidar la realidad humana…

Volvamos al tema de la Revolución mexicana triunfante: pienso que fue un compromiso con la realidad y que esto permitió al país vivir y buscarse a sí mismo. La invención del PRI hizo posible, por un tiempo, la continuación del proyecto de modernización. Durante los últimos treinta años México ha intentado, con éxito a veces, modernizarse. No lo hemos hecho tan mal pero ya no podemos ir más allá. Ahora está claro que el PRI o estalla o se democratiza. Ése es el dilema, a mi juicio. México necesita más democracia… También, en el caso de la economía, la modernización tiene un límite. Hemos visto las consecuencias de la modernidad en los países desarrollados y no queremos ese tipo de modernización para México. La modernidad necesita el correctivo del tradicionalismo; por esto es importante la idea de volver a proyectos más modestos y humildes. Debemos pensar en todos nuestros grandes fracasos, en los últimos años, en materia económica y social. Han sido los años de la desventura. Hemos querido demasiado y demasiado pronto; hemos administrado mal nuestra riqueza.

¿Entonces estaría usted de acuerdo en que hacia la mitad de siglo tenía usted una visión casi religiosa y muy apasionada de la Revolución y que quizá, en años posteriores, por las revoluciones que ha podido usted ver o vivir, ha habido un desencanto del mito de la Revolución?

Sí, mi generación nació con el mito de la Revolución y hemos visto cómo ese mito se ha ensangrentado. No particularmente en México: las fallas de la Revolución mexicana han sido otras. Las revoluciones del siglo xx han sido revoluciones que se han petrificado y se han convertido en ídolos crueles, en dioses sanguinarios y abstractos.

Habíamos dispuesto al principio de esta entrevista una suerte de juego: un paralelo entre la historia de México y la historia personal de usted, Octavio. Hacia 1950 —dijimos— había en usted una especie de reconciliación con la idea de la Revolución. Yo creo que usted comienza a cambiar hacia el final de los años cincuenta. Diez años después de El laberinto de la soledad ya no busca el conocimiento de nuestro ser o el sentido revelado de nuestra historia, sino un diagnóstico que a veces toma un aspecto de tratado político y económico...

Eso obedece a mi vida personal también. Cuando escribí *El laberinto de la soledad* yo vivía fuera de México, con todo el pasado inmediato del cardenismo, de la Revolución mexicana, de la guerra de España... Y frente a la realidad de Occidente, la posguerra y Estados Unidos.

¿Dónde lo escribió usted?

En París, pero la primera idea del ensayo la tuve en Estados Unidos, cuando conviví con los mexicanos en Los Ángeles. Vi a los *pachucos* y me reconocí en ellos. Me dije: «Yo soy ellos. ¿Qué nos ha pasado? ¿Qué ha ocurrido con mi país, con México, en el mundo moderno? Porque lo que les pasa a ellos nos pasa a todos nosotros». Así que fue un sentimiento de identificación profunda con ellos. En ese sentido, el *Laberinto* es una confesión, una búsqueda de mí mismo. Años después trabajé en Relaciones Exteriores, o sea, en uno de los sitios sensibles de la vida mexicana (aunque, por lo demás, mi rango era muy modesto). Y me preocupaba la situación de México, su porvenir inmediato.

Es decir que cuando usted escribe el Laberinto *hay una visión completa del pasado. Y años después viene una especie de pasmo.*

En el mismo *Laberinto* hay una primera salida hacia el mundo. Son páginas escritas después de la gran aventura, de esa inmersión de México en su propio pasado, en su propia realidad, que fue la Revolución mexicana. Al salir a la superficie de nuevo, al salir de sí mismo, México se enfrenta al mundo y, más tarde, se enfrenta a la Segunda Guerra Mundial y su desenlace.

En los años cincuenta usted empieza a preocuparse por la brecha del subdesarrollo. Y yo advierto una especie de pasmo en usted, a finales de los cincuenta. Por una parte, no hay ni habrá revoluciones en los países desarrollados. Es decir: revoluciones que habrían favorecido precisamente a los países pobres. Por otro lado —admite usted en 1959— no se puede optar por el modelo soviético, porque la acumulación material se hace a costa de una cuota enorme de dolor y servidumbre humana. Entonces todo parece, dice usted, una enorme equivocación. «Hemos perdido la fe en la razón y en las utopías». En ese momento todavía tiene usted fe en algo como un tercermundismo, es decir, en el surgimiento de una serie de revoluciones periféricas. Y nuevamente, hacia 1965, tiene usted otra especie de pasmo: como si a mediados de los años sesenta toda esta historia personal y esta visión histórica lo hubieran llevado a una gran interrogación, al origen de usted mismo y a preguntarse de nuevo qué es la revolución; digamos: al origen de esta palabra.

Es muy interesante todo esto que ha dicho. Me obliga a reflexionar. Debo contestar de un modo histórico y de un modo biográfico. Escribí *El laberinto de la soledad* después de la Segunda Guerra Mundial. Como tanta gente de mi generación, fui marxista... O estuve cerca del marxismo, aunque tenía mis dudas. Por ejemplo, nunca pensé que el arte fuese una superestructura. Pensaba que había realidades que el marxismo no tocaba: la muerte, el más allá y otras realidades importantes para la persona íntima. Pero, en fin, yo creí, como tantos, que habría una revolución, según Marx lo había predicho, en los países desarrollados. Pronto me di cuenta de que no era así, y de que no había ya probabilidades para esa revolución. Si hubiese habido una revolución en las naciones desarrolladas, todos los problemas históricos de los países que inexactamente llamamos subdesarrollados —los países de la periferia— no existirían. Todo se habría resuelto con el advenimiento del mundo socialista. No fue así. Marx se equivocó radicalmente: no hubo revolución en los países desarrollados. En cambio, en un Imperio atrasado, en un extremo de Occidente, pero que tampoco era un país totalmente subdesarrollado —puesto que había creado una industria, una gran literatura y una ciencia importante—, en Rusia, había triunfado una revolución. Sólo que esa revolución se había petrificado y se había convertido en algo completamente nuevo en la historia, en algo que no era ni capitalismo ni socialismo. Ya en esos años me había empezado a preocupar —aunque sólo toqué el tema de paso en la segunda edición del *Laberinto*—: el problema de la naturaleza histórica de la Unión Soviética. Es un nuevo animal social y político. Es un Estado nuevo: no se parece a los Estados de la Antigüedad, ni al Estado socialista que pensó Marx. Nadie, que yo sepa, previó su aparición en la historia. Éste es el gran problema al que me enfrenté y con el que he dialogado toda mi vida.

¿Trotski tiene algo que ver con esta interrogación?

Hubo un momento en que me pareció que la crítica de Trotski al Estado estalinista era justa. Estábamos frente a una degeneración burocrática del Estado socialista. En realidad, el primero que lo dijo no fue

Trotski sino Lenin, en 1920, precisamente respondiendo a Trotski. Dijo: «Bueno, nuestro Estado en 1917 era un Estado obrero pero actualmente es un Estado obrero con una enfermedad burocrática». Años después, en 1936, Trotski publica *La revolución traicionada*. Dice allí que la revolución bolchevique se ha detenido y que padece una degeneración burocrática. Ahora bien, si una enfermedad dura cincuenta años, ya no es una enfermedad: es una segunda naturaleza. Ésta es la primera objeción que se me ocurre hacer a Trotski. La segunda, mucho más grave, es que realmente no se trata de una democracia. Una burocracia es una casta, un grupo social que se ocupa de la administración de las cosas y las gentes. Y lo que hay en la Unión Soviética y en los llamados países socialistas es algo más terrible y nuevo: es la aparición de una forma de dominación social que no conocía la humanidad, muy distinta de las viejas dominaciones (el feudalismo, el capitalismo, las sociedades esclavistas, etcétera).

En los sesenta, precisamente en el ensayo «Revolución, revuelta, rebelión», indica usted la existencia de dos figuras históricas: el reformista, que busca lo mismo que el revolucionario, pero por vías no violentas, y, lo que es más interesante en este perfil biográfico, el rebelde individual: el inconforme. Luego llega el año axial de 1968. Y para mí el 68 es, en usted, el lugar histórico-biográfico de un acto de rebeldía individual; es un acto de solidaridad con una generación de jóvenes que debieron recordarle, nostálgicamente, las pasiones revolucionarias de su propia generación. Por eso dice usted en un poema:

> El bien
> Quisimos el bien
> Enderezar el mundo.[4]

Me reconocí de tal modo que… Vivíamos en la India. Como en aquel verano del 68 hizo mucho calor, mi mujer y yo nos fuimos a un pequeño pueblo de los Himalayas. Me llevé un aparato de radio con el cual podía oír lo que pasaba en París y así seguí la rebelión de los

---

[4] «Nocturno de San Ildefonso», *Vuelta*, Barcelona, Seix Barral, 1976.

estudiantes parisienses con una emoción increíble. Pensé que si había fusión entre el movimiento estudiantil y la clase obrera, Marx no se había equivocado: podría ser el principio de la revolución en Occidente. Pero no hubo esa fusión y mis esperanzas fueron vanas.

En ese momento luminoso del 68 hay un arco de solidaridad entre generaciones, por más que haya sido efímero. Unos meses después, escribe usted Postdata, *donde hace una lectura de lo sucedido en el 68 y hay palabras nuevas en el discurso de usted —para usar la pedantísima forma de los teóricos franceses—, y una de ellas es la palabra* democratización, *la gran bandera instintiva del 68. Habla también de la búsqueda de otro modelo de desarrollo y la designa como la gran tarea de nuestro tiempo: «La carrera del desarrollo es mera prisa por condenarse». Y la gran novedad, la palabra* crítica. *Entonces la primera crítica es un mensaje a los estudiantes con tentaciones autoritarias. Porque había esa doble cara, ¿verdad? Usted sabía que ese impulso antiautoritario podía convertirse fácilmente en la tentación contraria. Dice usted: «Toda revolución sin pensamiento crítico, sin libertad para contradecir al poderoso, para sustituir pacíficamente a un gobernante por otro, es una revolución que se derrota a sí misma».*

Hablaba desde mi experiencia de las revoluciones del siglo xx, de la rusa a la cubana.

Veo allí un tránsito que desemboca en un descubrimiento: el de la crítica. Vuelve usted a ver a México y lo ve en forma de una pirámide. La «Crítica de la Pirámide». Me parece que es usted el primero en utilizar el arquetipo jungiano de la pirámide azteca para explicar la vida mexicana, en todos sus órdenes. «La crítica —concluye usted— es el aprendizaje de la imaginación curada de fantasía y decidida a afrontar la realidad del mundo.» Pregunto, en conclusión: ¿por qué nació la fe en la crítica?, ¿ésta es un reducto o una fe?, ¿una apertura o una última trinchera? ¿Se ha «curado» usted de fantasía?

No sé si estoy curado de fantasía. Nadie puede estarlo y ¡ay de nosotros si nos curáramos totalmente de la fantasía! Pero me pregunta usted si la crítica fue un último reducto. Creo más bien que fue producto de una evolución. Nació en mí cuando descubrí la dualidad entre la revuelta —que me parece legítima y sana— y la revolución propiamente dicha, que termina siempre en la guillotina, en el terror, en la GPU,[5] en el Gulag. Después: ¿por qué la exaltación de la rebeldía? Porque soy un poeta, o quiero serlo, y pertenezco a la tradición de la poesía moderna, que es una tradición de rebeldía frente a la sociedad contemporánea y sus dos espejismos: el conformismo religioso y el conformismo revolucionario. De ahí mi exaltación de la rebeldía. La rebeldía me lleva a simpatizar, por una parte, con los estudiantes, con el movimiento juvenil; por otra, me lleva a la crítica y a redescubrir a los liberales que hacía diez o quince años había criticado (no sin justicia, pero quizá de un modo unilateral).

Para mí fue capital esta recuperación del liberalismo. En cuanto a la palabra clave, *democratización*, quise aplicar a los sucesos de México en 1968 lo que había pensado siempre: en un fenómeno histórico hay aquello que vemos, lo más superficial, y luego las fuerzas secretas que lo mueven. Lo que hacían los estudiantes era repetir la fraseología revolucionaria del siglo XX, pero esto no era lo esencial. Lo esencial —y por esto los escuchó el pueblo mexicano— era que hablaban de democracia. Dándose o no cuenta de ello, retomaban la vieja bandera de Madero. ¿Por qué? Porque se trata de una revolución que en México no se ha hecho. Hemos tenido la revolución de la modernización, la revolución zapatista, muchas revoluciones, pero hay una revolución inédita.

Usted se está quedando ahora con la maderista.

¡Claro! Porque el proyecto de modernización social y económica es imposible sin la democracia. Si no podemos criticar al gobierno, si no podemos decir: «En esto haces bien, pero en esto haces mal; estas medidas tuyas son buenas, pero estas otras son malas», no tenemos posibilidades de enmienda. Y sobre todo: si el gobierno no nos oye, si el Estado no oye al pueblo, la modernización es una farsa, una manera

[5] Policía secreta de la Unión Soviética durante los años 1922-1934.

de esclavizar a la gente, como ha ocurrido en Rusia. Modernidad, para mí, significa más y más democracia y libertad de crítica.

La última parte de su Postdata *es la «Crítica de la Pirámide». Para mí, en este viaje histórico-biográfico que estamos realizando, llegamos al momento en que sobreviene el dominio de la crítica y una paulatina aceptación de valores liberales que quizá usted no veía muy claros o no apreciaba suficientemente a mediados de los años cincuenta. Hay entonces, digamos, una floración crítica. Y la dirige usted a tres objetivos. Primero, aunque no necesariamente en orden cronológico, es la crítica del Estado mexicano. Luego, una crítica de las ideologías, la cual lo lleva a un desencuentro con la izquierda mexicana. En tercer lugar, su crítica de nuestra relación con Estados Unidos.*

En cuanto a la crítica del Estado mexicano, creo que toda su paradoja, la de usted, se halla en el título de El ogro filantrópico. *El liberal en Octavio Paz llama ogro al Estado. Y la raíz española en Octavio Paz señala al filántropo en el Estado. ¿Cuál es finalmente su visión del Estado mexicano?*

Es ambigua. El Estado mexicano es una variante del Estado moderno. El Estado moderno es el gran benefactor, o quiere serlo, pero se ha convertido en el gran opresor. En ese sentido, el de México no es distinto a los otros Estados. Ha sido el agente de la modernización y ha realizado una serie de tareas positivas. Al mismo tiempo, ha cometido abusos muy grandes. No propongo acabar con el Estado, pero sí limitar su poder. Creo que para esto es fundamental el pluralismo. Fui uno de los que introdujeron esa palabra e incluso hicimos una revista llamada *Plural*. Ahora todo el mundo habla de pluralismo y me gusta, está bien, pero ese pluralismo hay que realizarlo realmente. Sin pluralismo no hay modernidad.

No es casual entonces lo que usted escribió cuando murió Cosío Villegas. Imaginemos que Cosío Villegas hubiese muerto en 1960. Usted no hubiese escrito lo que escribió sobre él.

Sí, a mí me emocionó el último Cosío Villegas.

El hombre que cree en la tradición de la Reforma, de la prensa libre, de un Congreso, de un Poder Judicial, de los viejos valores liberales...

La división de poderes, la existencia de un Poder Judicial... En el régimen pasado, cuando el presidente José López Portillo expropió la banca privada, me sorprendió que lo fueran a felicitar los miembros del Poder Judicial. Me pareció escandaloso, un acto antidemocrático por naturaleza. Fue una imagen de lo que es México y del poder excesivo del Ejecutivo entre nosotros.

Entonces usted piensa que en esa franja de la tradición liberal hay una verdad...

Una verdad que debemos recobrar. La salvación de México está en la posibilidad de realizar la revolución de Juárez y Madero.

¿Cree usted que Vasconcelos tenía esa idea en 1929?

Probablemente la tenía. Vasconcelos es un personaje doble, arrebatador pero también ambiguo y confuso. Sin duda tenía esa idea en 1929 y, al mismo tiempo, estaba poseído por un mesianismo. Su temperamento a veces disputaba con sus ideas. Sus ideas en aquella época eran democráticas, no su temperamento.

Finalmente la biografía de usted lo confirma: nadie critica con pasión algo que le es ajeno. Usted critica de modo apasionado ciertas ideas y actitudes de la izquierda mexicana y mundial. Hay aquí una querella de ellos con usted y de usted con ellos. Por momentos una irritación...

Más bien, en mi caso, indignación.

Nadie critica apasionadamente sino lo propio. Es como si usted viera a esas personas andar por los caminos que usted ya anduvo y que ahora considera erróneos. Habla usted de la soberbia de los teólogos, como si reconociera que la tuvo usted en la juventud. Usted sabe ya a dónde conducen las simetrías racionales en que muchas de esas personas creen. Dígame algo sobre esa querella, que es tan importante y dolorosa.

Creo que el gran fenómeno del siglo xx es el totalitarismo. A principios de siglo, en Europa, el socialismo, la socialdemocracia, crece y los líderes piensan que lentamente el mundo se acerca a las profecías de Marx. A medida que en la ahora llamada Europa occidental crece la democracia, el aspecto religioso del marxismo decrece, palidece. En cambio, la clase obrera conquista más y más posiciones. Viene la gran catástrofe, la Primera Guerra Mundial. Una pequeña desviación de la socialdemocracia rusa —los bolcheviques— toma el poder. No saben exactamente qué van a hacer; creen que son el principio de la gran revolución proletaria europea. Pero no hubo esa revolución. La clase obrera no ha sido la clase revolucionaria e internacionalista que pensaba Marx. Entonces ese grupo expropia al Estado, el Estado expropia a la sociedad, y aparece ese fenómeno absolutamente nuevo en la historia que es el sistema totalitario soviético. No vamos a recordar toda la historia de la Unión Soviética: las tragedias de los años veinte y treinta, el asesinato de Trotski, la tiranía de Stalin, el Gulag, etcétera. El hecho es que ese Estado no sólo sobrevive a la Segunda Guerra Mundial y al nazismo sino que se convierte en una de las superpotencias y se extiende por el planeta. China adopta un sistema semejante, y éste llega incluso a las playas de América Latina y hay una pequeña isla encantadora, Cuba, sobre la cual también se impone un régimen totalitario. Es un fenómeno nuevo en la historia y hay que repensarlo. A mí el asunto me ha apasionado desde el principio, puesto que fui socialista y lo sigo siendo en cierto modo. Me apasionó el problema de la naturaleza histórica, real, de la Unión Soviética. No es un Estado burocrático, no es simplemente una dictadura política, ni una dictadura militar, tampoco es un régimen socialista: ¿qué diablos es? Descifrar este enigma es orientarse en la historia moderna. Es una pregunta que muchos se han hecho en todo el mundo, pero que la izquierda mexicana no se ha hecho y, cuando lo ha hecho, no ha respondido. Y me parece que tiene que responder. En primer lugar, tiene que renunciar al mito de la Unión Soviética y al de Cuba como países socialistas. No lo son. Tienen que decir a los mexicanos que si aquí va a haber socialismo éste va a parecerse o no al que hay en Rusia y en Cuba. Es lo primero que deberían decirnos para que los mexicanos les creamos. En segundo lugar, tendrían que renunciar al mito del partido vanguardia del proletariado. En seguida, al mito de Lenin… Y así sucesivamente. Es decir, tendrían que llevar a cabo una reforma moral profunda, redescubrir el verdadero marxismo y la vieja tradición revolucionaria no marxista.

¿En qué modo sigue usted siendo socialista?

Yo sigo pensando que el capitalismo no es la solución de los problemas sociales. Para mí lo fundamental no es el progreso económico, sino la dignidad de los hombres. Y esto no lo encuentro en el capitalismo.

¿Los socialistas españoles lo habrán hecho?

El Partido Socialista Español lo ha hecho en parte. De ahí su fecundidad y su popularidad.

¿Se siente identificado con ellos?

Me siento bastante cerca de ellos. Los partidos socialdemócratas no nos conmueven como nos conmovían los partidos revolucionarios totalitarios porque les falta la chispa religiosa, la chispa de la intolerancia. En el Partido Socialista Español encuentro respuestas a las realidades españolas. En México no encuentro respuestas parecidas del lado de la izquierda. Veo esas respuestas en una reforma profunda tanto del PRI y de la Revolución mexicana como de los partidos llamados de derecha.

Octavio, en varios lugares ha dicho usted que nuestra frontera con Estados Unidos, más que política o económica, es cultural. No hablar de Estados Unidos es no tocar la mitad del problema de México. Usted ha dicho que el puritano dialoga con Dios y consigo mismo pero nunca con el otro. Estados Unidos es cada vez más un país aislado que no reconoce a otros países en términos propios. Y esto ha ocurrido en la política internacional durante todo este siglo. En el principio de la época porfiriana Porfirio Díaz mismo tuvo que volverse hacia Europa, empujado por la política arrogante, la ceguera y el aislamiento de Estados Unidos.

Es muy cierto lo que usted dice. Cuando yo trabajaba en Relaciones Exteriores me di cuenta de que había un malentendido fundamental entre ellos y nosotros. Y como el diálogo con el otro lado, con los países totalitarios, era imposible, porque en ellos no hay diálogo sino sumisión, pensé que había que buscar el diálogo —como en la época de Porfirio Díaz— con los europeos, con Europa occidental y también con el Tercer Mundo. De ahí mi tercermundismo de los años cincuenta y mi simpatía, en un momento dado, por la política de De Gaulle. Pensé que podríamos encontrar interlocutores y amigos en Oriente, África y, sobre todo, en Europa occidental.

¿Sería excesivo hablar del «autismo histórico» de Estados Unidos?

Es un problema complejo. Acabo de escribir dos ensayos paralelos: uno, «La ideocracia imperial», que es un examen de la Unión Soviética, su política internacional y la naturaleza de sus relaciones con los Estados vasallos y con los Estados amigos y los independientes; en el otro, «La democracia imperial», hago lo mismo con Estados Unidos. En la fundación de Estados Unidos hay una tentativa única en la historia. Fue el liberalismo llevado a sus últimas consecuencias. Pero es un liberalismo que venía del puritanismo y que se propuso crear una sociedad al abrigo de las vicisitudes y de los horrores de la historia. Los norteamericanos crearon su país contra y frente al pasado europeo, para escapar de la historia. En la democracia norteamericana hay un elemento religioso: el viejo horror a la historia del cristianismo primitivo, resucitado por la Reforma protestante.

Y la historia se escapó de ellos.

Quisieron hacer una democracia fuera de la historia. Pero no sólo fueron una democracia sino también una gran potencia industrial, un Imperio. *Imperio* significa participar en este mundo, ser de este mundo. Hay una contradicción profunda en Estados Unidos. Es una democracia ahistórica que quiere darle la espalda a la historia: autista, como usted dice. Un mundo ensimismado que ve con horror al extranjero: lo de fuera es lo malo, el inmigrante es bueno si se asimila, si entra en el *melting pot*. La contradicción se da entre su destino como nación y su destino como imperio, entre la democracia norteamericana frente a la historia, y el Imperio norteamericano, que interviene en la historia pero que no tiene los elementos intelectuales (filosóficos, morales o religiosos) para intervenir en ella. Exactamente lo contrario de la Unión Soviética, en la cual el mesianismo imperialista-zarista continúa en el actual mesianismo «marxista-leninista» ruso.

Y en el terreno latinoamericano, ¿cómo ve usted ese ajedrez ahora?

Los norteamericanos no han sabido oírnos y no es fácil dialogar con ellos. Ha sido una tragedia porque necesitamos entendernos con ellos: tenemos cosas comunes que defender. La oposición entre México y Estados Unidos es profunda. Somos dos versiones distintas de la civilización de Occidente. Y somos dos vocaciones distintas. Nosotros tenemos un pasado indígena muy rico y ellos no lo tienen. Nosotros nacimos con la Contrarreforma y tenemos una serie de valores que ellos no conocen. A su vez, ellos tienen valores que desconocemos: nacieron con la Reforma y la modernidad, con el capitalismo. Así que hay esta oposición de civilizaciones entre ellos y nosotros. Pero estamos obligados a dialogar porque tenemos una frontera común de varios miles de kilómetros. Si mañana, por un accidente extraordinario, los norteamericanos cambiasen de régimen político y nosotros también, de todos modos las diferencias fundamentales, que son las del estilo de vida, de civilización y de cultura, seguirían siendo las mismas. La misma división que hay entre polacos y rusos, entre alemanes y polacos, cualquiera que sea el régimen social, la hay entre mexicanos y norteamericanos. Aparte de esta diferencia de civilizaciones, hay valores comunes que defender. La gran realidad del siglo xx es el totalitarismo. Por esto habría que encontrar una manera de dialogar con los norteamericanos. Es muy difícil, porque ellos no tienen ni siquiera conciencia clara de lo que están haciendo.

¿A usted le gustaría ver en América Central, y en América Latina en general, el lugar histórico —como hemos dicho— de un compromiso inteligente e imaginativo entre reforma social y libertad?

Exactamente. Después de todo, lo que hizo la Revolución mexicana fue bueno. No debemos avergonzarnos. El modelo no es Cuba. El modelo tiene que ser la Revolución mexicana. A pesar de todos los errores que cometió, de los abusos, de las inmoralidades, de la corrupción… Hay que acabar con ellos, evidentemente, pero hay buenas semillas. Justamente por eso: porque no hubo una dictadura ideológica. Esto salvó a México de muchos horrores. Y es lo que debemos defender.

Luis González y González

MÉXICO EN UN SIGLO

A mi parecer, no cualquier tiempo pasado fue mejor, salvo uno: aquél en que conversaba semanalmente con Luis González en su casa de México. «¿Qué novedades nuevas?», nos decía, y a propósito de cualquier tema, inmediato o recóndito, comenzaba con su sabrosísima charla. Pasábamos a la mesa, con dos o tres de sus hijos. En la cabecera, Armida de la Vara intervenía de manera puntual e inteligente o reía con aquella carcajada suya, algo pícara, siempre generosa, inolvidable. El mantel, dispuesto por la discreta Evelia, no olía a pólvora sino a machaca y corundas, feliz combinación de soledades norteñas y comunidades michoacanas. Aquella fiesta continuaba a veces en su pueblo en vilo, que en mi memoria sigue siendo la capital historiográfica del mundo.

Un día de gracia de 1978 Luis González emprendió el retorno benéfico a San José de Gracia, su patria chica, su matria grande, su universo particular, su parte del universo. Las conversaciones se espaciaron. «¿Cuándo lo vemos por aquí?», me ha repetido año tras año, y yo, adicto al vértigo, al asfalto y a esa forma de perder el tiempo que Luis González llamaría «atarearse», he pospuesto demasiadas veces mi visita. Aprovechando una de sus raras apariciones por el Distrito Federal lo convoqué a platicar sobre el siglo que termina. Las oficinas de *Letras Libres* no son ni una sombra de aquella sala que enmarcaba nuestra tertulia. Pero la sabiduría de Luis González es la misma. Es uno de los pocos hombres que pueden mirar a México —a ese conglomerado cultural que por una convención política llamamos México— a través de los siglos.

Han pasado quince años y aquella conversación con mi maestro inolvidable me parece tan remota. No sólo por el tiempo que ha pasado, sino por el tono de discreto pero sustancial optimismo que irradiaba. Estábamos en el umbral del siglo XXI y sentíamos esperanza en las posibilidades de la democracia mexicana. A Luis González el destino histórico de México le parecía asegurado. A pesar de revueltas, rebeliones y revoluciones, así como San José de Gracia había recobrado su vida en los años veinte, el país —con su esencial fortaleza y pluralidad— entraría al nuevo siglo con ánimo constructivo. Pero Luis González —el pueblerino, el josefino, el michoacano— era el menos ingenuo de los hombres. Apuntaban ya en el horizonte las nubes amenazantes: el abandono definitivo del campo, la caótica urbanización, la destrucción ambiental, la inseguridad, la violencia, la pérdida de los valores tradicionales: religiosos, humanistas. «¿Cree usted que se proyecta una sombra de anarquía sobre México en los próximos años?», le pregunté. Su respuesta fue un aval a la democracia. Pero aquellos temores míos estaban justificados, y quizá la fe en la democracia era excesiva.

Luis González y González murió en diciembre de 2003. Nunca como en su caso es justa la frase: «Cuánta falta nos ha hecho en estos tiempos de anarquía política y moral».

Enrique Krauze: *Dividir la historia en siglos, en particular la mexicana, tiene grandes inconvenientes. Puede ser que el siglo mexicano haya comenzado en 1910, como se dice que el siglo XX empezó con la Primera Guerra Mundial y terminó con la caída del Muro de Berlín en 1989. ¿Qué piensa sobre la centralidad de la Revolución mexicana en el siglo XX?*

Luis González: La Revolución quizá ha sido el hecho que más se ha comentado en este siglo; en un tiempo se veneró y actualmente la gente común y corriente la detesta. Los mayores de edad recuerdan ese periodo como algo verdaderamente satánico, maligno para este país. La Revolución fue como un terremoto, una desgracia.

¿A qué se debe el prestigio de la palabra revolución, por qué la Revolución tomó ese halo casi mítico?

El término que fue casi mítico, antes de la Revolución, fue el término *evolución*, muy cercano al grupo de los Científicos. El movimiento revolucionario fue concretamente contra ese grupito que pensaba vivir eternamente y mató a este país.

La mayoría de los mexicanos pertenecía a la categoría de los revoluciona-dos, un término que inventó usted, y no de los revolucionarios. Sin embargo, cuando la Revolución se hizo gobierno pronto requirió una justificación ideoló-gica para mantenerse en el poder. ¿A esa justificación ideológica se debe el que la Revolución se haya mantenido en la imaginación pública como un mito?

Un mito que se imparte en las escuelas oficiales de todas las grandes ciudades del país, sobre todo en la ciudad de México, que ha asumido el papel de la República. Pero no se da igual en medios rústicos y semirrústicos.

En esos ámbitos la Revolución no fue el acontecimiento central del siglo, aun-que las consecuencias de los gobiernos revolucionarios sí fueron algo muy impor-tante en la historia de esos pueblos.

En un primer momento, la mayor parte de los pueblos del centro y sur del país sintió como algo malo el surgimiento de grupos que peleaban contra quién sabe quién. Después siguió la oposición de los gobiernos revolucionarios contra ciertos usos y costumbres más o menos generales en todo el país. Los «fronterizos» del norte tenían como ideal común hacer de México un Estados Unidos. Antes, el país se llamaba México, pero a partir de la Constitución de 1917 le pusieron Estados Unidos Mexicanos. Estos «fronterizos» tenían la idea de que si no se producían los cambios para hacer que este país se pareciera a Estados Unidos, era por obra del catolicismo. Se adoptaron entonces políti-cas de tipo anticlerical, que no fueron nada populares. Todavía en la época de Calles la Revolución era el mal.

La mayoría pensaba que la Revolución había sido como un fenómeno natu-ral, destructivo y terrible, una amenaza a sus vidas prácticas y concretas. Pero ¿qué tan generalizable es esa experiencia en el país?

En el norte sí hubo una clara tendencia de la gente, los «fronterizos», a los cambios revolucionarios.

Del centro de México para abajo predominan los revolucionados, *salvo la zona zapatista, que no solamente no quiere cambiar sino que quiere más bien regresar al pasado. En el sur la Revolución tuvo otras características, llegó muy poco; ahí también predominan los* revolucionados. *Así que la Revolución fue un fenómeno, de hecho, minoritario.*

Así lo consideramos yo y otros historiadores, como Jean Meyer, que sostiene que hubo mucha más gente en armas en la Cristiada[1] que en la Revolución.

¿La Cristiada es la Revolución de los revolucionados?

Sí, de los que se sintieron afectados por la agresión contra la tradición religiosa.

¿En qué sentido cambia Cárdenas la percepción negativa de la Revolución? ¿No es el cardenismo otra mitificación?

A Cárdenas le gustaba mucho darle a la gente por su lado. Así era. Después de que logró deshacerse de la influencia de Calles, fue muy partidario de la tolerancia religiosa. Cárdenas no era una persona que tuviera un programa general para el país sino que cambiaba su programa según el gusto de la gente. Por ejemplo, la expropiación petrolera fue una decisión que logró unificar a gente de muy diversas tendencias. Cárdenas trataba de caerle bien a la gente; estaba siempre dispuesto a ceder cuando veía que algo que cedía hacía sentir bien a un grupo.

Los presidentes que han tenido mejor papel, ¿tienen algo de padres?

---

[1] La llamada Guerra Cristera (1926-1929). Véase la obra de Jean Meyer *La Cristiada*, 3 vols., México, Siglo XXI, 1973-1974.

Exacto. Cárdenas cumplió un poco con esa función sacerdotal.

En México, en los últimos años, se ha dado un auténtico movimiento por la democracia, ha habido votaciones masivas, millones de personas votan. ¿Cómo se concilia eso con la idea casi natural de la paternidad del poder en México?

Mire usted, esos votos que se depositan a nivel de pueblo no son tan independientes ni tan espontáneos como se suele imaginar. De hecho, en muchos pueblos, el sacerdote sigue siendo el jefe natural.

Sigue siendo una figura tradicional del poder. ¿Cómo se puede conciliar eso con ciertas tendencias más modernas en México?

Es difícil. Conseguir una democracia sin adjetivos, total, va a ser algo bastante difícil, ya que siempre habrá ese intermediario, aquel reconocido como verdadero jefe por la mayoría de la población, sobre todo en la población no urbanizada.

A pesar de que la no urbanizada ahora es minoritaria.

Alguna vez me decía un amigo, economista: «En este país todo se va a resolver urbanizando a la gente, que deje de haber gente en las zonas rústicas».

Es al revés, a México le va peor a medida que se urbaniza, a medida que la vasta población rural tiene que incorporarse porque no hay elementos en sus propias matrias que le permitan vivir.

Sí, en gran medida es por eso, ya no se puede vivir completamente del autoconsumo como antes. Antes, en un lugar rústico, bastaba que tuvieras en tu casa una parte de habitación, otra parte de huerta y otra de corral para vivir sin necesidad de intercambiar casi nada con los demás. Ahora a eso se le llamaría extrema pobreza. Lo que se comía a diario era producto de la caza, de la huerta y del corral, pero también del intercambio amistoso con la gente de una pequeña comunidad.

La gran mutación del siglo XX, en México, ha sido ante todo demográfica.

El aumento del tamaño de las ciudades ha sido enorme. Piense usted que, al sobrevenir este siglo, apenas había unas cuantas ciudades mayores de cien mil habitantes, y en esas ciudades más que nada tenían importancia los barrios.

Ha habido mutaciones muy grandes en el siglo XX mexicano. Hablemos de ellas...

Por una parte el territorio mismo. El territorio ha cambiado mucho, se le ha despojado lo más posible de la capa vegetal y animal. Tendemos a vivir en un territorio que cada vez se desertifica más. También ha cambiado mucho por las modernas vías de comunicación. El territorio es otro. Asimismo, ha habido un cambio demográfico que no se esperaba, ya que en siglos anteriores este aumento de la población no era muy grande porque morían muchos niños. Ahora la mortalidad infantil, gracias al progreso de la medicina, ha disminuido. La población en el siglo XX llegó prácticamente a cien millones, pero partió, a principios de siglo, de unos diez millones o doce millones. Otro cambio muy importante, al que quizá no se alude mucho, ha operado en la salud, en la medicina. Antes no había una medicina que verdaderamente curara; los hospitales no eran para curar a la gente sino para tenerla ahí mientras moría. Esto cambió en este siglo y ha sido un cambio fundamental en todo el país. Antes se vivía como Dios quería.

¿Ha habido un cambio en la actitud del mexicano hacia la vida y la muerte?

Sí, ahora se resiste a morirse. Antes no había mayor resistencia. «Ya me toca», se decía entonces, y no había más que esperar a que llegara la muerte. Por otra parte, en lo económico, se pasó de una economía de autoconsumo a una economía de intercambio, de mercado. Esto también ha modificado mucho la vida material de los mexicanos. En siglos anteriores no se creían necesarias las elegancias que ahora se acostumbran. Uno podía vivir en una casita de paja, en el mejor de los casos de muros de adobe, y ya. Ahora todos sienten que, para ser verdaderamente humanos, necesitan tener otro tipo de casa, aparte de los servicios. Es decir, ha crecido la idea de que el hombre para vivir bien necesita de los bienes materiales.

A pesar de que la matriz cultural de México no corresponde con esas ideas…

Se resiste en buena medida, pero cada vez se ha aceptado más la idea de que es mejor ser rico que pobre, que es mejor estar sano que enfermo. Se ha cambiado mucho el ideal original de que lo mejor era ser pobre para conseguir la salvación humana. Eso se ha ido perdiendo, aunque todavía no totalmente. En el aspecto social, el centro de la sociabilidad no es ya la familia sino la unidad política, aunque todavía la mayor parte de la gente considera que lo central es la familia. Las relaciones con lo religioso siguen teniendo mucha importancia, aunque estamos en una época en que se supone que hay un Estado que hace las veces de Dios y de papá: el papá gobierno.

En la ciudad y en el campo, la vida en México se ha vuelto riesgosa. ¿No está postulando esta realidad, por más que no nos guste, la necesidad de un Estado?

Pues sí, además de que en las ciudades la delincuencia es ahora más notoria, más visible, más real, que en el campo.

¿Qué siente usted cuando ve en retrospectiva este siglo que se acaba? Ha ido para adelante en algunos aspectos y para atrás en otros. ¿Hay algún aspecto que le parezca a usted bueno, en el que el país realmente haya avanzado?

Los grandes adelantos tecnológicos han hecho el trabajo más soportable, han hecho posible mejorar la salud, han permitido una mayor comunicación entre todos los pueblos del mundo. Se trata sin duda de adelantos formidables. Una característica de todos los seres humanos de todas las épocas es vivir individualmente lo más posible. A eso ha ayudado mucho la medicina.

Al mismo tiempo, paradójicamente, el siglo XX mexicano ha sido un siglo muy destructivo…

En ciertos aspectos ha habido una destrucción sin límites, por ejemplo en el estado de los bosques, los ríos y todas esas cosas…

Hemos sido brutales destruyendo la ecología. También nos hemos matado mucho, en la Revolución y la Cristiada, pero desde los años treinta el país ha sido bastante pacífico. Después de todo éste ha sido, para México, un siglo bastante pacífico, ¿no cree usted?

Sí, los dos últimos tercios de siglo han sido pacíficos, aunque en los últimos años se ha desatado otra vez la violencia.

Una violencia de índole más bien delincuencial, fruto más bien de la quiebra del sistema que teníamos…

Tal vez sea por eso, pero también en parte se debe a que se ha perdido el respeto a ciertos valores tradicionales.

Ahora se habla mucho de quién es el personaje del siglo en el mundo. Pienso que el más importante tiene que ser el más destructivo, porque la destrucción lo abarca todo; por el contrario, los constructores sólo pueden construir en su ámbito. En México hemos tenido grandes constructores…

Como José Vasconcelos, que para mí es el prototipo de un gran constructor. Pero sobre todo son los destructivos, debido a la influencia de los medios de comunicación, quienes siguen apareciendo como las figuras mayores de este siglo. Ahora la tendencia es darles mucho bombo a los asesinos, a los dictadores, ya sea de uno u otro bando de la política. Hasta ahora todos los dictadores han sido unos asesinos. A Hitler le encantaba matar gente, pero también al señor Stalin y al señor Lenin les gustaba mucho la sangre.

Estamos casi a punto de terminar este siglo. ¿Usted lo ve con optimismo?

He padecido durante toda mi vida de optimismo. Tuve una niñez dichosa, he tenido suerte en mi vida desde que salí de mi pueblo, he podido andar por todos lados. A partir de esta experiencia, supongo que todo va a ir mejorando. Tengo la idea de que todo se va a ir componiendo porque, a pesar de que existen cosas que indudablemente no son pronosticadoras de un buen futuro, como el amor al poder, el amor al dinero, el amor al prestigio, creo que se van a ir imponiendo fuerzas que todo el mundo aceptará como más profundas.

¿Cree usted que se proyecta una sombra de anarquía sobre México en los próximos años? O por el contrario, ¿considera que, después de todo, el proceso de aprendizaje ni siquiera ha sido tan costoso?

Creo, y en eso coincido con usted, que vamos hacia una democracia. La democracia no es una panacea, pero indudablemente es un avance frente a ciertas formas de totalitarismo.

En estos diez años que llevamos de «transición a la democracia», en un país que viene de una tradición tan ajena a eso, podía esperarse mucha más violencia y dificultades de las que estamos padeciendo, ¿no cree usted?

Creo que poco a poco se va ir haciendo más real esa participación de la gente en la vida de la comunidad, en la vida política.

En este siglo, pese a los inmensos cambios operados en el país, ¿considera que todavía permanece ese núcleo fuerte que se formó en el siglo XVII?

Me parece ejemplar, en este sentido, lo que ha pasado en Japón. Los japoneses han adoptado las últimas novedades en todos los órdenes y siguen fieles a su tradición. No se trata de dos asuntos —la tradición y la modernidad— antagónicos.

México es un país profundamente tradicional que se está modernizando, y no se ve que el país se esté desgarrando por eso. Quisiera, por último, terminar con una idea. Usted dice que México nació como un milagro histórico...

Fue la primera mezcla de ideas, de culturas, de razas...

Un milagro de convergencias, una mezcla de elementos muy heterogéneos. Tenemos la predisposición histórica a pensar que lo heterogéneo es, por fuerza, conflictivo, y no convergente. A lo mejor eso es lo que nos puede proyectar al porvenir, ese milagro puede seguir. Por ejemplo, buscando el modo de combinar los elementos de lo moderno con lo tradicional.

De las raíces judeocristianas, helénicas e indígenas, según usted dice, nació un tronco que ha crecido con los siglos, un tronco que es improbable que los vientos del próximo milenio quiebren. Es sólo un deseo, pero creo que tiene buenos fundamentos...

VII

Ensayista liberal

Enrique Krauze

"TODA HISTORIA ES CONTEMPORÁNEA",
ENTREVISTA CON CHRISTOPHER DOMÍNGUEZ MICHAEL

De todos los historiadores contemporáneos dedicados a México, ninguno corresponde mejor, actualizándola, a la figura del historiador que en el siglo XIX trabajó con los materiales clásicos sino Enrique Krauze. Es el historiador en diálogo con sus lectores, a la vez sus contemporáneos en la polis. El deber de memoria, el talante profético, la afición político-teológica, forman parte indisociable de su educación como hijo de inmigrantes judíos, provenientes de Polonia, nacido en la ciudad de México el 16 de septiembre de 1947.

Krauze hace historia para el lector común —«the common reader» al que Virginia Woolf tenía por ídolo—, multiplicado en miles y miles de hombres y mujeres, estudiantes o aficionados, doctos o diletantes, para los cuales el conocimiento de la historia es un deber democrático, una herramienta sin la cual no hay contrato social ni vida civil. Devoto de ese deber, Krauze lo ha honrado, como pocos historiadores lo habían hecho, a través de sus libros y de la televisión. Y como apunta Javier Garciadiego en *El temple liberal*[1] —la compilación reunida con motivo de sus sesenta años, en 2007—, fue Krauze quien, no satisfecho con ser académico —discípulo en El Colegio de México de Daniel Cosío Villegas y Luis González y González—, decidió construir, para sí, un lugar social desde el cual escribir. En ese

---

[1] Fernando García Ramírez (comp.), *El temple liberal. Acercamiento a la obra de Enrique Krauze*, México, Tusquets/Fondo de Cultura Económica, 2009.

punto, el historiador se encuentra, por naturaleza y por necesidad, con el empresario cultural.

Krauze ha escrito sobre héroes, pero más que el método de Carlyle, del cual él mismo se ha ido alejando gracias al escepticismo que la democracia supone para las inteligencias prudentes, en sus biografías está una noción más amable y comprensiva, la del emersoniano «hombre representativo», tal cual lo ve David A. Brading, uno de los grandes historiadores que ha escrito sobre Krauze. No cree del todo Krauze —lo señaló Alan Knight cuando apareció *Biografía del poder*—[2] en la preponderancia vitalista o mesiánica del individuo en la historia. Su admiración por Vasconcelos, templada por los años, le sirvió de antídoto. Se hizo biógrafo bajo el influjo de una personalísima psicohistoria —es Knight quien lo dice— en la cual lo que importa —soy yo quien lo agrega— es la forma en que el carácter se plasma en el tiempo: Hidalgo, Iturbide, Lucas Alamán, José Fernando Ramírez, Porfirio Díaz, Zapata, Carranza, Obregón, Cárdenas, Daniel Cosío Villegas, ya no son exactamente lo que eran antes de Krauze. Es fácil decirlo pero a través de *Biografía del poder* (1987), de *Siglo de caudillos* (1994), de *La presidencia imperial* (1997), Krauze ha rehecho, con su estilo conversado y epigramático, el álbum familiar de la historiografía mexicana.

Emprendió Krauze, hace más de veinte años, la recuperación del honor y de la eficacia de la historia como «el tipo más popular de escritura, puesto que puede adaptarse a las capacidades más altas y más bajas», según decía Gibbon, llamado a comparecer por Knight, quien sostuvo que la saga iniciada por la *Biografía del poder* regresaba la «historia popular» al dominio de los historiadores calificados. González y González, Charles Hale, Brading, Knight, Hugh Thomas, Lorenzo Meyer, Jean Meyer, han subrayado los hallazgos historiográficos de Krauze. Y lo han criticado (ellos y otros intérpretes, a veces liberales de observancia pretendidamente más estricta) por dejarse seducir por el genio del mestizaje mexicano o por idealizar algunos episodios nacionales, como la República Restaurada o la comunidad zapatista.

[2] *Vuelta* 138, mayo de 1988.

Otras críticas vinieron del horror al vacío que en cierta academia posmodernista provoca el público: juez más severo y caprichoso que los priores del convento o las abadesas del claustro.

La rehabilitación de un género, lo mismo que su pasión liberal, le trajo a Krauze honores inesperados y no del todo agradables, como el de haber sido víctima de libelos, simultáneos en el tiempo y complementarios en su antisemitismo, de la extrema derecha católica y de la más rancia izquierda nacionalista. «Tal furor descalificatorio no se veía desde Bulnes», ha escrito Garciadiego.[3]

El propósito vital de Krauze requería de una narrativa histórica dispuesta en el camino como el espejo stendhaliano, tal cual lo ha visto otro de sus lectores, José de la Colina. Libro tras libro, escribiendo vidas paralelas y ejemplares o ejerciendo el artículo de combate o el breve ensayo histórico, Krauze ha hecho una obra voluminosa que se cuenta entre las más leídas por un público siempre ansioso de leer historia, desde ese siglo XIX en que se probaron sus ancestros, los historiadores cuya biografía colectiva es la materia de *La presencia del pasado* (2005). De la Colina cita, también, a propósito de la savia literaria de la que se nutre el historiador, las *Vidas imaginarias*, de Marcel Schwob, lo cual me lleva a decir que Krauze ha vuelto reales las que eran vidas imaginarias de nuestros caudillos culturales y políticos.

Tuve esta conversación con Enrique Krauze a finales de 2010, en la redacción de *Letras Libres*, y no fue fácil hacerla dado que es uno de mis mejores amigos: la cercanía intelectual, a veces, inhibe o tiende a dar por sentado lo que puede ser esencial para el lector. Nos conocimos Enrique y yo en marzo de 1986, en la Feria del Libro del Palacio de Minería, en una mesa redonda dedicada al décimo aniversario de la muerte de Cosío Villegas. Ese mismo día me invitó a *Vuelta*, de la que era subdirector, y allí, en la revista de Octavio Paz, pasaron doce años que se han vuelto veinticuatro en *Letras Libres*.

Teniendo como eje al historiador, esta conversación pudo haber durado varios días y hube de esforzarme para no invitarlo a abundar en todo lo humano y en algo de lo divino que hemos compartido.

---

[3] *El temple liberal*, p. 116.

Krauze nos habla, aquí, de su educación judía en el México de la presidencia imperial, de la formación de una conciencia liberal en una época en que era muy difícil escapar al imperio intelectual y universitario del marxismo, de sus polémicas con los *whigs* mexicanos. Habla de sus libros de cabecera: la *Historia moderna de México*, *Pueblo en vilo*, *El laberinto de la soledad*. Va de Jerusalén a la Magna Grecia, de Spinoza a Plutarco y de allí a Isaac Deutscher, a Karl Popper, a Isaiah Berlin. Enfatiza su crítica de la mala historia académica, logocida y endogámica.

Asume Krauze que la historia no es, infortunadamente, maestra ni de la vida ni de la política, y que el pasado de poco nos sirve ante el México violentísimo de nuestros días. Sí, acaso, dejando la puerta entreabierta, algo entrará de la tolerancia ideológica y del respeto por la ley de los hombres de la Reforma, en cuyo hogar busca consuelo, otra vez, en *De héroes y mitos* (2010). Se refiere Enrique Krauze, en esta conversación, a los insurgentes de 1810, a los revolucionarios de 1910, a los historiadores decimonónicos, a los monarcas sexenales a los que nos tocó confiar o a los cuales aborrecimos. Sin embargo, me pareció que, de lo hablado, lo que más le emocionaba era la vida a la vez modesta y orgullosa de los habitantes de Naolinco, un pueblo veracruzano que visitó el año antepasado donde es probable que esté un puñado de esos lectores que lo leen, lo ven y lo escuchan a lo largo de todo México.

CHRISTOPHER DOMÍNGUEZ MICHAEL: *En el texto «México en clave bíblica», uno de los ensayos incluidos en* De héroes y mitos *(2010), cuentas una anécdota familiar muy significativa. Tu hijo León, a los cuatro años y durante la noche del Pésaj,[4] respondió a la pregunta de su abuelo sobre el motivo de la celebración, confundiendo la salida de los judíos de Egipto con la profecía que llevó a los aztecas a fundar su ciudad en aquella laguna donde estuviera un águila devorando a una serpiente. Esa muestra de mestizaje cultural te regocijó, según cuentas. A los nombres de fray Diego Durán, fray Gregorio García, Ángel María Garibay, ¿agregarías el tuyo como un historiador que ha buscado, desde la tradición laica y liberal, la clave bíblica de México?*

[4] Pascua.

Con el tiempo he llegado a pensar y a entender que haberme formado —desde el kínder hasta la preparatoria— en el Colegio Israelita, donde recibí una formación no religiosa pero sí cultural amplia
en el humanismo judío, tuvo una influencia indudable en mi visión
de historiador. Te diré algo evidente: la Biblia puede verse como una
biografía del poder y como una biografía del saber; es una sucesión
de reyes, de caudillos, de jueces y de profetas. Bien vista, es la historia del pueblo de Israel narrada alrededor de esas figuras magnéticas,
desde Abraham hasta Salomón. Cada uno de sus libros está marcado
por esas figuras individuales en contacto con Dios. Esa filiación se
me fue revelando al paso del tiempo pero me quedó del todo clara
en Jerusalén hacia 1989, cuando Amos Elon, un gran historiador de
la vida judía en Europa y en Alemania, al escuchar una conferencia
mía sobre Vasconcelos y su cruzada educativa (esa impregnación religiosa de quienes se sumaron a su apostolado), se me acercó y me dijo:
«Todos nosotros somos historiadores de la religión». De modo que esa
doble clave, digamos, teológico–política, impregna una parte importante de mi obra, desde mi primer libro, lleno de figuras proféticas y
de alusiones a aspectos de la sociología de la religión.

*En ese momento, salvo el caso de Jean Meyer, la historiografía mexicana no era
muy dada ni a lo teológico-político ni a la sociología de la religión…*

No, no lo era. Clavijero tiene una frase que en esencia dice: «La política y la religión tienen un peso fundamental en la vida de México».
Yo creo que así ha sido y así es todavía en cierta medida, y esa clave
teológico–política me permitió comprender a ciertos personajes en
los términos que les son propios. Esa clave es, creo, fundamental en la
historia de México. Luis González lo creía también. En alguna ocasión escribió que si había dos pueblos donde gravitara el pasado como
una obsesión, pueblos, digamos, bendecidos por el pasado pero también lastrados por él, esos pueblos eran el pueblo judío y el pueblo
mexicano. De modo que tenía su razón de ser transferir la vocación
de recordar, tan propia de la actitud judía ante la vida, a la historia de
México. Recordar es casi un mandamiento para los judíos; recordar

es lo que los judíos hacen cada Día del Perdón, al hacer memoria de sus antepasados. En el imperativo de recordar también tuvo mucho que ver, en mi vida, la presencia de mis abuelos y de mis bisabuelos, modestos patriarcas judíos. Mis bisabuelos ni siquiera hablaban español, pero hicieron que yo pensara mucho más en el pasado que en el presente. Fue un entrenamiento en el laboratorio de la memoria. En nuestro caso era una memoria nostálgica, la de una familia muy dolida por la presencia cercanísima del Holocausto. Había una urgencia de recordar en el sentido de rescatar del olvido. Todos ésos son factores de una matriz judía, que de una manera más o menos natural me llevaron a interesarme por el pasado de mi propio país, por México.

Eres biógrafo y eres historiador. Tu primer libro, Caudillos culturales en la Revolución mexicana *(1976), fue el retrato de una generación y aquel que te abrió las puertas del gran público;* Biografía del poder *(1987), una historia del poder político en México. Pasando de Jerusalén a Atenas, del mundo judío al mundo griego y latino, esa frontera que le quedaba tan clara a Plutarco entre la biografía y la historia, ¿cómo la percibes actualmente, haciendo una especie de corte de caja entre* Caudillos culturales en la Revolución mexicana *y* De héroes y mitos, *uno de tus últimos libros?*

En la tradición inglesa se escriben biografías que son más que una biografía: la biografía del personaje y su tiempo. Quiero creer que en las biografías que he escrito está el hombre conectado con su tiempo. Son libros que arrojan luz sobre el alma de esos personajes pero enmarcados en su circunstancia. La biografía es un instrumento muy útil aunque tiene muchas limitaciones. Nunca he pretendido que la biografía desplace a la historia. Recuerdo muy bien la prescripción de Huizinga, quien señala el vicio de «antropomorfizar» la historia, de reducirla al individuo. Eso es lo que hace la historia de bronce, que puede llevar a una grotesca simplificación; lo estamos viendo en la profusión de biografías fáciles, maniqueas y anecdóticas…

Biografías noveladas.

No son biografías ni novelas, sino un híbrido fallido, plagado de efemérides bobas. A la anécdota —como decía Alfonso Reyes— hay que reivindicarla. El diablo y la vida están en los detalles y una anécdota bien contada a veces es más significativa o reveladora que cien páginas. Pero yo creo que la biografía, si no se la aborda con el rigor con que la toman los ingleses y los estadounidenses, la tradición anglosajona, corre el peligro de simplificar al personaje, de hacer pensar que cualquier hecho, por más nimio, que pudiésemos rescatar, ya es memorable en sí mismo. Eso es una tontería. Y, por otro lado, está el peligro de subsumir la historia de un país, de un pueblo, de una sociedad, en un individuo. En *La presidencia imperial* yo intenté hacer algo distinto: servirme de la figura de los presidentes, porque fueron muy importantes en la marcha del país. Ese libro lo escribí con mucha pasión porque tiene elementos autobiográficos, dado que yo era, también, un testigo de esa época. Pero *La presidencia imperial* no es sólo la biografía de Díaz Ordaz o Ruiz Cortines o Miguel Alemán; es la vida de esos personajes en lo que tenía de significativa por sí misma (sobre todo psicológicamente), pero también es la historia de cómo esa vida se proyectó sobre el país, en un contexto en el que hay muchas otras fuerzas actuando: obreros, campesinos, el PRI, la oposición, las universidades, los intelectuales, los gobernadores, los poderes formales e informales. Todos aparecen en ese teatro que es la historia política de México, cuyo personaje central era el presidente emperador. La traducción al inglés de esa trilogía —*Siglo de caudillos*, *Biografía del poder* y *La presidencia imperial*— la llamé *Biography of Power* porque creo que el personaje central de México fue precisamente *el poder*.

En suma, hay puentes que conectan a la biografía y a la historia; la biografía es un género menor comparado con la historia, que es un territorio infinitamente más amplio donde intervienen fuerzas de toda índole: económicas, políticas, sociales, culturales, ideológicas, religiosas, locales, regionales, nacionales, internacionales, etcétera. Me he concentrado en el género biográfico por gusto, por vocación, pero también por limitación: una historia al estilo de los grandes lienzos que hacen John H, Elliott o Hugh Thomas no me la he propuesto.

Recordando la polémica de 1980-1981 con los historiadores, muchos de ellos de tu generación, que politizaban el pasado y hacían una «interpretación whig de la historia», ¿crees que ese tipo de historiografía ha ido perdiendo su prominencia en los años del siglo XXI que llevamos o, como temen algunos, la historia se ha «judicializado» a extremos alarmantes? ¿Estamos ante una nueva generación de guerrilleros históricos?

Recordemos la circunstancia. Acompañados por algunos maestros de la generación anterior, como Luis González y González y Luis Villoro, otros miembros de mi generación (algunos mayores, como Adolfo Gilly, a quien, por haber participado en el 68 lo veo más como gente de mi generación, pero también Enrique Florescano, Carlos Pereyra, Héctor Aguilar Camín y otros) se juntaron para hacer, con una idea de Alejandra Moreno Toscano, un libro muy bonito, que fue muy exitoso, que quizá sigue a la venta, muy delgado, muy bien hecho y con un título genial: *Historia ¿para qué?*[5] Lo leí y me di cuenta de que tenía, salvo algunos capítulos, un común denominador, sobre todo en los capítulos escritos por autores de mi generación: se empeñaban en politizar la historia, en someterla a juicio e imponerle categorías políticas del presente, repartiendo premios y castigos entre los personajes históricos: «Éstos eran revolucionarios y éstos no, estos eran reaccionarios y aquéllos no».

Pronto advertí también que ésta era la interpretación *whig* de la historia, y el asunto me remitió a una vieja polémica en Inglaterra de cómo los *whigs* (de largo predominio en la historia inglesa) habían impuesto su versión del pasado. Aquello era grave: estamos hablando de los años ochenta, cuando resurge la guerrilla en América Latina. En México se acaba de terminar la «guerra sucia», impera la radicalización política, y en esos años mi generación tenía ese ánimo revolucionario y quería imponer a la historia ese cartabón. Escribo entonces un ensayo publicado más tarde en mi libro *Caras de la historia* (1983). Lo escribí con mucho fervor y se lo llevé a Fernando Benítez a *Unomásuno*, y Benítez me habló y me dijo: «Es muy bueno, hermanito,

[5] México, Siglo XXI, 1980.

338

pero te aconsejo no publicarlo porque te van a destrozar». Pero le pedí que lo publicara y lo hizo en el suplemento *Sábado*, y luego se hizo un acto público al que acudieron Alejandra Moreno, Enrique Florescano y otros más, y hubo de verdad un linchamiento; yo estaba allí y dije que no quitaba ni una coma del ensayo que había escrito. Se suscitó entonces una polémica con Gilly, con Arnaldo Córdova y con algunos más en *Unomásuno*, donde yo me defendí. Fue mi primera polémica, dura, pero creo que fue de altura. Y yo defendía que a la historia había que acercarse como a un saber. Y defendía la historia como Luis González la concebía, como un saber al que hay que acercarse con el menor número de prejuicios posibles o al menos con prejuicios claros y conscientes, y tratar de entender el pasado en sus propios términos, sin usar al pasado y —menos aún— abusar de él.

Por otra parte, yo sabía muy bien, por Marc Bloch, que entre el pasado y el presente hay vasos comunicantes fructíferos, necesarios y además inevitables, porque no puede uno dejar de ver el pasado con los ojos del presente. «Toda historia es historia contemporánea», dijo Collingwood.[6] Pero al mismo tiempo el estudio del pasado ilumina muchas cosas del presente. Insistía yo en reimaginar, reinventar, repensar lo que los personajes del pasado vivieron o sintieron, y ésa fue la sustancia, creo que válida, de esa polémica. Esa polémica, por cierto, provocó que mi gran amigo Hugo Hiriart, al darse cuenta de que realmente estaban todos contra mí, ensayara varios tipos de dedicatorias en «El arte de la dedicatoria» y escribiera: «No debemos olvidar las dedicatorias excluyentes, como por ejemplo esta:"Dedico estos poemas a toda la humanidad menos a Enrique Krauze"».

A treinta años de ese bautizo polémico, considero que avanzó más la historia del saber que la historia del poder; creció el conocimiento histórico. Inclusive los autores de *Historia ¿para qué?* y sus discípulos aportaron mucho más a la historia como conocimiento que a la historia como instrumento político.

Pero sigue habiendo «guerrilleros históricos».

[6] *The Idea of History*, Londres, 1946.

Los únicos guerrilleros históricos que quedan en México son los poseídos por una visión militante de la historia y son algunos periodistas dogmáticos obcecados en las categorías revolucionarias del siglo XX, algunos jóvenes universitarios, extraviados, pero no son muchos más. Esa que Luis González llamaba piadosamente la «historia crítica» en realidad deberíamos llamarla obra de «los militantes de la historia» o, como tú los llamas, « guerrilleros de la historia».

Los problemas de la historia actual en México están en otro lado. De haber predominado en 2010 esos guerrilleros de la historia, los hubiéramos visto defender sus puntos de vista en libros y congresos. Lo que se vio, venturosamente, por ejemplo, es que en *Proceso*, una revista de una izquierda a veces muy radical, se publicaran varios cuadernos valiosos donde, en lugar de violentar la historia con categorías presentes, se presenta una historia de la Revolución mexicana desde varias facetas. Yo creo que la historia entendida como saber todavía palpita en la oferta editorial y periodística de México.

De los historiadores que he entrevistado el que más ha hablado de historiografía eres tú, lo cual parecería contradecir a los «guerrilleros académicos» que te consideran un historiador más cercano a la literatura y al público que a la historia pretendidamente «científica». Háblame de tu relación con el marxismo, que monopolizaba la ciencia histórica cuando tú te hiciste historiador. ¿Eres uno de los pocos historiadores de tu generación, la del 68, en quien apenas influyó el marxismo?

No exactamente; déjame contarte. Yo estaba en los últimos años de ingeniería, y como toda mi generación tuve muchas lecturas de marxismo y de heterodoxia marxista. Admiraba mucho a Trotski, leí la biografía de Deutscher, y obras de Deutscher como *El judío no judío*, y la biografía de Marx de Isaiah Berlin. Y en una de las pocas experiencias de profesor que tuve en mi vida (fue en la Facultad de Ingeniería, en una clase de la cual era yo ayudante, que se llamaba «Recursos y necesidades de México»), hablaba yo de marxismo. Aunque te parezca increíble, lo que hice durante ese trimestre fue leerles partes de *El capital* de Marx.

Sin embargo, no tuve entusiasmo por la Revolución cubana, ni me agradó en absoluto la invasión soviética a Checoslovaquia, pero vi con muy buenos ojos la llegada al poder de Salvador Allende, por la vía pacífica y electoral. Profesaba yo una especie de socialismo vago; por aquel tiempo leí a Camus y descubrí el anarquismo, y entendí que era más mi simpatía por el anarquismo clásico (el pacífico, el de Kropotkin) que por el marxismo propiamente, constituido por una rigidez que me fue molestando con el tiempo.

Otro factor que intervino y que nunca he contado fue mi larga y no fácil experiencia, desde 1965 hasta finales de los ochenta, como empresario a cargo de unas fábricas familiares. Esa experiencia me marcó mucho porque me permitió ver la vida económica en concreto, obreros de verdad, no obreros abstractos, abogados, clientes, vendedores; todo el proceso económico sobre el terreno, en la realidad, con los riesgos, temores, dificultades, triunfos y varias derrotas que tuve en esos años formativos.

Recuerdo que una vez yo, cándidamente, les dije a los obreros de una fábrica, reunidos en una pequeña fiesta de fin de año, que en esa, mi fábrica, yo no obtenía plusvalía. Les dije así, «plusvalía». Me imaginé que no habían entendido lo que era la palabra *plusvalía* y lo repetí de otra manera: «Yo aquí no tengo utilidades». Y entonces un obrero de Oaxaca que se llamaba Reyes Juárez, al que recuerdo muy bien porque le tenía mucho afecto, levantó la mano y me dijo: «¿Le puedo decir algo, joven Enrique?» «Sí.» «Pues ése es el problema que tenemos nosotros, que usted no tiene utilidades, por eso estamos tan fregados. Mejor tenga ganancias y así nos va a poder pagar bien y esta fábrica va a seguir, porque si esto sigue así va a quebrar.» Esa pequeña anécdota fue tan importante como la lectura muy temprana de Karl Popper.

La miseria del historicismo, de Popper, nos la dejó leer Luis González en El Colegio de México hacia 1970. Fue —como se dice en inglés— un *eye opener*, porque entendí lo que era el idealismo hegeliano heredado por Marx, y cómo esa filosofía de la historia era falaz, esas leyes de la historia eran ficticias. Hasta presenté un trabajo que fue muy criticado por mis compañeros del seminario. Popper fue el primero que me abrió los ojos. Y luego siguió Bertrand Russell, que escribió un libro tempranísimo contra la Revolución rusa. Más tarde vino Berlin y, en fin, ya una larga sucesión: Orwell, Koestler, y desde luego el propio Paz... Todos críticos de la Revolución rusa. Y luego Kołakowski, el crítico integral, clásico, del marxismo.

Yo me libré de la rígida utilización de las categorías económicas como leyes en la historia gracias a una experiencia de empresario y a la lectura de Karl Popper. No obstante, esto no quiere decir que le reste importancia al fenómeno económico en la vida. De hecho, mientras yo estaba tratando de sortear las crisis de mis empresas en 1977 escribí la historia de cómo Calles sorteó la crisis económica de México en 1928-1934, y ese libro, *La reconstrucción económica* (el tomo 10 de la *Historia de la Revolución mexicana*, de El Colegio de México),[7] quizá bastante olvidado, es el libro de un empresario que está aprendiendo por la vía difícil qué hay que hacer con las finanzas, la producción y los diferentes elementos que están en sus manos para salir avante. Me di cuenta con admiración de que Calles —auxiliado por Pani, Montes de Oca, Gómez Morin y por todo un grupo de abogados que además sabían economía— hizo muchas cosas bien que luego se estropearían. Me puse a estudiar la economía de México con los instrumentos que me había dado la ingeniería industrial y el trabajo de empresario.

Decidiste, muy temprano en tu carrera, hacer historia de otra manera, rigurosa y popular y con una prosa que reivindicara a la historiografía como una de las viejas y nobles ramas de la literatura, dirigiéndola hacia el gran público, como lo hacían, por cierto, los historiadores del siglo XIX. ¿Cómo has hecho tu obra a veces al margen, a veces en contra, de la academia?

Yo siempre he estado muy orgulloso de haber sido egresado de El Colegio de México. Si hubo una academia de excelencia en el país, esa fue El Colegio de México. Era una comunidad intelectual pequeña, modesta, donde los maestros y los alumnos conversábamos mucho en clase, pero sobre todo fuera de clase, en el café, en los restoranes o

---

[7] México, El Colegio de México, 1977 (en 2001 se reeditó la colección).

en las casas nuestras o de los maestros. Era un ambiente académico en el sentido griego. Así se entiende que Luis González, por ejemplo, nos predicara que no había que hacer una tesis, sino una obra, y que él no estuviera encima de nosotros con un chicote, sino dejándonos volar y extraviarnos, perdernos y encontrarnos. El Colegio de México fue —como otras instituciones en México— una institución a la altura de Oxford, Cambridge o Harvard. Formó a varias generaciones de historiadores: de ahí salieron Moisés González Navarro, Luis González, Enrique Florescano, Andrés Lira, Lorenzo Meyer, todos ellos (y los que estoy dejando fuera) con una obra sólida de historia.

Pero la vida académica en México sufrió un cambio de paradigma en la época de Echeverría; cambió de escala. Se hizo gigantesca y poderosa, se hizo mucho más visible, creció numéricamente, se hizo de una carga administrativa y burocrática que naturalmente llevó a la formación de sindicatos académicos y de trabajadores. Y empezó a volverse más paraestatal. En la época de José López Portillo comenzaron los salarios magníficos; te encontrabas con académicos que te decían que en el sector público «hay tanto dinero que necesitamos aprender a gastar».

Cosío Villegas había sufrido horrores buscando financiamiento para su *Historia moderna de México* y lo encontró en la Fundación Rockefeller. Había tenido literalmente que mendigar dinero para poner en marcha al Fondo de Cultura Económica, encontrándose desde luego con la cerrazón en la iniciativa privada de México, y con el apoyo de ciertos personajes beneméritos como Eduardo Suárez o Eduardo Villaseñor en el sector público. Al morir Cosío Villegas en 1976, simbólicamente, todo empezó a cambiar, no sólo en El Colegio sino en las universidades; el paradigma universitario —que tan bien ha estudiado Gabriel Zaid— sufrió una transformación profunda. La vocación del historiador dejó de ser, humildemente, la de un llamado que hay que atender a como dé lugar, al margen de cómo te ganas la vida, y se volvió una chamba; algunos dirán «una profesión», de acuerdo, y muy digna, pero también una chamba, como si la formación de historiadores fuese equiparable a una fábrica que saca quinientos o mil historiadores al año… como si fueran técnicos automotrices. Y entonces se dio un fenómeno que persiste en las universidades: burocratización, especialización excesiva y endogamia, todo basado en la pretensión de que «están haciendo ciencia».

La historia (claro, lo podemos debatir) es una ciencia, pero no una ciencia exacta. Hay que ejercerla y construirla con instrumentos científicos, sí, pero también es un arte, una rama de la literatura. Muchos académicos tienen la pretensión de estar haciendo ciencia pura. Entonces, si una persona se queda veintitrés años estudiando un fenómeno minúsculo de historia económica en un pueblo de San Luis Potosí, te va a decir que el país tiene que pagarle por eso porque él «está haciendo ciencia». Y si ese trabajo, una vez terminado, lo leen sólo tres personas, te va a decir: «Pues sí, pero así es de difícil, porque estoy haciendo ciencia».

La historia no es física; que un físico escriba un tratado que sólo entienden tres personas se comprende y se justifica, y quizá le den el premio Nobel. Pero un historiador que, abandonando la tradición de la historia como ha sido desde el comienzo de los tiempos, no escribe una narración dirigida a un público sino a los colegas, para mí no es un historiador sino una persona que utiliza sus credenciales para trepar en la academia. No es casual que sus obras terminen por estar muy mal escritas. Ese mal, esa condición casi sociológica del saber universitario en la historia, fue la que critiqué en el ensayo llamado «Desvaríos académicos», publicado en *De héroes y mitos*.

Creo que hay mucho por reformar en la enseñanza, la investigación, la escritura y la difusión de la historia en México. Creo que a la academia le falta una verdadera autocrítica y que la crisis de la ciencia histórica en México (como la llamaría don Edmundo O'Gorman) está en la academia. Debemos leer críticamente los libros académicos. Yo me lo he propuesto y me propongo hacerlo en *Letras Libres*. Defender la historia libre frente a la mala historia académica.

Dicho todo lo cual, hay instituciones académicas e historiadores individuales de primerísimo nivel dentro de los ámbitos universitarios. Es el caso de El Colegio de Michoacán, concentrado sobre todo en hacer una historia eclesiástica, cosa que le queda muy bien puesto que tiene los archivos de la antigua Valladolid a la mano, y ha hecho ediciones y libros admirables. Al mismo tiempo, ¿cómo negar que grandes historiadores han sido hijos predilectos de la universidad, como Edmundo O'Gorman o Miguel León-Portilla? O tantos colegas que tengo en la Academia de la Historia que tienen enormes méritos y obra sólida. Todos están en instituciones académicas. Pero sé de cierto que la mayoría de ellos acepta que hay un problema en el modo en que se enseña, en la concepción de lo que se les hace creer a los muchachos que es la historia.

Para colmo, en ciertas universidades privadas algunos maestros viven cautivos de las últimas modas de Francia, que, pasadas por Estados Unidos, consideran como si fueran la Biblia. El ambiente de esas escuelas de historia es cerrado, pobre intelectualmente y endogámico, ignorante de las verdaderas corrientes y los exponentes de la historia actual, ciego a la tradición clásica. No leen el *Times Literary Supplement* (no saben que existe) ni han leído a Gibbon. Son un fraude.

Hagamos el ejercicio del que tanto se sirvió Borges, el diálogo entre un hombre en el presente con su otro yo en el pasado. ¿Qué le diría el Enrique Krauze de hoy a aquel estudiante de historia que empezaba a escribir Caudillos culturales en la Revolución mexicana?

Yo no reniego del que fui. Seguramente me he equivocado en muchas cosas pero desde el principio de los años setenta me volví un liberal, y lo sigo siendo, un demócrata liberal. En términos de convicción política, ese joven era un liberal pero tenía ciertos entusiasmos revolucionarios y una cierta credulidad, por ejemplo, ante la figura de Vasconcelos. Es decir, tenía una reverencia por el héroe de la cultura. Ya no la tengo. Era yo un poco carlyleano, veía la historia poblada por héroes, y el héroe mayor era Vasconcelos, el héroe de la generación de 1915, junto con Madero. Pero ese muchacho, el autor de *Caudillos culturales en la Revolución mexicana*, no entendía muy bien los reparos que la propia generación de 1915, Gómez Morin sobre todo, le ponían a Vasconcelos. Registré esos reparos pero no los comprendí cabalmente sino hasta tiempo después, cuando cambié gracias al escepticismo creativo de Cosío Villegas, a su magisterio personal, a tantos miércoles que tuve la fortuna de conversar con él y grabar entrevistas que guardo y atesoro (horas y horas de entrevista). Su magisterio, sus libros y sus ensayos me abrieron la perspectiva y la comprensión del México liberal del siglo XIX, del maderismo, y eso me llevó a otras lecturas liberales, directamente a Isaiah Berlin, a Stuart Mill, a los orígenes del liberalismo, que, por cierto, están, según Jonathan Israel, ante todo en Spinoza, una lectura muy intensa mía en los años setenta. Hasta escribí un texto que nunca publiqué, una primera conferencia sobre Spinoza que di en la Casa del Lago. Siempre me ha apasionado la figura de Spinoza, quizá porque mi abuelo se consideraba spinozista. Spinoza es una tentación irresistible para el judaísmo secular de todas las épocas, sobre todo de la época después de la Ilustración: es la mejor heterodoxia del judaísmo. Yo me colocaba en esa heterodoxia que empalmaba muy bien con el liberalismo, tanto con el mexicano como con el liberalismo clásico europeo, inglés y francés, y aun español, el de Ortega.

Así se fue formando mi conciencia liberal, que se fue afinando con el tiempo. En fin, en *Caudillos culturales en la Revolución mexicana* tenía yo una fe excesiva en el heroísmo cultural. Pero no reniego de la emoción de esas páginas y sobre todo de la clave teológico-política que hay en ellas: el haber querido ver «religiosamente» la historia de México.

¿Cuál de tus libros salvarías del fuego?

Me preguntaron hace poco si los libros podían compararse con los hijos y dije que prefería hacer la comparación con los amores. Son amores a veces largos, a veces breves, a veces serenos, otros apasionados, pero a todos los amores los recuerda uno. Probablemente elegiría mi biografía de Daniel Cosío Villegas, porque ahí está mucho de mi credo. Era un hombre que creyó seriamente en el conocimiento y la crítica. Un hombre que quería hacer algo por México. Ésas fueron sus palabras. Y ese algo no eran discursos o demagogia sino obras que quedarían: libros propios y libros de los demás. Es el hombre que hizo el Fondo de Cultura Económica, creyente en la letra impresa, en la imprenta como civilizadora de la vida pública. Fue un historiador, un liberal y un hombre que tenía una ene de *no* en la frente. No era un radical, no era socialista; es más, él vio con gran preocupación la llegada de Salvador Allende al poder; entre la URSS y Estados Unidos —lo escribió varias veces— prefería a Estados Unidos. Y no tuvo ninguna simpatía por la Revolución cubana. Pero nadie hablaría de Cosío Villegas como un reaccionario. Era un liberal mexicano y yo he querido, en mi limitada posibilidad, seguir su ejemplo. Me gusta recordar a ese muchacho de veintitrés años que se acercó por primera vez a don Daniel con una enorme grabadora y con esos casetes antiguos. Y me dijo: «¿Qué es eso?, ¿qué trae usted?» Le dije qué era y accedió a esa conversación, y así accedió a treinta conversaciones, hasta su muerte. Y luego está el hecho de que ese mismo muchacho, como homenaje a su maestro, como si fuera su abuelo intelectual, escribiese su biografía. Dos días antes de que se muriera revisamos un par de capítulos y me dijo: «No sé si tengan interés para el público». Eran los capítulos sobre El Colegio de México y el Fondo de Cultura Económica. ¡Cómo no iban a tener interés! Terminé ese libro en 1980 y fue un libro de fervor, de lealtad, de admiración.

En las diversas casacas de Cosío Villegas encontré una vocación múltiple que asumir: la del liberal, la del historiador, la del empresario cultural, la del editor, la de llevar la historia a la gente, como él quiso. Pocos saben que la *Historia mínima de México* que hizo Cosío Villegas fue originalmente un guión para televisión; él quería hacer documentales de historia. Fue un hombre de acción y un hombre de contemplación. Lo admiré mucho, tanto que mi segundo hijo se llama Daniel en honor a él y todavía recuerdo que le pedimos a doña Emma que fuera su madrina. El día que registramos a Daniel en San Ángel (a principios de 1983 Cosío Villegas tenía seis años de muerto), doña Emma llegó con un regalo. Lo abrimos Isabel Turrent y yo, y vimos que era un overol idéntico al que usaba Cosío Villegas pero para niño, incluidos los lapicitos que solía utilizar en una bolsita del overol ferrocarrilero y la camisa de cuadros como de franela y hasta unos zapatitos tenis tipo Converse como los que usaba él cotidianamente. Por todas esas razones escogería *Daniel Cosío Villegas, una biografía intelectual* como el predilecto de mis libros.

Has visitado y revisitado la Independencia, desde Siglo de caudillos *(1994)*
hasta los ensayos recogidos en De héroes y mitos; *has corregido tu creencia*
en que los mexicanos idolatrábamos a nuestros héroes a la manera de Carlyle,
pensando en que acaso hemos sido menos solemnes y, por fortuna, más capri-
chosos. ¿Cómo quedan, tras la intensiva revisión crítica, historiográfica, cine-
matográfica de este año, Hidalgo, Morelos, Iturbide…?

No creo que haya habido tal revisión. En el mundo oficial prevaleció
la historia de bronce. Por ejemplo, los anuncios que salieron en 2010
y que transmitió la radio son inocuos, inofensivos, bobos y no le dicen
nada a nadie. No creo que el culto a los héroes en México, por lo
demás, haya sido nocivo, pero tampoco hace avanzar el conocimiento.
Hubo, es verdad, una sana rectificación con respecto a Hidalgo, incluso
con estos excesos, inventos y fantasías de la película *La historia jamás*
contada[8] que presenta una especie de Hidalgo al estilo de *Shakespeare*
enamorado…

¿Cuál es ahora la percepción pública de «los héroes»?

Habría que hacer una encuesta. Supongo que tras la difusión que se
le ha dado al episodio de la Alhóndiga de Granaditas la gente ya juzga
que, después de todo, el padre Hidalgo sí fue demasiado sangriento.
El degüello de los españoles, en la sensibilidad actual de México, se ve
acaso de otro modo. En suma, creo que el año y los héroes del bicentenario pasaron sin pena ni gloria. El país está demasiado preocupado
por sus problemas presentes para pensar en la historia, o para tratar de
sacar de la historia lecciones que quizá no puede darnos.

La verdadera fundación de México —según has insistido— ocurrió durante
la Reforma y sus secuelas, lo mismo el Imperio de Maximiliano y la Repú-
blica Restaurada. Me dio la impresión, al escuchar tu discurso de recepción del
Premio Nacional de Ciencias y Artes, a finales de 2010, que México debe
mirarse en el espejo de la Reforma y de su tolerancia antes que en las guerras

---

[8] Dirigida por Antonio Serrano, 2010.

*y revoluciones de 1810 y 1910. ¿Es así? ¿Hay virtudes de la Reforma que
no hemos aprendido?*

El periodo olvidado en los festejos del bicentenario de la Independencia y el centenario de la Revolución fue la Reforma. La Reforma
está vigente porque los liberales entendieron que sólo construyendo
un Estado de libertades, garantías y leyes podía vertebrarse un país
moderno. Lo mismo entendieron los chilenos o los colombianos o
los uruguayos. Y déjame decirte que en América Latina los países que
mejor han sorteado el fin del siglo XX y el principio del XXI son los
que han sido fieles a una vieja tradición de estructura política institucional. Y los que menos han podido sortearlo son aquellos, como
Venezuela, que han sufrido por una política personalista y caudillista.
Todo el mundo se sorprende por cómo Colombia ha ido saliendo del
infierno de violencia en el que ha vivido tantos años; una de las claves está en la sociedad civil, en las instituciones y en su continuidad
republicana y democrática: una civilidad visible existe aún en su cuidado del lenguaje, en las formas.

Nosotros no tuvimos esa continuidad porque el país que proponía la Reforma se desdibujó en el Porfiriato, en la Revolución y en
el siglo XX. Hay, en efecto, otro tema que me interesó estudiar en *De
héroes y mitos*: la tolerancia. Los liberales, después de la caída de Santa
Anna, eran primordialmente liberales católicos moderados; había unos
cuantos, los liberales rojos, radicales, pero lo fundamental en el cuerpo
político de México era la sólida mayoría moderada: hombres como
Ignacio Vallarta o como José Fernando Ramírez, liberales católicos
pero que veían la necesidad de poner coto a la Iglesia y al poder del
clero, firmes en la necesidad de construir un régimen republicano.

La Constitución de 1857 fue el triunfo de los liberales moderados, al grado de que ni siquiera hubo una ley que pusiera en duda la
primacía de la religión católica, ni siquiera en el sentido de iniciar
la tolerancia de cultos. Sin embargo, esa constitución moderada fue
atacada, sin piedad, en los cuarteles y en las iglesias. El Vaticano de Pío
IX y muchos de los obispos se unificaron en el criterio de excomulgar a todo aquel que jurara la constitución y se le hizo una guerra a

muerte a la Constitución de 1857. Ese acto de intolerancia condenó al México liberal moderado. Esa Iglesia mexicana aliada al Vaticano de Pío IX, nuestra Iglesia ultramontana, esa Iglesia de Labastida y Dávalos... Esa Iglesia ahogó el proyecto moderno. Así se precipitó la Guerra de Reforma y muy pronto aparecieron barbaridades como la matanza de Tacubaya, y hombres de talante moderado como Altamirano se volvieron radicales, y los radicales como Ignacio Ramírez o Melchor Ocampo se volvieron más radicales, y el México jacobino quedó frente al México ultramontano.

La querella entre liberales y conservadores (en la que los moderados representaban un principio de civilidad y diálogo) quedó enterrada, pospuesta, latente durante el Porfiriato, y estalló de nuevo de manera muy fuerte durante la Revolución con el carrancismo y con la época de Calles. Y todavía hasta la fecha vivimos los avatares de eso que llamo «la intolerancia mexicana», la incapacidad de escuchar al otro, de escuchar sus puntos de vista, de dialogar, de debatir. Eso fue una constante a partir de entonces y renació en algunos momentos de los años setenta y ochenta en nuestra vida, cuando la izquierda revolucionaria condenaba a los que pensábamos como liberales al basurero de la historia.

Y luego, desdichadamente, la intolerancia ha vuelto a aparecer en 2006. Está presente en todas partes: en los blogs, en los sitios de internet, en los anónimos que se mandan a la prensa, en los artículos de cierta prensa doctrinaria, en las aulas, en los cafés... No son revolucionarios, no son guerrilleros; son simplemente terroristas de la palabra, simplificadores de la realidad que la ven como dividida entre los herederos de la historia de México y el resto, que somos simples traidores. Esa falta de tolerancia en la vida política e intelectual mexicana es algo que no le debemos a la Reforma sino a la Iglesia y a la cultura católica; es algo cuyo nacimiento está precisamente en los años que van de 1856 a 1859, en el momento en que los liberales y los conservadores de distintos colores dejaron de dialogar entre sí, la moderación se agotó y quedaron frente a frente enemigos irreconciliables. Hemos tenido en México, de manera latente, con distintas variedades, algo no muy distinto a lo que pasó en España: el enfrentamiento de dos mitades que se consideran mutuamente excluyentes. Y así seguimos.

Creo que la opinión pública, robustecida por la democracia, ya ve con mucha desconfianza el elogio de la violencia revolucionaria, sea la de Hidalgo y Morelos o la de los caudillos de 1910. Los historiadores —impulsados por Luis González y González— investigaron, documentaron y sociabilizaron el horror de la guerra civil como la esencia de toda revolución. ¿Pero no crees que el péndulo se ha ido al otro extremo e impera la noción, entre los historiadores, de que toda revolución es una explosión nihilista, en realidad inexplicable, un caos abominable? ¿Los fueros del pasado, como tú has escrito, no nos exigen volver a equilibrar la revolución y la evolución como formas del desarrollo histórico?

Entre revolución y evolución, yo prefiero la idea de la construcción. Cuando uno va a la provincia se ven las cosas de esa manera. Todavía, milagrosamente, existe el orgullo local; si vas por los pequeños pueblos de Veracruz, alrededor de Coatepec, por ejemplo, persiste el orgullo de los que hacen sus productos y mantienen su cultura local. La suya es la memoria de una construcción compleja y rica, no solamente enraizada en las leyendas o experiencias de violencia.

Es un país que se ha construido por milenios o por centurias, en el cual los estallidos han sido muy importantes pero también catastróficos; los que sobreviven se sienten dichosos de vivir y urgidos de construir una y otra vez sobre las ruinas, como Luis González cuenta en *Pueblo en vilo*, que de las ruinas de la Revolución mexicana y de las ruinas del carrancismo, y de las ruinas de la guerra de los cristeros, se reconstruyó bíblicamente aquel pueblo para hacer otra vez quesos.[9] Ahora otra vez está siendo amenazado por las bandas criminales y tendrá que reconstruirse.

Yo hubiera querido que en 2010 se difundiera este ánimo reconstructor. Si me preguntas tú en qué hubiera yo concentrado mis esfuerzos, lo hubiera hecho en una especie de inmensa democracia histórica en la que de todos los pueblos llegaran historias locales a un gran sitio de internet. Yo visité el pueblo de Naolinco en Veracruz en 2009 y vi que tenía magníficos productos de cuero: chamarras, zapatos,

[9] Luis González y González, *Pueblo en vilo. Microhistoria de San José de Gracia*, México, El Colegio de México, 1968.

cinturones, carteras. Comí en un restorán que es el mejor restorán típico que he conocido, con dulces casi inimaginables. Había una botica del siglo XIX intacta. Esas calles, en esa mañana brumosa y lluviosa, estaban llenas de gente. A mí me hubiera gustado que la gente en 2010, en vez de estar pensando otra vez qué ocurrió en Chinameca, qué pasó con Villa y con Obregón, hubiese podido contarnos la historia de los Naolincos que tenemos en México y formar un mapa de orgullo microhistórico. No se hizo, pero esas cosas hay que intentarlas.

¿Qué personajes de los que has trabajado como historiador y como biógrafo regresan, con cuál tuviste esa intimidad extraña que hace que vuelvan en sueños o te sigan sorprendiendo a lo largo de tu vida?

Regresan a mí, como biógrafo que ha trabajado en sus vidas, a veces con ensayos largos, a veces con acuarelas chiquitas o apuntes, mexicanos eminentes como Hortensia Torreblanca, Alfonso Taracena, José Luis Martínez, Juan Soriano, y varios otros contemporáneos míos. Y en *La presencia del pasado* (2004) me di el lujo de escribir sobre los de mi gremio, hacer la historia de los historiadores del siglo XIX y sus antepasados: su genealogía, la manera en que reconstruyeron el pasado, el modo en que sus sucesivos presentes influían en su concepción del pasado. Reivindiqué la obra de tres que considero los grandes historiadores de nuestro siglo XIX: José Fernando Ramírez, Manuel Orozco y Berra y Joaquín García Icazbalceta.

En efecto, de tus libros quizá el que yo prefiera actualmente sea La presencia del pasado, *una historia del indigenismo y a la vez una historia de nuestra historiografía del siglo* XIX, *la vida de esa otra clase de héroes que son los historiadores.*

En la tradición conservadora descuella, claro, la figura de Alamán. Y en la liberal, la de Sierra. Fue un gran historiador, pero creo que, con todo lo generoso y ecuménico que fue, la gran historia la escribieron, la prepararon, la editaron tres personajes anteriores, dos liberales moderados y uno conservador. El primero fue José Fernando Ramírez. Está también toda la obra de recuperación editorial de Joaquín García Icazbalceta, un verdadero gigante. Y el hombre que a pesar de haber tenido una vida corta, azarosa y llena de limitaciones, Manuel Orozco y Berra, escribió una gran historia del México antiguo y de la dominación española, además de ser el autor de buena parte de las entradas del famoso diccionario ilustrado, geográfico, histórico que se hizo a mediados del siglo XIX.

Quise reivindicar a esos hombres. Son los que más me conmueven, porque pensemos que trabajaban cuando no había caminos ni ferrocarriles ni carreteras ni luz. José Fernando Ramírez reunió todo el acervo de historia antigua de México y de muchos códices, costeando todo eso con los dineros que sacaba de su negocio en Durango, entre las vicisitudes de la vida política mexicana que terminaron llevándolo al exilio y a la muerte, reuniendo una biblioteca extraordinaria que por desgracia se dispersó, y dejando obras que son el rescate de la memoria histórica de nuestros siglos prehispánicos. Una simiente que fructificó en todos los historiadores posteriores hasta López Austin, León-Portilla y los más recientes. La reivindicación que García Icazbalceta hizo del siglo XVI llevó a cambiar de opinión hasta al mismísimo Altamirano. Nos hace falta una gran biografía suya y una recuperación de ese otro gran autor que fue Orozco y Berra.

Y después están los héroes revolucionarios que pueblan las calles, las plazas y los puentes de México. He querido acercarme a ellos buscando una sola cosa, que ya Luis González tuvo la generosidad de advertir y reconocer. Yo no iba a aportar muchas cosas nuevas documentalmente (aunque creo que hice aportes en todos los casos, por ejemplo en Madero en los aspectos espiritistas, en Carranza con la conjetura sobre su muerte, en Calles toda su genealogía familiar, etcétera). Lo que yo quería era *comprenderlos*. Comprenderlos, no explicarlos. Explicarlos quiere decir insertarlos dentro de un cierto orden histórico, como si la conducta humana fuera explicable científicamente. No lo es: el azar y la irracionalidad cuentan muchísimo. Pero uno puede, en cambio, acercarse a *repensar sus pensamientos* —permítaseme la repetición—, a penetrar un poco en sus mentes a través de sus cartas, de sus escritos, de sus actos, de comprenderlos con la empatía.

Luis González, basándose en un texto de José Gaos, nos enseñaba que el oficio de la historia es un círculo. El trabajo del historiador va desde la idea general de una obra al acopio y la crítica de las fuentes, y de allí a la comprensión, momento culminante en que uno trata de revelar el *sentido vital* de los personajes. Y luego se trata de exponer todo ello mediante una arquitectura adecuada y con un estilo decoroso para llegar al público.

Caudillos políticos, caudillos culturales, artistas, escritores, historiadores… lo que yo he querido es, sencillamente, comprenderlos.

Nota editorial

Todas las traducciones pertenecen al autor,
salvo la conversación con Daniel Bell,
en la que colaboró para su traducción Tedi López Mills.

I. Devoción por Espinoza
   «Jorge Luis Borges: Desayuno *more geometrico*»
   - *Vuelta* 29, abril de 1979.
   - Enrique Krauze, *Personas e ideas*, México, Vuelta, 1989.
   - Miguel Capistrán (ed.), *Borges y México*, México, Plaza & Janés, 1999.
   - Enrique Krauze, *Travesía liberal*, México, Tusquets Editores, 2003.

II. Heterodoxia
   «Isaiah Berlin: El poder de las ideas»
   - *Vuelta* 66, mayo de 1982.
   - *Partisan Review* 50, invierno de 1983.
   - Enrique Krauze, *Personas e ideas*, México, Vuelta, 1989.
   - Enrique Krauze, *Travesía liberal*, México, Tusquets Editores, 2003.
   «Joseph Maier: Crítica del redencionismo histórico»
   - *Vuelta* 97, diciembre de 1984.
   - Enrique Krauze, *Personas e ideas*, México, Vuelta, 1989.
   - Enrique Krauze, *Travesía liberal*, México, Tusquets Editores, 2003.

«Leszek Kołakowski: La noche del marxismo»
* *Vuelta* 101, abril de 1985.
* Enrique Krauze, *Personas e ideas*, México, Vuelta, 1989.
* Enrique Krauze, *Travesía liberal*, México, Tusquets Editores, 2003.

«Mario Vargas Llosa: Utopías»
* *Letras Libres* 61, enero de 2004.

III. Ocaso del Imperio
«Irving Howe: La izquierda liberal en Estados Unidos»
* *Vuelta* 56, julio de 1981.
* Enrique Krauze, *Personas e ideas*, México, Vuelta, 1989.

«Paul M. Kennedy: Ascenso y caída del Imperio estadounidense»
* *Letras Libres* 55, julio de 2003.
* Enrique Krauze, *Travesía liberal*, México, Tusquets Editores, 2003.

« Daniel Bell: La gestación del siglo xxi»
* *Letras Libres* 58, octubre de 2003.

IV. Profetas de Oriente
«Yehuda Amichai: Las vetas del pasado»
* *Vuelta* 165, agosto de 1990.
* Enrique Krauze, *Travesía liberal*, México, Tusquets Editores, 2003.

«Bernard Lewis: La revuelta del islam»
* *Letras Libres* 48, diciembre de 2002.
* Enrique Krauze, *Travesía liberal*, México, Tusquets Editores, 2003.

«Donald Keene: De cómo se abrió el Japón al mundo»
* *Letras Libres* 60, diciembre de 2003.

V. Orbe hispánico
«Miguel León-Portilla: Humanismo indigenista»
* Suplemento *Babelia* de *El País*, 30 de junio de 2001.
* Enrique Krauze, *Travesía liberal*, México, Tusquets Editores, 2003.

«John H. Elliott: El desengaño del Imperio español»
* *Letras Libres* España 24, septiembre de 2003.
* Enrique Krauze, *Travesía liberal*, México, Tusquets Editores, 2003.

«Hugh Thomas: Guerras ideológicas»
* *Vuelta* 148, marzo de 1989.
* Enrique Krauze, *Personas e ideas*, México, Vuelta, 1989.
* Enrique Krauze, *Travesía liberal*, México, Tusquets Editores, 2003.

VI. Pasados de México
«Charles Hale: Continuidades y discontinuidades del liberalismo»
* *Vuelta* 117, agosto de 1986.
* Enrique Krauze, *Personas e ideas*, México, Vuelta, 1989.

«Octavio Paz: México, ¿historia o esencia?»
* *El Semanario*, suplemento cultural de *Novedades*, 7 y 21 de julio de 1985.
* Enrique Krauze, *Personas e ideas*, México, Vuelta, 1989.
* Enrique Krauze, *Travesía liberal*, México, Tusquets Editores, 2003.

«Luis González y González: México en un siglo»
* *Letras Libres* 10, octubre de 1999.

VII. Ensayista liberal
«Enrique Krauze: "Toda historia es contemporánea", entrevista con Christopher Domínguez Michael»
* *Letras Libres* 146, febrero de 2011.
* Christopher Domínguez Michael, *Profetas del pasado. Quince voces de la historiografía sobre México*, México, Era, 2011.

Índice de nombreʒ

Se excluyen los nombres mencionados en las notas al pie de página.

Personas e ideas, de Enrique Krauze
se terminó de imprimir en octubre de 2015
en los talleres de GRUPO INFAGON
Alcaicería No. 8, Col. Zona Norte Central de Abastos,
C.P. 09040, Iztapalapa, México, D.F.